A SHORT HISTORY OF THE BRITISH EMPIRE

大英帝国简史

〔英〕罗伯特·巴尔曼·莫厄特———著　严旭———译

中国出版集团公司

华文出版社

图书在版编目（CIP）数据

大英帝国简史 /（英）罗伯特·巴尔曼·莫厄特著；严旭译. -- 北京：华文出版社，2021.8
（华文全球史）
ISBN 978-7-5075-5468-7

Ⅰ.①大… Ⅱ.①罗… ②严… Ⅲ.①英国—历史
Ⅳ.①K561.0

中国版本图书馆CIP数据核字(2021)第114004号

大英帝国简史

作　　者：	[英] 罗伯特·巴尔曼·莫厄特
译　　者：	严旭
选题策划：	華盛章世
插图供应：	029-85504182
责任编辑：	景洋子　魏丹丹
出版发行：	华文出版社
社　　址：	北京市西城区广外大街305号8区2号楼
邮政编码：	100055
网　　址：	http://www.hwcbs.com.cn
电　　话：	总编室010—58336239
	发行部010—58336212
经　　销：	新华书店
印　　刷：	三河市燕春印务有限公司
开　　本：	710×1000　1/16
印　　张：	25.75
字　　数：	352千字
版　　次：	2021年8月第1版
印　　次：	2021年8月第1次印刷
标准书号：	ISBN 978-7-5075-5468-7
定　　价：	105.00元

版权所有　侵权必究

出版前言

随着中国开放的大门越开越大,关注世界各国尤其是西方国家文明的源流、发展和未来已经成为当下世界史研究的一个热点。为了成系统地推出一套强调"史源性"且在现有世界史出版物中具有拾遗补阙价值的作品,我们经过认真论证,推出了"华文全球史"系列,首次出版约为一百个品种。

"华文全球史"系列从书目选择到译者的确定,从书稿中图片的采用到人名地名的规范,都有比较严格的遴选规定、编审要求和成稿检查,目的就是要奉献给读者一套具有学术性、权威性和高质量的世界史系列图书。

书目的选择。本系列图书重视世界史学科建设,视角宽阔,层级明晰,数量均衡,有所突出。计划出版的华文全球史中,既有通史,也有专题史,还有回忆录,基本上是世界历史著作中的上乘之作,同时也是填补国内同类作品出版的空白。

人名地名规范。本系列图书中人名地名,翻译规范,重视专业性。同时,在人名翻译方面,我们坚持"姓名皆全"的原则,加大考据力度,从而实现了有姓必有名,有名必有姓,方便了读者的使用。另外,在注释方面,书中既有原书注,即完整地保留了原著中的注释;也有译者注,又体现了译者的研究性成果。

书中的插图。本系列图书的一个重要特点是书中都有功能性插图,这些插图全方位、多层次、宽视角反映当时重大历史事件,或与事件的场景密切相关,涉及政治、军事、经济、社会、外交、人物、地理、民俗、生活等方面的绘画作品与摄影作品。功能性插图与文字结合，赋予文字视觉的艺术，增加了文字的内涵。

译者的确定。本系列图书的翻译主要凭借的是一个以大学教师为主的翻译团队，团队中不乏知名教授和相关领域的资深人士。他们治学严谨，译笔优美，为确保质量奉献良多。

"华文全球史"系列作为一套具有较高学术价值的优秀的世界历史丛书，对增加读者的知识，开阔读者的视野，具有积极的意义。同时要看到，一方面很多西方历史学家的观点符合事实，另一方面不少西方历史学家的观点是错误的，对于这些，我们希望读者不要不加分析地全盘接受或全盘否定，而是要批判地吸收外国文化中有益的东西。

华文出版社

2019年8月

前 言

随着1920年大不列颠及北爱尔兰联合王国、各自治领和印度加入国际联盟，1931年颁布《威斯敏斯特法令》和1932年颁布《渥太华协定》，以及1933年发布《全印度联邦宪法白皮书》，大英帝国或英联邦初具雏形。因此，现在似

大不列颠及北爱尔兰联合王国徽章

乎是调查、研究英联邦历史的大好时机。英联邦起源于伊丽莎白一世统治时期，一直延续到今天①。

　　写作本书的目的是让英联邦保持政治、经济、社会、历史的平衡，并且在偶然事件发生时处理好与世界其他地区的关系。

　　感谢拉德利公学的W.R.斯梅尔先生和我的同事布里斯托尔大学的R.I.詹姆斯先生的帮助，他们审阅了本书的草稿。

罗伯特·巴尔曼·莫厄特
1933年于克利夫顿

---

① 指作者著书的年代，即20世纪30年代。——译者注

简　介

当代历史学家喜欢区分大英第一帝国、大英第二帝国和大英第三帝国。众所周知，大英第一帝国做到了自给自足。英国人，尤其是伦敦和布里斯托尔的商人垄断着贸易。大英第一帝国成立的标志是1607年获得北美弗吉尼亚殖民地，随着后来那些组成美国的殖民地在美国独立战争中脱离大不列颠王国而结束。19世纪80年代的人熟知大英第二帝国。大英第二帝国包括在同一政权下拥有责任制政府制度、拥有独立的关税制度和拥有与外国签订商业条约权利的大型"自治领"。然而，这些自治领的州长或总督都是由英国政府根据英国内阁的提议任命的。在自治领，议会通过的法案有可能被英国政府否决。第一次世界大战后即1919年6月28日，各自治领政府作为独立政权签署《凡尔赛条约》，意味着大英第二帝国结束。大英第三帝国是由独立的国家组成的英联邦。这些国家联合起来拥护同一位君主，并且在它们各自选择的范围内接受英国枢密院的上诉管辖权。也许将来的历史学家会在名单上再加上大英第四帝国。通过内部贸易协定和共同的财政政策，大英帝国内的各自治领、殖民地、保护国等可能结合在一起。尽管方式不同，但大英第四帝国还是恢复了1607年到1782年大英第一帝国时期的完美状态。

然而，必须永远记住，大英第一帝国、大英第二帝国、大英第三帝国和可能的大英第四帝国之间的区别。虽然这些区别作为分辨大英帝国不同发展阶段的指标显而易见，但这些区别很少以书面的形式呈现给读者。实际上，它们代表同一个帝国或联邦的各个阶段。自1607年以来，这个帝国或联邦一直存在，尽管其组织、宪法和政策不断发生重大变化。此外，第一阶段、第二阶段和第三阶段之间的区别并不明显。例如：在大英第一帝国时期，实际上，新英格兰殖民地曾自治了很多年，享有几乎和今天的自治领一样的独立地位。同样，西印度群岛等"直辖殖民地"宪法的地位在过去两百年中几乎没有改变。对西印度群岛等"直辖殖民地"来说，大英第一帝国、大英第二帝国和大英第三帝国之间的区别没有意义。现在，有一个庞大的"附属帝国"——大西洋、太平洋，以及中非、西非和东非的直辖殖民地由王室和大不列颠政府管理，其种族和资源的多样性超过了"独立帝国"或英联邦的各自治领。在大英帝国的历史中，印度绝不适用于大英第一帝国和大英第二帝国的理论体系，也不完全适用于大英第三帝国的理论体系。

  大英帝国内部具有惊人的多样性。它缺乏一个共同和连贯的政府体系，它的历史漫长、跌宕，以及它具有的问题要么处于被解决的过程中，要么通过某种进化过程处于自我解决的过程中。所有这些都使对帝国这一制度的研究异常困难，也特别令人着迷。并不总是刻意的，每个帝国都努力维护世界上大部分地区的和平，以及社会和经济方面不受限制的交流。罗马帝国、西班牙帝国、俄罗斯帝国、法兰西帝国和大英帝国都以其独特的方式取得了这一成果。这些方式非常有趣，值得研究。就种族多样性，以及在各自的帝国制度下发展起来的充满活力的独立国家而言，罗马帝国和大英帝国可能最相似。除了是松散的世界性帝国，大英帝国还有一个特点，即它被广阔的海洋分隔（如同西班牙帝国，以及在某种程度上，如同法兰西帝国）。在没有共同政府或共同政策的情况下，以及在利益分歧、民族野心、种族意识驱使下[①]，大英帝国是笨拙的、分散的、混乱的，但仍是大不列颠岛上缺乏想象力的人们在有天赋的相关种族组成的生力军的帮助下取得令人印象深刻的成就。

---

① 比较W.Y.埃利奥特的《新大英帝国》，"一与多：大英帝国仍存在吗？"，1932年，第1章。——原注

目 录

001　**第 1 章**
　　都铎王朝

021　**第 2 章**
　　美洲的英国人

041　**第 3 章**
　　1660 年到 1688 年美洲殖民地的发展

055　**第 4 章**
　　光荣革命后的殖民地

069　**第 5 章**
　　18 世纪的殖民战争

097　**第 6 章**
　　新的大发现时代：澳大利亚殖民地和新西兰殖民地

111　**第 7 章**
　　加拿大的早期历史

125	**第 8 章**	
	加拿大自治领	
133	**第 9 章**	
	19 世纪下半叶的澳大利亚殖民地	
143	**第 10 章**	
	澳大利亚联邦	
147	**第 11 章**	
	新西兰殖民地和太平洋岛屿的发展	
159	**第 12 章**	
	南非政治史	
179	**第 13 章**	
	探索非洲	
197	**第 14 章**	
	联合或分裂	
217	**第 15 章**	
	南非联邦	

229	**第 16 章**	
	英属印度	

| 241 | **第 17 章** |
| | 沃伦·黑斯廷斯时期 |

| 249 | **第 18 章** |
| | 英明的总督 |

| 269 | **第 19 章** |
| | 王冠下的印度 |

| 285 | **第 20 章** |
| | 英属印度和自治领地位 |

| 291 | **第 21 章** |
| | 第一次世界大战 |

| 301 | **第 22 章** |
| | 第一次世界大战后的白治领 |

| 315 | **第 23 章** |
| | 帝国会议 |

329	**第 24 章** 大英帝国与 1930 年到 1932 年的经济危机
345	**第 25 章** 渥太华会议
353	**译名对照表**

第1章

都铎王朝

克里斯托弗·哥伦布于1492年发现新大陆时,代表的是阿拉贡国王斐迪南二世和卡斯蒂尔女王伊莎贝拉一世。对他来说,为英格兰国王亨利七世找到新大陆只需要一点好运气。根据克里斯托弗·哥伦布的儿子费迪南德·哥伦布的讲述,这位探险家的弟弟巴塞洛缪·哥伦布,曾前往英格兰向亨利七世展示了一幅地图,提出愿意为亨利七世远征探险。巴塞洛缪·哥伦布落入了海盗手中,导致行程被严重耽搁。1489年,巴塞洛缪·哥伦布到达英格兰。亨利七世被地图吸引,接受了巴塞洛缪·哥伦布的建议。随后,巴塞洛缪·哥伦布返回西班牙。"因为上帝为卡斯蒂尔王国保留了应许之地,巴塞洛缪·哥伦布消失在了茫茫大海上。"[①]

尽管如此,明智的亨利七世深知海外大发现的前景,不愿放弃这项事业。1497年,亨利七世授予威尼斯人约翰·卡伯特及其儿子塞巴斯蒂安·卡伯特许可证,准许他们代表自己在大海的东部、西部和北部探索并占有岛屿和陆地。资金由亨利七世及伦敦商人和布里斯托尔商人提供。1497年4月,约翰·卡伯特和儿子塞巴斯蒂安·卡伯特,以及一群主要来自布里斯托尔的人,乘坐两艘船

[①] 理查德·哈克卢特:《费迪南德·哥伦布传》,1904年,第1卷,第138页;引自波拉德:《亨利七世的统治》,1914年,第2卷,第327页;另见A.P.牛顿:《大发现时代》,1932年,第3页。——原注

克里斯托弗·哥伦布发现新大陆

阿拉贡国王斐迪南二世

卡斯蒂尔女王伊莎贝拉一世

克里斯托弗·哥伦布

巴塞洛缪·哥伦布

费迪南德·哥伦布

亨利七世

从布里斯托尔出发了。他们渡过大西洋,在一座小岛登陆,在岛上竖起了十字架,升起了英格兰旗和威尼斯圣马可旗。他们是自诺曼人之后,首次在拉布拉多发现美洲大陆的人。1497年8月,他们返回英格兰。1498年,约翰·卡伯特逝世后,塞巴斯蒂安·卡伯特加入了西班牙海军。1547年,塞巴斯蒂安·卡伯特返回英格兰,并且成了爱德华六世治下海军督察长。1557年,塞巴斯蒂安·卡伯特

约翰·卡伯特父子抵达拉布拉多海岸

死于伦敦。塞巴斯蒂安·卡伯特绘制的地图包含了他和父亲约翰·卡伯特两代人的发现，现存于巴黎国家博物馆。

约翰·卡伯特领导了都铎王朝对美洲的首次探索，没有为英格兰王国获得海外殖民地。葡萄牙和西班牙领先一步，扩张了版图。1500年，佩德罗·阿尔瓦雷斯·卡布拉尔发现了巴西。瓦斯科·努涅斯·德·巴尔沃亚、埃尔南·科尔特斯和弗朗西斯科·皮萨罗在美洲为西班牙获得了大量殖民地。然而，英格兰人只进行了几次无足轻重的冒险。来自布里斯托尔的富有冒险精神的商人派了几支探险队去新大陆。1527年，一个在塞尔维尔从事贸易的布里斯托尔人罗伯特·索恩发表了一部关于通过北部航道前往香料群岛的专著，积极鼓励英格兰人出海寻找新的陆地和水域，"没有什么陆地不能居住，没有什么大海不能航行"[①]。1553年，一些伦敦商人派遣一支探险队试图寻找东北航线。在休·威洛比爵士的指挥下，两支船队到达了荒芜的新地岛，停靠在拉普兰海岸边过冬。最后，他们饿死在那里。休·威洛比爵士的同伴——理查德·钱塞勒穿过白海到达大天使[②]，最终抵达莫斯科拜访了沙皇"恐怖伊凡"，建立起了英格兰与俄罗斯的贸易。在1556年的一次航行中，理查德·钱塞勒遭遇海难溺水而亡。1557年，伦敦的安东尼·詹金森首次到达俄罗斯内陆地区，沿着伏尔加河到了布哈拉。1561年，安东尼·詹金森再次穿过俄罗斯，进入波斯，就像另一位马可·波罗一样。伊丽莎白一世任命安东尼·詹金森为首任驻俄大使。安东尼·詹金森孜孜不倦地寻找东北航线，但一直未能找到。

早期冒险家想要从西北和东北方向找到通往印度群岛和香料群岛航道的努力都失败了。伊丽莎白一世时期的人对此抱有极大的热情。在伊丽莎白一世统治下，英格兰王国的海上力量迅速壮大，震惊了整个世界。事实上，这并不是一夜之间形成的。早在亨利八世、爱德华六世及玛丽一世统治时期，就有许多水手进行海外远航。詹姆斯·安东尼·弗劳德将这一时期称为都铎王朝的

---

① 引自沃尔特·雷利对理查德·哈克卢特《航海记》的介绍，1905年，第12章，第22页。——原注
② 现在的阿尔汉格尔斯克。——译者注

佩德罗·阿尔瓦雷斯·卡布拉尔登上巴西大陆,并宣布占领巴西

瓦斯科·努涅斯·德·巴尔沃亚

弗朗西斯科·皮萨罗

休·威洛比爵士在拉普兰海岸边过冬

大航海时代。伊丽莎白一世时期的大部分水手和其他国家的水手一样,身体强壮,吃苦耐劳,但举止粗鲁,没有受过教育,靠着艰辛的工作赚取薪水。伊丽莎白一世时期有一个特征——这个时期出现了一群对海上航运和海外冒险非常感兴趣的贵族。这些贵族以个人身份参与海上冒险活动。查尔斯·金斯利的小说《向西方》曾描写过这一类人。汉弗莱·吉尔伯特爵士在历史上是一个令人尊敬的人,是一位受过良好教育的英国绅士,还是一位来自伊顿和牛津的学

伊丽莎白一世

者，是德文郡乡绅奥索·吉尔伯特的次子。汉弗莱·吉尔伯特爵士和其他绅士口袋里都装着16世纪威尼斯和阿姆斯特丹出版社印刷的精致的关于维吉尔和色诺芬的小册子。这些绅士冒险家谈论地理、科学、艺术、文学、哲学和宗教，并且创作了一些与诗歌、西北航道、殖民及如何解决失业问题相关的文章。"金鹿"号的船员最后一次看到汉弗莱·吉尔伯特爵士是在一场大风暴中，"他坐在'松鼠'号（一艘十吨的船）的船尾，手上拿着一本书"。这一直被认为是托

汉弗莱·吉尔伯特爵士的最后时刻

马斯·莫尔小说《乌托邦》里的场景。"去往天堂的道路,走水路和陆路一样近。"汉弗莱·吉尔伯特爵士向朋友大声喊道。

伊丽莎白一世时期留下的记录充斥着成就、浪漫和坚韧。这个时代并非完美无瑕,因为其中一些成就完全是通过海上劫掠得来的,尤其是对西班牙人和葡萄牙人的掠夺。一些未获得政府或者处于战争中国家授权的船队,劫掠了西班牙的商船,并且以抢劫为生。西班牙人和葡萄牙人受本国政府雇用,从事常规的贸易活动,并未发展成"某一派"或者某一帮海盗。英格兰的"海盗"存在时间不长。1586年以后,掠夺演变成常规战争。1607年,弗吉尼亚殖民地形成,随后其他殖民活动和贸易冒险活动占据了英格兰水手和商人的精力。然而,在伊丽莎白一世时期,地理大发现、商业、殖民和掠夺有着各种各样的动机。少数冒险家认为自己是为了"传播福音",但在这方面他们取得的成就微乎其微。此外,西班牙人和葡萄牙人也在努力使各族人民转变为基督教教徒。16世纪到17世纪,英格兰并没有出现像巴托洛梅·德·拉斯·卡萨斯①这样被誉为"印第安人守护者"的人物。西班牙国王查理五世和腓力二世统治时期,在墨西哥和秘鲁,这个神圣的塞维利亚人做出了巨大贡献。

16世纪末期,在航海、探险、诗歌、散文、戏剧和建筑方面,英格兰人迸发出非凡的能力和天赋,但并非独一无二。当时,荷兰人正致力于对抗西班牙。战争一暂停,荷兰人就显示出了绝佳的能力和天赋。其实并非宗教改革"释放"了被压制的能量②,不能说这些能量一直受到罗马天主教的压制,因为西班牙人和葡萄牙人都是严格意义上的正统天主教教徒。但在16世纪的某些时期,也令人惊叹地涌现出了一批航海家、征服者、诗人和戏剧家。在西方各个民族中,只有意大利人整体处于沉默。不过,意大利也出现了克里斯托弗·哥伦

---

① 巴托洛梅·德·拉斯·卡萨斯,16世纪西班牙多明我会传教士,历史学家。曾致力于保护西班牙治下的南北美洲印第安人,对虐待他们的西班牙殖民者竭力控诉。——译者注
② 宗教改革取得了这样的成果,似乎是詹姆斯·安东尼·弗劳德(《16世纪的英格兰海员》,第1讲,"改革的摇篮")和詹姆斯·亚历山大·威廉森(《大英帝国扩张简史》,1922年,第92页)的观点。——原注

阿梅里戈·韦斯普奇

布、约翰·卡伯特、塞巴斯蒂安·卡伯特和阿梅里戈·韦斯普奇这样的人。据说，"美洲"就是以阿梅里戈·韦斯普奇的名字命名的。这一时期，葡萄牙、西班牙、英格兰和荷兰涌现出了很多才华出众的人，对此更多的解释似乎仅仅是因为中世纪结束了！随着封建主义的瓦解，资本主义形成了。随着文艺复兴的到来和印刷术的发明[①]，人们变得更开明，更有见识，更有求知欲。财富、知识和求知欲是地理大发现和殖民时代的一个必要条件。

与葡萄牙人和西班牙人取得的成就相比，伊丽莎白一世统治下的英格兰人取得的成就很少。葡萄牙人打通了东印度群岛的贸易通道，并且在巴西开拓了殖民地。西班牙人尽管有一些行为不当，也在中南美洲建立了巨大的、文明的

[①] 一些欧洲人曾把活字印刷术的发明归功于约翰内斯·古滕贝格。他的发明被广泛地认为是现代史上最重要的事件之一。——译者注

基督教社区。当时，英格兰的冒险家除了几张地图和航海图，偶尔截获的几艘货船，以及水手讲给理查德·哈克卢特的一些壮丽的航海故事，没有什么可以炫耀的。

虽然如此，伊丽莎白一世时期的航海事业仍十分引人注目，尽管它只不过革新了航海技术和开启了辉煌的冒险活动。1562年，约翰·霍金斯向西非远航和从事奴隶贸易。1564年和1567年，约翰·霍金斯分别抵达西印度群岛和西班牙美洲殖民地，而最后一次远航是和弗朗西斯·德雷克一起的。1575年，约翰·奥克斯纳姆来到达连地峡，步行穿过峡谷。之后，他在太平洋上驾船航行，

约翰·霍金斯

约翰·奥克斯纳姆　　　　　　　　　　　　　　　　　马丁·弗罗比舍

并且获得两艘秘鲁货船。然而，约翰·奥克斯纳姆被秘鲁总督当作海盗抓捕了，后被带到利马绞死。1576年、1577年和1578年，马丁·弗罗比舍分别在美洲北部的水域进行了三次航行，试图寻找西北航道。1578年和1583年，汉弗莱·吉尔伯特爵士通过西印度群岛和纽芬兰寻找新航道的殖民冒险活动都失败了，最后一次更是以他的死亡告终。1577年到1580年，经验丰富的航海家弗朗西斯·德雷克进行了环球航行。1584年，沃尔特·雷利派出了一支由菲利普·阿马达斯和阿瑟·巴洛率领的探险队。后来，这支探险队到达罗阿诺克——伊丽莎白一世将它命名为弗吉尼亚。1585年，一支规模更大的远征队被派出，由弗朗西斯·德雷克的表弟理查德·格伦维尔指挥。这次远征建立了弗吉尼亚殖民地。当弗朗西斯·德雷克解放弗吉尼亚殖民地并带走快要饿死的人时，这一殖民地已经建立一年了。1586年，托马斯·卡文迪什开启环游世界的远航，凭借截获西班牙的财富，收获颇丰。1592年，托马斯·卡文迪什开始了第二次冒险，但在麦哲伦海峡遭遇风暴，被迫返回，结果死在了回家的路上，年仅三十一岁。

弗朗西斯·德雷克　　　　　　　　　　　　　　　沃尔特·雷利

菲利普·阿马达斯和阿瑟·巴洛带领的探险队抵达罗阿诺克

理查德·格伦维尔　　　　　　　　　　　　托马斯·卡文迪什

环游世界的远航中,托马斯·卡文迪什捕获西班牙的货船

众多航海事件中，1577年到1580年，弗朗西斯·德雷克进行的冒险最有名。弗朗西斯·德雷克是埃德蒙·德雷克十二个儿子中最年长的，1540年出生于德文郡塔维斯托克附近的克伦代尔。弗朗西斯·德雷克的父亲埃德蒙·德雷克是水手，后来被任命为肯特郡的教区牧师；弗朗西斯·德雷克的表哥是航海家约翰·霍金斯。这个家族中的所有人，或者说几乎所有人都成了水手，他们靠水而生，最终死在了海上。二十七岁时，弗朗西斯·德雷克就指挥"朱迪思"号参加了约翰·霍金斯于1567年组织的第三次远航活动——理查德·哈克卢特称为困难重重的航行活动。根据1506年签订的《盎格鲁-勃艮第条约》，英格兰王国和西班牙王国都拥有在对方的欧洲港口进行贸易的权利。①英格兰人认为其中包括殖民地港口，而西班牙王国的海外殖民地也默许这样的贸易。1567年，约翰·霍金斯的船队远航至塞拉利昂，在当地得到五百个黑人后前往中美洲，进入西班牙王国殖民地墨西哥的圣万得拉港。从西班牙人那里，约翰·霍金斯一行获得了进入圣万得拉港的许可（如果西班牙人阻止他们进入，他们也有能力强行进入）。不过，当他们进入港口时，就像预先设计好的那样，他们被突袭了。约翰·霍金斯和弗朗西斯·德雷克遭受重大损失，历经九死一生逃了出来，结果在返回英格兰的途中遭遇了"痛苦和麻烦"。在这次冒险中，弗朗西斯·德雷克投入了一切，不料彻底失败了。弗朗西斯·德雷克和参与此次航行的冒险家向西班牙政府索取赔偿，结果什么也没有得到。因此，他们认为可以通过武力强行收回成本，即截获一艘西班牙船。尽管当时英格兰王国和西班牙王国并未开战，英格兰的冒险家也不承认赤道线之外任何国家的权力，但当他们带领水手从佛得角群岛向西驶向巴西时，西班牙人发动了突袭。

1577年11月15日，弗朗西斯·德雷克率领五艘船从普利茅斯出发，其中最大的"鹈鹕"号重一百二十吨，最小的"金盏花"号重五十吨。弗朗西斯·德雷克的目的不是像命途多舛的约翰·奥克斯纳姆一样通过达连地峡走陆路去中

---

① 1506年4月4日的《法尔茅斯条约》，见托马斯·赖默：《福德拉》，1741年，第223页到第226页。——原注

美洲，而是通过麦哲伦海峡进入太平洋，去发掘太平洋的财富。这次探险的装备是为长途航海准备的，还有一艘装有各种各样的有用或无用的货物的船随行。对此次冒险活动，伦敦的商人和一些贵族，甚至伊丽莎白一世都投入了大量金钱。[1]不过，弗朗西斯·德雷克并未获得官方授权，也就是说他并未获得伊丽莎白一世的许可。接下来，弗朗西斯·德雷克率领船队到达了大西洋沿岸的摩洛哥，登上一个叫摩加多尔的小岛。在佛得角群岛，船员找到了椰子，喝到了可口、提神的椰子汁。在巴西的普拉特河，船员补充了淡水。在巴塔哥尼亚海岸，船员看到了强壮的当地人——尽管气候恶劣，但这些当地人几乎全裸。在巴塔哥尼亚海岸东南边的圣朱利安港，斐迪南·麦哲伦曾在这里处决了一些反叛者并留下了一座绞刑架。同样是在这里，弗朗西斯·德雷克也以煽动叛乱的罪名处死了马斯特·托马斯·道蒂，然后在1578年8月21日进入麦哲伦海峡。从任意一个方向看，南美洲都是"巨大、多山的"，山顶白雪覆盖，"树木似乎在恶劣天气的重压下弯下了头"[2]。1578年9月6日，他们遭遇了太平洋上肆虐的风暴，损失了一艘船——这是他们损失的第三艘船。

对弗朗西斯·德雷克的两艘海盗船，西班牙人毫无戒备。因此，弗朗西斯·德雷克一行沿着智利海岸航行，收获颇丰。在塔拉帕卡（位于秘鲁海岸以南）附近，他们截获了一群满载银币的美洲驼，而这仅是他们到处劫掠获得的赃物之一。这群冒险家航行至利马的卡亚俄港，劫掠了十二艘船。他们继续航行，又抢劫了几艘满载货物的船，最后到达瓜图尔科。

此时，弗朗西斯·德雷克认为，无论是对他个人遭受到的西班牙人的伤害，还是英格兰王国及其国内贵族受到的轻蔑和侮辱，他已报仇并对此非常满意。返程中，弗朗西斯·德雷克认为伊丽莎白一世肯定会对他的表现非常满意。他打算不再沿着西班牙海岸航行，而是开始为他的国家考虑并寻找最佳航道。

---

[1] 爱德华·钱宁：《美国史》，1905年，第1卷，第117页。——原注
[2] 理查德·哈克卢特《航海记》中的描述（印在《伊丽莎白一世时期的海员航海记》中，由爱德华·约翰·佩恩编辑，1907年，第206页）。——原注

1578年4月16日，弗朗西斯·德雷克认为，通过麦哲伦海峡返航可能不安全——西班牙王国的船可能已处于警戒状态。因此，弗朗西斯·德雷克决定向东朝着印度洋航行，到达加利福尼亚沿岸，或许还到达今天的不列颠哥伦比亚省，从这里航行回家。这就是弗朗西斯·德雷克环球航行的经历。他带领船队，经过了马鲁古群岛、西里伯斯岛①、爪哇岛、好望角、塞拉利昂和几内亚。"1580年，在离开的第三年，也就是第三个十一月，我们回到了英格兰。"在德特福德，在"金鹿"号（之前称"鹈鹕"号）的后甲板上，伊丽莎白一世授予弗朗西斯·德雷克骑士称号。

这次著名的航海行动是伊丽莎白一世时期取得的辉煌的海上功绩，但依然没帮助英格兰王国获得海外殖民地。1600年，伦敦东印度公司的成立是更有建设性的举措。1603年，当伊丽莎白一世驾崩时，英格兰王国尚未扩张到超出不列颠群岛的任何地方。在公共档案馆的国家文件中，即使追溯到詹姆斯一世即位，也仅有十份与美洲和西印度群岛相关的文件。②不过，理查德·哈克卢特看到了伊丽莎白一世时期冒险活动的浪漫色彩，并且预见了即将到来的重大成就。此时，理查德·哈克卢特还是威斯敏斯特公学的一个小男孩，也是牛津大学基督堂学院尚未毕业的一名学生。后来，成为英格兰王国驻法兰西王国大使的神父及布里斯托尔的受俸神父时，在静谧的大教堂庭院里，在无声的埃文河及其港口，理查德·哈克卢特创作了英格兰民族散文史诗《航海和发现》。大约在同一时期，在名著《暴风雨》中，威廉·莎士比亚以丰富的想象力，为英格兰人创造了一个受到仁慈魔法师普罗斯佩罗庇护的海外岛国。受到托马斯·莫尔《乌托邦》的影响，弗朗西斯·培根动笔写出了名作《新大西岛》。③

伊丽莎白一世时期的船，是约翰·霍金斯任海军司令时设计的。这种船尽

---

① 现称苏拉威西岛。——译者注
② 《国家文件日历：殖民地、美洲和西印度群岛（1547—1660）》，第11页。——原注
③ 理查德·哈克卢特1553年出生于伦敦，1616年去世，他被埋葬在威斯敏斯特大教堂，但墓的位置不明。威廉·莎士比亚的《暴风雨》创作于1611年。弗朗西斯·培根的《新大西岛》出版于1627年。——原注

在"金鹿"号的后甲板上,伊丽莎白一世授予弗朗西斯·德雷克骑士称号

管非常适合快速航行和调头,也非常适合与西班牙王国笨拙的船战斗,但不适合殖民探险活动。这种船轮廓简单、低矮逼仄,就像是现代的毛里塔尼亚级轮船的缩小版。它有高高的桅杆和巨大的风帆,只有在遇到风浪时才会被撑开。为增加船身重量,船上备有大量沙石。这些沙石在启程时就被放在船上的一个储藏室里,并且会一直放在那里。存放食物和其他物品的空间很小。在天窗下方的中间位置,建造了一座砖砌的壁炉。在低矮的拱形甲板下,乘客就在从船头铺到船尾的坚硬砾石上吃饭、睡觉。大量的探险家死在了航海途中,而剩余的人同样有可能在抵达目的地后死于饥饿。

第 2 章

美洲的英国人

发现美洲后的一百年里,英格兰人并未展现出任何特殊的殖民天赋。不像葡萄牙人和西班牙人,他们没有把当地不信上帝的人转变为基督教教徒的热忱。在海外拥有土地吸引不了他们。这或许是因为修道院的解散,英格兰有大量的闲置土地。此外,除了玛丽一世统治时期,英格兰几乎没有发生宗教迫害。葡萄牙人和西班牙人前往南美洲成为传教士或者大地主;法兰西人因为国内的宗教战争前往加拿大[①];荷兰人将印度群岛当作避难所,以防他们本土不能摆脱西班牙人的统治。只有英国人没有离开自己国家的特殊动机。

然而,在都铎王朝快要结束时,实实在在的动机开始出现了。由于可耕地转变为牧场需要迁移国内剩余劳动力,宗教法庭开始迫害英格兰王国国教中的清教徒,尤其是勃朗派,即公理会和独立派的教徒。

北美弗吉尼亚和马萨诸塞这两个殖民地,是大英帝国的肇始,尽管19世纪30年代它们已经不再属于大英帝国。它们的建立,一个是人口过剩的结果,另一个是宗教迫害的结果。

---

① 1534年到1542年,圣马洛的雅克·卡蒂埃四次航行到加拿大。在《航海与发现》中,理查德·哈克卢特翻译了雅克·卡蒂埃航海的原始叙述。——原注

1584年，由沃尔特·雷利派出的第一支探险队抵达弗吉尼亚切萨皮克湾。最终，弗朗西斯·德雷克将这些快要饿死的殖民者带回英格兰。1585年和1587年，第二支探险队和第三支探险队分别出发。在罗阿诺克岛，探险队建立定居地。1591年，由理查德·哈克卢特资助的第四支探险队出发了，但这次探险未在罗阿诺克岛上发现殖民者，只发现树皮上刻着"克洛坦"这个词。殖民者似乎和友好的克洛坦族印第安人一起离开了，后来与这一部落联姻，被同化了。① 然而，一两年前，英格兰"本土水域"发生了一件事，使英格兰王国在海外建立殖民帝国不仅有了可能，还变得可行，这就是西班牙无敌舰队被击败了，以及西班牙王国海洋霸权持续衰落。新大陆不再是专属于西班牙王国的禁地了。

英格兰舰队与西班牙无敌舰队交战

---

① 爱德华·钱宁：《美国史》，第1卷，第130页。——原注

詹姆斯一世

沃尔特·雷利从未去过弗吉尼亚，但1584年的皇家特许状授予他在当地拥有冒险活动的垄断权。1603年，詹姆斯一世即位后，沃尔特·雷利被判叛国罪，倒台并失去了特许权。此后，没有其他人尝试去弗吉尼亚探险。然而，理查德·哈克卢特明确了目标，他和布里斯托尔的一些商人派出了一支探险队，但直到1606年，他们也没有取得什么重要的成就。①这一年，即1606年，詹姆斯

---

① 《国家文件日历：殖民地（1574—1660）》，第5页。——原注

一世向伦敦和布里斯托尔的两伙商人颁布了特许状。这就是弗吉尼亚公司的起源,事实上也是英联邦的起源,因为政府通过特许状向未来的殖民者保证:"他们拥有一切自由,就像出生并居住在英格兰的人一样。"第二年,即1607年,弗吉尼亚公司派出了第一批共一百二十名移民,其中一百零四人在旅途中幸存下来,开始在切萨皮克湾工作和生活。他们以国王詹姆斯一世的名字将此地命名为詹姆斯敦。

1608年,更多的殖民者乘船抵达弗吉尼亚,人数多达一百九十七人,但到1608年年底,他们中只有五十三人活着。这些殖民者"又病又饿,他们前面是一条幽暗的河流,身后是一片森林和一块会引起瘟疫的沼泽,还有意图杀死他们的印第安人可能就藏在附近的每一簇灌木或者每棵树后"[①]。后来,船长约

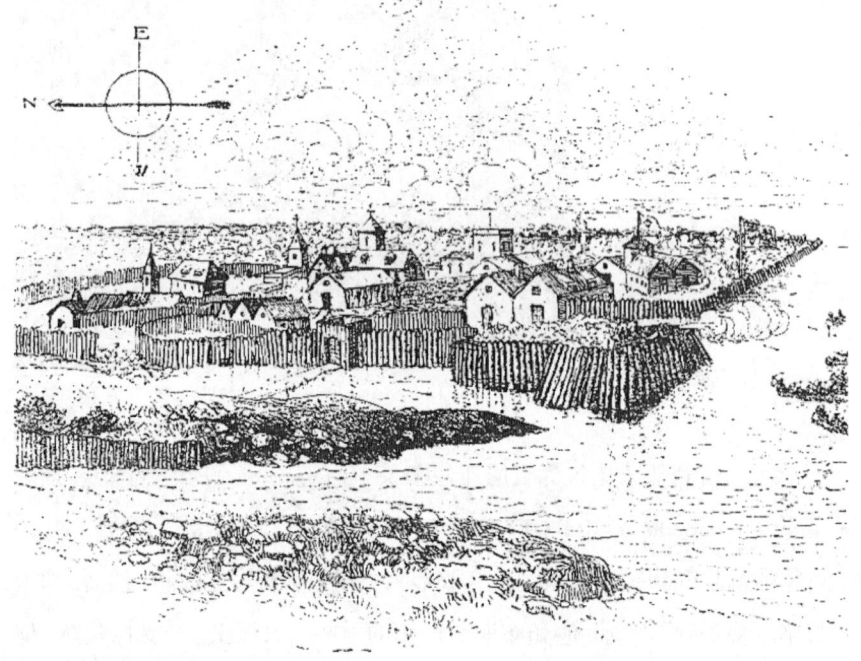

17世纪初的詹姆斯敦

---

① 爱德华·钱宁:《美国史》,第1卷,第169页。——原注

约翰·史密斯

翰·史密斯找到了食物来源,从而拯救了这个殖民地。根据约翰·史密斯写的回忆录:约翰·史密斯曾经被波瓦坦人的酋长波瓦坦抓获。^①幸运的是,约翰·史密斯被酋长的女儿波卡洪塔斯救了,免于死刑。这个女孩后来嫁给了殖民者约翰·罗尔夫,于1616年随丈夫前往伦敦。1617年,在返回弗吉尼亚前夕,波卡洪塔斯死于格雷夫森德。波卡洪塔斯的后代依然生活在弗吉尼亚。

变得稳定前,弗吉尼亚殖民地几乎再次消亡。1610年,乔治·萨默斯爵士带着补给前往弗吉尼亚,结果途中遇到风暴,在船沉没前他和同伴设法到达了百慕大群岛。从1609年7月28日到1610年5月10日,这些人努力工作,终于造出了两艘小船。他们带着一百四十名男男女女,离开了百慕大群岛。1610年5月23日,他们到达弗吉尼亚,那时詹姆斯敦的殖民者已饿得奄奄一息。遇到风暴时,乔治·萨默斯爵士就丢掉了所有物资。因此,乔治·萨默斯爵士没有给这个

---

① 这记录在约翰·史密斯的弗吉尼亚地图上。《国家文件日历(1574—1660)》,第7页。——原注

波卡洪塔斯救下约翰·史密斯

波卡洪塔斯嫁给约翰·罗尔夫

乔治·萨默斯爵士在百慕大群岛附近遇到风暴

乔治·萨默斯爵士登上百慕大群岛

殖民地带来任何物资。这些殖民者不得不打包行李，沿河而下，直到碰到了伦敦派来的总督——带有物资的拉沃尔伯爵托马斯·韦斯特。①这些殖民者满怀希望地返回弗吉尼亚。此后，殖民地的情况开始好转。约翰·罗尔夫发现了通过烤干烟叶去除烟草苦味的方法，很快出口烟草的生意就做得红红火火。1620年，詹姆斯一世取消了弗吉尼亚公司的特许状。不久，弗吉尼亚公司便破产了。此后，弗吉尼亚成为直辖殖民地，开始蓬勃发展。乔治·萨默斯爵士遭遇风暴而发现的百慕大群岛也成了英格兰王国的殖民地。百慕大群岛向弗吉尼亚殖民地提供鱼、猪和禽类。弗吉尼亚殖民地并没有直接解决英国人口过剩的问题，尽管这个问题在国家文件和这一时期的规划中被频繁提及。1625年，从英

乔治·萨默斯

---

① 《国家文件日历（1574—1660）》，第9页到第10页。——原注

格兰移民的五千六百四十九人中,有一千零九十五人仍生活在弗吉尼亚。①弗吉尼亚的商业,特别是烟草,间接满足了英格兰日益增长的人口的需求。这就是"南方各州"中的第一个州,也是被称为"老自治领"的殖民地。

新英格兰的诞生源于宗教,即清教主义。清教徒的人生观,也是英格兰信奉新教的资产阶级的人生观。他们想要推进宗教改革中各项原则的实施。这些原则甚至超越了伊丽莎白一世时期的较中庸的宗教政策。他们还反对国王和大主教的统治。

詹姆斯一世统治初期(主要是1608年),一群坚持"公理会"——伊丽莎白一世时期由一位叫罗伯特·布朗的牧师创建——倡导的观点和仪式的清教徒抵达荷兰莱顿。他们来自克鲁比、奥斯特菲尔德、巴布沃思、诺维奇,以及东盎格利亚的其他一些地方。②这个群体发现在莱顿谋生非常困难。此外,荷兰共和国和西班牙王国于1609年签订的《十二年停战协定》快到期了。与西班牙王国之间即将到来的的战争让莱顿的英格兰人对自身的处境感到不安。因此,他们决定离开旧大陆。他们颇费周折地筹集了一些每股十美元的普通股票,并且在南安普敦雇了一艘船,即"五月花"号。

1620年9月6日,大约一百八十吨重的"五月花"号和另一艘叫"斯碧薇尔"号的小船,载着一百二十名"朝圣者"从南安普敦出发了。这些"朝圣者"打算去弗吉尼亚,定居在如今被称为特拉华的地方。然而,"斯碧薇尔"号裂开了一条缝,不得不返航。"五月花"号到了北方一个遥远的地区——科德角。1620年11月11日,"五月花"号上的乘客幸运地避开了楠塔基特岛的浅滩,在普罗温斯敦登陆,并且当天制定和签署了《"五月花"号公约》。他们制定的法律适用于所有殖民者,同时他们都同意忠于英格兰国王,即在国王的统治下自建政府。经过一个月的探索,他们在河湾对面发现了一个更好的定居点并把它称作普利

---

① 爱德华·钱宁:《美国史》,第1卷,第204页。——原注
② 参见1932年出版的马丁·S.布里格斯:《英格兰和美洲清教徒的家园(1620—1685)》,1932年。书中有精美的地图和图片。——原注

"五月花"号抵达普罗温斯敦

签署《"五月花"号公约》

茅斯。由于"新英格兰"的冬天寒冷，生活艰苦，这些清教徒在几个月内就减少到五十人。同时，一群接着一群的移民不断地从英格兰抵达这里。共同拥有土地和共同耕种导致这里的人几乎饿死。因此，1623年，如同1614年弗吉尼亚移民的做法，这些清教徒把土地分给各个家庭。这样，土地就成了私有财产。

普利茅斯殖民地的建立就是"新英格兰"的建立。它一开始用的就是这个名字，也就是说这个名字始于"五月花"号启航前的项目初创时期。在詹姆斯一世向费迪南多·乔治斯爵士和他的同伴授予的特许状中，分配给他们的殖民地位于北纬四十度到北纬四十八度，即所谓的新英格兰。一家总部在伦敦、董事会叫"新英格兰委员会"的公司资助了"五月花"号项目。

新英格兰委员会非常像一家现代公司的董事会，建立了在美洲的第二个北方殖民地——马萨诸塞湾殖民地。第一位总督约翰·温思罗普是来自萨福克郡的一名绅士。1630年6月20日，约翰·温思罗普带领至少十一艘船到达塞勒姆港。在随之而来的冬天里，其中一些殖民者去世了。约翰·温思罗普鼓励其他人在一个绝佳的地方——波士顿建立了新的定居点。约翰·温思罗普证明了自己是一位能干的总督。他被称为"新英格兰之父"当之无愧。约翰·温思罗普还是新英格兰的杰出市民，也是新英格兰第一位历史学家。实际上，当离开南安普敦水域、踏上远航的船时，约翰·温思罗普就开始动笔创作那本生动逼真、特色鲜明的著作《新英格兰史》。[①] 早期到达马萨诸塞湾的所有人都是清教徒，他们因不愿意屈服威廉·劳德的教会政策而离开了英格兰。殖民地政府掌握在总督及其助手，以及由自由民组成的地方议会手中。自由民指马萨诸塞湾殖民地所有教会成员或者公理会会众，而投资人大会选举产生总督及其助手。因为自由民来自不同镇区，所以他们不能经常参加位于波士顿的投资人大会。因此，从1634年起，他们开始派副手代表自己参加。这样投资人大会就成了马萨诸塞湾殖民地的代表集会的立法机构。

---

① 爱德华·钱宁：《美国史》，第1卷，第330页。——原注

现在,新英格兰有两个殖民地:建于1620年的普利茅斯殖民地和建于1630年的马萨诸塞湾殖民地。第三个殖民地罗得岛殖民地,由塞勒姆教堂的一位年轻牧师罗杰·威廉斯创建。1636年,因反对世俗治安官控制宗教事务,罗杰·威廉斯被投资人大会驱逐。他与那些同情和追随他的人一起离开了马萨诸塞湾殖民地,抵达位于纳拉甘西特湾的普罗维登斯。后来,这个殖民地便以岛屿的名字——罗得岛命名。罗得岛面积很小,长十五英里①,宽三英里。

1636年,马萨诸塞湾的殖民者约翰·海恩斯、托马斯·胡克、西奥菲勒斯·伊顿和约翰·达文波特,以及他们的家人,基于"不停地寻找廉价的肥沃

罗杰·威廉斯及其追随者在罗德岛登陆

---

① 一英里约合一点六一千米。——译者注

土地——这曾是美国成长、壮大的主要原因之一"①的信念，到达康涅狄格峡谷和长岛湾。这次冒险产生了康涅狄格殖民地。几年内，一个富足的城镇就在纽黑文逐渐形成。

　　新英格兰这棵大树的另外两个分支很快长成了，即1638年建立的缅因和1676年建立的新罕布什尔。至此，位于大西洋沿岸哈得孙河东部的北方殖民地，可以说已经完整了。再往北是广袤的、树木丛生的圣劳伦斯河流域，在那里法兰西王国的定居点正在蓬勃发展。

　　自1619年以来，在南部繁荣的弗吉尼亚殖民地，英格兰人用"进口"的非洲奴隶弥补了当地劳动力的短缺。1632年，在弗吉尼亚殖民地、切萨皮克湾和特拉华之间，凭借国王查理一世的特许状，巴尔的摩男爵乔治·卡尔弗特建立

查理一世

---

① 爱德华·钱宁：《美国史》，第1卷，第339页。——原注

巴尔的摩男爵乔治·卡尔弗特

了马里兰殖民地。马里兰殖民地以王后亨丽埃塔·玛丽亚的名字命名。从1623年开始，在北部和南部的英格兰殖民地之间，荷兰人开拓了曼哈顿岛和下哈得孙山谷殖民地。当神圣罗马帝国进行无休止的"三十年战争"时，瑞典人则有足够的精力和资本在特拉华建立殖民地。因此，从法兰西王国在加拿大的殖民地到西班牙王国在佛罗里达的殖民地（1512年起成为西班牙王国的殖民地），整个大西洋海岸都被欧洲国家占领，并且散布着欧洲殖民者。1655年，从曼哈顿岛的新阿姆斯特丹，荷兰人派遣了一支探险队，对特拉华宣称主权，吞并了瑞典的殖民地。

1643年到1660年，清教徒在殖民地具有话语权时期，殖民地大部分时间处于自治状态。英格兰内战时期，长期议会几乎没有闲暇去关注这些殖民地。

查理二世

因为海军由清教徒构成,殖民地最后不得不服从议会的意志,但来自英格兰王国的干涉很少。1643年,长期议会成立了贸易和殖民地委员会,并且任命了十七名成员。1651年,一支海军远征队迫使弗吉尼亚承认英吉利共和国[①],而不是国王查理二世。弗吉尼亚未做抵抗就屈服了。1651年,第一部《航海法案》通过。这不是一项新政策,而是任何一个殖民国家从一开始就表现出的垄断倾向的系

[①] 1649年,奥利弗·克伦威尔领导的议会军打败了保王军后,于1649年1月处死了国王查理一世,建立了英吉利共和国。1653年,奥利弗·克伦威尔宣布就任"护国公"。实际上就是军事独裁专制,英吉利共和国名存实亡。1660年,查理一世之子查理二世复辟,英吉利共和国灭亡。——译者注

统表达。自理查二世统治以来，英格兰王国在海上贸易方面断断续续地表现出垄断倾向。1651年的《航海法案》宣布，凡是在亚洲、非洲和美洲，包括英属殖民地生产或制造的货物，必须经由英吉利共和国或英属殖民地的船，才可以运至英吉利共和国管辖的地方，而船上的大部分船员也要来自英吉利共和国。此外，凡是运往英吉利共和国的欧洲货物，只能由英吉利共和国或商品生产国的船运送。还有仅限英吉利共和国的船舶在英吉利共和国的港口进行贸易。此时，除了荷兰共和国的商船，英吉利共和国的商船其实没有竞争对手，所以只有荷兰人受到1651年的《航海法案》的影响。荷兰人也有类似的垄断法来保护自己的航运。奥利弗·克伦威尔似乎相信自由贸易制度，他曾提议两国应允许进行自由贸易，也就是说，应允许英吉利共和国与荷兰共和国及其殖民地自由贸易。荷兰人拒绝了这一提议。因此，双方继续征收关税，有时还发动战争。

1660年，英格兰在美洲的殖民地处于"合理的繁荣状态"。总体来看，殖民者拥有非常高的道德和知识文化水平。北方殖民者的领导水平最高。最初，新英格兰人离开原来的家园，是因为他们对国王和政府在宗教方面的政策长期不满。通过下议院行使权力后，新英格兰人不再向国王和政府提供物资。此外，在英格兰内战和共和国时期，美洲殖民地实际上是母国政府留给他们自治的。以下三个事实足以解释一百多年后发生的美国独立战争：一是殖民者，也就是新英格兰的殖民者，带着深深的怨恨离开了旧家园；二是殖民者或其在下议院的代表反对额外的王室税收，如1625年、1626年和1628年的议会；三是殖民者从一开始就习惯了通过自己选举产生的议会管理自己，几乎是独立的。

英格兰王国在美洲的南北方殖民地的显著差异对美国历史产生了重要影响，但对大英帝国的历史意义不大。北方的殖民者是清教徒。在英格兰，这些教会会众被称为新教徒。北方的经济是农业和制造业，虽然制造业的规模很小，但新英格兰人制造了大部分他们需要的东西——鞋子、羊毛衣服、船，甚至是铁制品。他们拥有非常发达的渔业和航运业。北方土壤贫瘠，气候恶劣，人们自力更生，艰苦奋斗。小规模的家庭农业、家庭工业和恶劣的气候，使奴隶的"进口"变得没有必要。在南方殖民地，肥沃的土地、炎热的太阳和骑士型的殖民者（尽管也有其他类型的殖民者）催生了一个由乡绅拥有、奴隶耕种的大型种植园经济体系。类似的情况在西印度群岛盛行，如百慕大（1609年起为英属殖民地）和牙买加（1655年英格兰共和国从西班牙王国获得）。17世纪末到18世纪初，弗吉尼亚和马里兰的烟草种植园、牙买加和百慕大的甘蔗种植园是英格兰持久繁荣的源泉。

第 3 章

1660 年到 1688 年美洲殖民地的发展

就殖民事务而言,斯图亚特王朝国王查理二世和詹姆斯二世统治时期非常重要。在名著《历史》第三章中,托马斯·巴宾顿·麦考利写道:

> 显然,过去六个世纪,在我们的土地上,国家财富几乎不间断地增长。都铎王朝时期的财富要比金雀花王朝时期的多;斯图亚特王朝时期的财富要比都铎王朝时期的多。尽管发生了战争、围城和征用,王政复辟时期的财富也要比长期议会时期的多;尽管出现了管理不善、奢侈浪费、破产、瘟疫和大火,以及两次花费巨大但并不成功的战争,查理二世驾崩时的财富也要比他复辟时的多。

财富正在不断积累。那些拥有或者创造财富的人,即土地所有者和商人不得不为他们的闲置资金寻找增值方式。他们决定在航运和开拓殖民地方面寻找机会。此外,贫穷的骑士及其儿子也被美洲新生活的美好前景吸引。人力和资本都意欲前往海外。国王为这些新兴的冒险项目颁发了许可证或特许状,并且任命贸易委员会和外国殖民地委员会监督海外的领土。这绝对是一项明确的促进合并的政策,一项以共同原则进行殖民管理和建立统一商业体系的政策。1660年颁发的《航海法案》,无论如何要比1651年颁发的《航海法案》更加严格,它致力于使整个帝国紧密联系并自给自足。

1660年的《航海法案》是一系列贸易条例之一，最终形成于1696年。理查二世和亨利七世统治时期，就曾出现过《航海法案》。1651年，英吉利共和国领导的长期议会通过了一系列现代条例中的第一个重要条例。这一条例规定凡是亚洲、非洲、美洲运往英吉利共和国及英属殖民地的货物，必须由英吉利共和国的船或英属殖民地的船运送，"船主和大部分船员也必须是英吉利共和国人"。凡从欧洲运往英吉利共和国及英属殖民地的货物，只能由英吉利共和国或商品生产国的船运送。这一条例的目的是抵制荷兰共和国。荷兰共和国当时是其他国家货物的主要运输者，而它自身生产的货物很少。1660年的《航海法案》，以更严格的方式重新规定了这些内容。无论在何地生产的货物，必须用英吉利共和国及英属殖民地的船运输，而"船主和至少四分之三的船员必须是英吉利共和国人"，这些货物方可运输至其他地方。1660年的《航海法案》还规定，只有英吉利共和国的子民才可以在亚洲、非洲和美洲拥有的土地上从事贸易，成为商人或代理人。它还限制沿岸贸易，在英格兰、爱尔兰、威尔士、根西岛、泽西岛和贝里克的两个港口及海湾之间，仅限英格兰的船通行。① 尽管在1826年有所修改，但直到1849年，这些条例基本上一直有效。直到1854年，沿岸贸易才向外国船开放。

斯图亚特王朝国王查理二世和詹姆斯二世统治时期，新建的第一个殖民地是卡罗来纳，或者说是南卡罗来纳殖民地和北卡罗来纳殖民地。1663年，从查理二世手中，一些贵族获得了弗吉尼亚殖民地以南、从阿尔伯马尔湾到萨凡纳河之间的领土特许状。其中，克拉伦登伯爵爱德华·海德和后来的沙夫茨伯里伯爵安东尼·阿什利·库珀是领导人。安东尼·阿什利·库珀信奉宗教自由，和哲学家约翰·洛克是好朋友。在他们的影响下，基督教可以在卡罗来纳殖民地自由传播。1665年，查理二世颁布的一份特许状，明确允许了此事。1663年

---

① 1651年的《航海法案》出自塞缪尔·罗森·加德纳：《清教徒革命的宪法文件》，1899年，第468页到第471页。1660年的《航海法案》出自C.格兰特·罗伯逊：《条例精选》，1923年，第3页到第13页。——原注

克拉伦登伯爵爱德华·海德

沙夫茨伯里伯爵安东尼·阿什利·库珀

约翰·洛克

到1665年的冒险活动，仅仅发生在这份特许状允许活动的领土范围的北部地区——北部地区人烟稀少。1669年，卡罗来纳殖民地的所有者派出了一支远征队。这支远征队在百慕大遭遇了沉船，之后抵达萨凡纳河。1680年，一个新的定居点在查尔斯顿建立了。它现在是美国古老的殖民城镇之一。1685年，《南特敕令》废除后，大量胡格诺派教徒到达南卡罗来纳殖民地。现在查尔斯顿依然有古老的胡格诺教堂。尽管土地所有者想让南卡罗来纳和北卡罗来纳合并成一个殖民地，但从一开始，南卡罗来纳殖民地和北卡罗来纳殖民地就拥有各自的总督，并且通过选举分别形成了各自的议会。后来，这两个殖民地演变成了南卡罗来纳州和北卡罗来纳州。

1663年，卡罗来纳殖民地建立后，英格兰王国获得了新尼德兰殖民地，即纽约殖民地。新尼德兰是荷兰人在哈得孙河及相邻土地上建立的殖民地。1661年的《航海法案》阻碍了荷兰共和国的运输贸易，但殖民地的人可以忽视这一

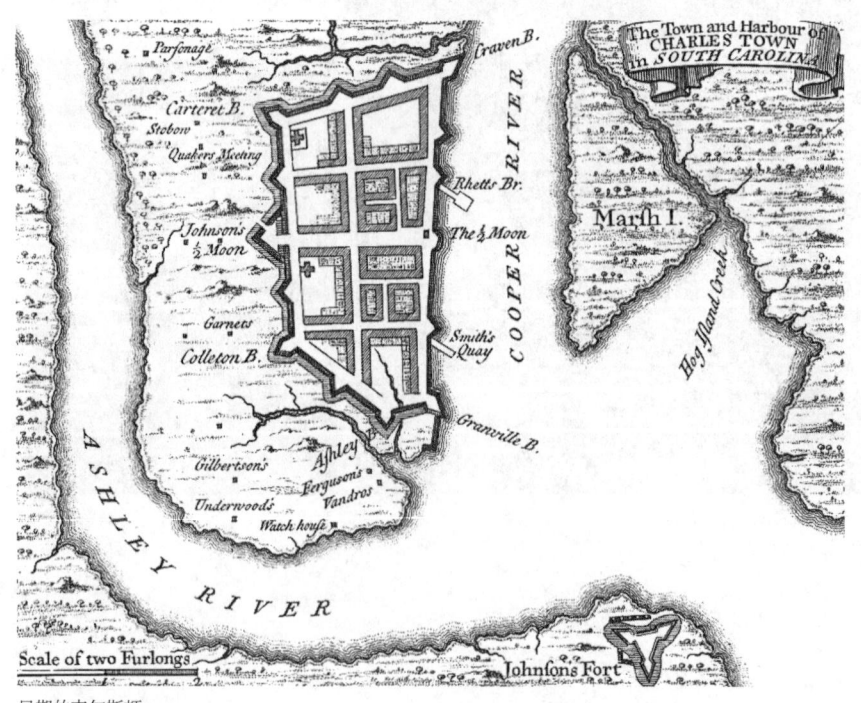

早期的查尔斯顿

约克公爵詹姆斯·斯图亚特

条例，事实上他们也是这么做的。这使英格兰王国与荷兰共和国之间产生了摩擦。后来，英格兰王国向荷兰共和国索要新阿姆斯特丹。新阿姆斯特丹是新尼德兰殖民地的中心地区，曾包含在1606年的弗吉尼亚特许状和1620年的新英格兰特许状内。在新尼德兰殖民地，尤其是在长岛，还有少量的英格兰人定居。查理二世决定强制执行英格兰的主张。通过特许状，查理二世将权力转让给弟弟约克公爵詹姆斯·斯图亚特[①]，并且派出一支由罗伯特·尼科尔斯上校带领的远征军。1664年8月29日，因手中没有军队——实际上受荷兰殖民者所迫，在没有任何抵抗的情况下，新阿姆斯特丹的荷兰总督彼得·施托伊弗桑特向罗伯

---

① 即位后，称詹姆斯二世。——译者注

特·尼科尔斯上校投降了。英格兰王国夺取了新阿姆斯特丹,并且以它的所有人约克公爵的名字,将其更名为纽约殖民地。这一事件成了查理二世时期第二次英荷战争的导火线。1665年到1667年的第二次英荷战争,最终以《布雷达条约》的签订结束。在《布雷达条约》中,荷兰共和国承认英格兰王国对纽约殖民地的所有权。1672年到1674年的第三次英荷战争中,荷兰人夺回纽约殖民地,但在1674年的《威斯敏斯特和约》中,荷兰人不得不把纽约殖民地还给英格兰王国。纽约殖民地既有荷兰元素,也有英格兰元素,当两种元素逐渐融合后,形成了奇特、充满活力的殖民社会。这些在华盛顿·欧文的《纽约外史》、《瑞普·凡·温克尔》和《沉睡谷传奇》中,有精彩的描写。[1]

在美洲殖民地的扩张中,有一种像顽强的植物一样生长的本能。这或许可以解释美国人后来的主张:他们的"天赋使命"就是踏遍整个大陆。继普利茅斯、马萨诸塞湾、罗得岛、康涅狄格后,新泽西被纳入新英格兰殖民地体系。1666年,一群拓荒者从康涅狄格殖民地和纽黑文殖民地乘船经长岛,过哈得孙河河口,定居在了"新泽西"。一直以来,新泽西人都想要获得自治。在伊丽莎白敦的议会上,根据康涅狄格模式,新泽西人起草了法规。约克公爵詹姆斯·斯图亚特的纽约殖民地名义上包括了新泽西。1681年,从约克公爵詹姆斯·斯图亚特手里,对新泽西土地感兴趣的威廉·佩恩和其他英国贵族购买了新泽西殖民地的所有权。威廉·佩恩既是英格兰王国的大臣,也是拥有大量财富的贵格会教徒。

威廉·佩恩对殖民地的兴趣,促使他进行了另一次冒险,并且获得了丰硕的回报。1680年,考虑到王室欠佩恩家族的债务,查理二世将马里兰和特拉华之间的领土赐予威廉·佩恩。在宾夕法尼亚殖民地的东边,其与特拉华殖民地的边界明确,但在南边,巴尔的摩男爵乔治·卡尔弗特拥有的马里兰殖民地和佩恩家族拥有的宾夕法尼亚殖民地之间的界限一直未能确定。直到1767年,

---

[1] 迪德里克·尼克博克(华盛顿·欧文的笔名),《纽约外史》,1809年;《见闻札记》,1819年。——原注

1664年的新阿姆斯特丹

荷兰共和国代表与英格兰王国代表在布雷达举行和平谈判

经两位英国工程师查尔斯·梅森和杰里迈亚·狄克逊勘测后,两地之间的界限才得以确定。这次勘测明确了南北之间的分界线,而像里程碑一样的路标也建起来了。沿着西弗吉尼亚、马里兰和宾夕法尼亚之间历史上的边境线驾车行驶,来往于梅森-狄克逊线时,游客可以从这些路标中感受到来自18世纪的直接召唤。在皇家特许状中,威廉·佩恩的殖民地是以他的父亲老威廉·佩恩的名字命名的。老威廉·佩恩是一位海军将领,曾在1655年率舰队占领牙买加。威廉·佩恩原本打算将查理二世赐予的领土称作西尔韦尼亚,但查理二世加上了佩恩这个名字。因为1662年《联合法案》实施后,贵格会教徒在英格兰没有了立足之地,威廉·佩恩便打算把这块殖民地留给贵格会教徒。自然,在贵

威廉·佩恩

《佩恩与印第安人条约》

格会教徒威廉·佩恩的领导下，这块土地上没有建立教堂，但这里允许基督教各个分支的存在。通常，《佩恩与印第安人条约》在历史上是否存在至今仍未有定论。不过，总体而言，威廉·佩恩和印第安部落保持着良好的关系。1682年到1684年，长期巡视自己的殖民地后，在斯古吉尔河和特拉华河交汇处，威廉·佩恩选择了一个地方，并将这个地方命名为费城。1682年12月，威廉·佩恩颁发命令召开大会——殖民地议会。于是，人们聚集在切斯特开会。威廉·佩恩的宗教宽容思想和崇高的理想吸引了 批优秀的殖民者。1683年，许多与浸礼派教徒和贵格会教徒观点一致的门诺会教徒、基督新教教徒受到吸引，抵达并定居在日耳曼敦。

除了佐治亚殖民地，在大英帝国统治下的美洲殖民地现在已完整了。直到1732年，佐治亚殖民地才建立。佐治亚的殖民者只是零星地散落在大西洋沿岸的边缘地带及河口上游位置，最远也就到达潮水涨落的地方。在佐治亚，除了像纽约殖民地的奥尔巴尼一样的几个内陆定居点，这块辽阔大陆的大部分地区都未被占领。17世纪结束前,为了争夺佐治亚广袤的土地,英格兰王国和法兰王国西剑拔弩张,尽管英格兰人和法兰西人都无法填满这片土地。

在法兰西殖民地管理人员心中,一直有一个"俄亥俄计划",即通过俄亥俄河把圣劳伦斯河河边的法兰西定居点和密西西比河沿岸的定居点连接起来。1682年,勒内-罗伯特·卡弗利耶从休伦湖出发,到达密西西比河河口,开始为法兰西的殖民事业打开"路易斯安那"的大门。

整个殖民时期,在美洲的法兰西人一直不多,英格兰人是其二十多倍。[①] 然而,法兰西人精力旺盛,传教士、捕兽者和商人遍布各地。种种迹象表明,在法兰西人的精力和智谋面前,位于阿勒格尼山脉以西和圣劳伦斯河周边未探索的广阔土地将落入法兰西人手中。1670年,鲁珀特亲王和伦敦的一群冒险

勒内-罗伯特·卡弗利耶到达密西西比河河口

---

① 爱德华·钱宁:《美国史》,第2卷,第137页。——原注

路易十四

家成立的哈得孙湾公司预先阻止了法兰西人在加拿大北部的扩张。四年前,即1666年,第二次英荷战争①爆发后,为防止路易十四占领荷兰,英格兰王国参加了欧洲大陆上对抗法兰西王国的战争,即遗产继承战争。法兰西王国在加拿大做出回应,向哈得孙山谷派遣了由参加过欧洲战争的老兵组成的卡里尼昂部队。这支部队行军四百英里穿过森林,摧毁了易洛魁人的几个村庄,但对英

---

① 原文为第一次英荷战争,经查证应为第二次英荷战争。——译者注

格兰王国的据点并未造成严重损害。事实上,英格兰王国的据点没有防御。法兰西人为何没有摧毁英格兰的据点是"当时的未解之谜之一。但他们未摧毁英格兰据点的行为,是美国历史进程的巧合之一"。沿着哈得孙山谷而下的法兰西人,有可能切断新英格兰和南方殖民地的联系,"这是法兰西人的机会,一旦失去,就永不再来"①。至于易洛魁联盟,则是五个部落,或者说"民族"的同盟。这五个部落分别是莫霍克族、奥奈达族、奥农达加族、卡尤加族和塞尼

奥奈达族人

---

① 爱德华·钱宁:《美国史》,第2卷,第142页。——原注

塞尼卡族人

卡族。他们的领土位于上休伦湖和安大略湖之间。纽约殖民地的总督对易洛魁人很友好,视他们为英格兰王国的子民,同时将纽约殖民地的边界向前推进到安大略湖湖畔。不过,法兰西人在俄亥俄的努力,一直持续到1757年才停止。

斯图亚特王朝国王查理二世和詹姆斯二世的重大贡献是促进了美洲殖民地的合并。无论好坏,他们的殖民政策至少是清晰、明确的。在某种程度上,美洲殖民地自身有了统一的需求。1643年,除了缅因殖民地和罗得岛殖民地,新英格兰的殖民地一起加入了一个同盟,而这一同盟一直持续到1688年光荣革命时期。1681年,查理二世发布《权利开示令状》①,要求马萨诸塞湾殖民地解

---

① 《权利开示令状》是一种为国王利益而颁发的特权令状,主要针对那些主张或盗用公职、特权及司法管辖权者,要求他们说明其权利依据,他们凭什么行使上述特权。——译者注

释为什么它的特许状不应该被废除。此举向着统一、合并迈进了一步。在伦敦的王座法庭①上，马萨诸塞湾殖民地的地方法官辩护失败。此后，马萨诸塞湾的特许状被废除了，而其殖民地也直接归属英格兰王室。1686年，詹姆斯二世任命马萨诸塞人约瑟夫·达德利为新英格兰的总督，授予他在马萨诸塞湾、缅因、新罕布什尔和罗得岛等殖民地的管理权。1688年4月7日，詹姆斯二世统一了宾夕法尼亚以北的所有殖民地。因此，纽约、新泽西和新英格兰的所有殖民地现在成为一块领土，而它们各自的特许状在《权利开示令状》颁布后就被废除了。《权利开示令状》如同王室颁发给英格兰市政委员会的令状一样，为1688年光荣革命的发生埋下了伏笔。正如在英格兰一样，詹姆斯二世的统治以一种不流血的方式被驱逐出美洲，而自治政府的特许状得以恢复。

---

① 王座法庭，亨利二世时期逐渐形成的一种法庭，由各郡代表及御前会议人员，在国王的指导下，审理各地重大案件。——译者注

第 4 章

光荣革命后的殖民地

1689年3月,英格兰爆发光荣革命的消息传到美洲各殖民地。长期以来,美洲的殖民者都痛恨斯图亚特王朝国王查理二世和詹姆斯二世的中央集权与合并统一政策,所以自然而然地接受了光荣革命。马萨诸塞湾殖民地总督埃德蒙·安德罗斯爵士被投入监狱,随后又被送回英格兰。在纽约殖民地,坚毅、果

埃德蒙·安德罗斯爵士被逮捕

断的雅各布·莱斯勒成了领导者,他宣称效忠奥兰治亲王威廉·亨德里克[①]。雅各布·莱斯勒是德意志人,在荷兰统治时期就到达了纽约殖民地。在马里兰殖民地、弗吉尼亚殖民地、南卡罗来纳殖民地和北卡罗来纳殖民地,当地议会也承认光荣革命产生的结果——威廉三世成为继承人。威廉·佩恩和巴尔的摩男爵乔治·卡尔弗特的家族也不反对威廉三世。英格兰政府原本有可能抓住这次革命的机会,建立与"革命原则"一致的殖民地体制,但威廉三世在两年内忙于应对爱尔兰人、苏格兰人和法兰西人,无法给予这些殖民地过多的关注。殖民地事务落在枢密院下属的贸易和殖民地委员会手中。曾效力于查理二世

威廉三世

---

① 即位后称威廉三世。——译者注

威廉·布拉斯威特

和詹姆斯二世的威廉·布拉斯威特，现在依然作为委员会议员继续履行职责。"他是一个有影响力的人，也是长期执政官员的榜样。在英格兰宪法的实际运作中，他一直拥有巨大的权力。"[1]1695年的《议会法案》通过后，贸易和殖民地委员会被改为贸易和殖民地董事委员会，其议员由国王直接任命。威廉·布拉斯威特依然任议员，他与对殖民地事务感兴趣的哲学家约翰·洛克一起工作。1768年设立殖民地事务大臣前，贸易和殖民地董事委员会的职责是为国务大臣提供咨询[2]，监督殖民地的商业和《贸易法案》的执行，以及广泛监督殖民

---

[1] 爱德华·钱宁：《美国史》，第2卷，第219页。爱德华·钱宁在这句话的末尾补充："有时遗憾地。"——原注

[2] 1768年以前，殖民地事务由两位国务大臣负责：一位负责"北方部门"，一位负责"南方部门"。南方部门的国务大臣负责殖民地事务。1783年后，北方部门的国务大臣成为内政大臣，南方部门的国务大臣成为外交大臣。——原注

地政府。贸易和殖民地董事委员会经常举行集会,看起来事务繁忙,但没有发布命令的权力。它的建议要由国务大臣、海关专员或海军部批准后才能生效。殖民者宁愿自我管理。威廉三世统治时期,殖民者觉得和查理二世或者詹姆斯二世统治时一样或者几乎一样。这是威廉三世的失误。就哪位国王应为美国独立战争负责而言,应该是威廉三世而不是乔治三世。①

1643年到1646年的内战中,乡村绅士和城市商人推翻了国王的个人政府,进入他们的"应许之地"。自那以后,大英帝国就越来越像一个商业帝国,采取一种有利可图的冒险方式。1660年的《航海法案》限制了英吉利共和国与美洲殖民地之间的贸易,要求必须由英吉利共和国或者殖民地的船运输货

乔治三世

---

① 爱德华·钱宁:《美国史》,第2卷,第219页。——原注

物。不过，1663年的《航海法案》把爱尔兰的船排除在外。此外，《航海法案》还"列举"了殖民地的一些产品，如烟草、糖、棉毛、靛青等，并且要求必须将这些产品运到英吉利共和国，而不能运到其他地方。这是一项非常自私的条例，其目的是排除贸易中的外国人。就"列举"的产品而言，《航海法案》是为了保护英格兰的商人和伦敦与布里斯托尔的仓库管理人员利润可观的委托代办业务。

《航海法案》可能刺激了英格兰王国及其殖民地的船舶建造，但抬高了殖民地产品的价格，使其高到一种不合理的程度。在英格兰及欧洲大陆，烟草的价格大约是美洲的十倍；糖和茶叶的价格也高得离谱。在《国富论》中，亚当·斯密认为：《航海法案》使资金从利润丰厚的传统贸易中转移，伤害了英

亚当·斯密

格兰的传统贸易,并且使商人期望从殖民地贸易中获得本应获得的更多利润。此外,1740年到1748年和1756年到1763年,为了维持大不列颠王国的贸易垄断权,大不列颠王国与法兰西王国发生了海战,损失了约六千万英镑。亚当·斯密认为,这些损失远远高于大不列颠及其殖民者从《航海法案》中获得的利润。

殖民者愿意把商品自由地运往欧洲大陆。因此,大规模的非法运输一直存在。由于偷税,大不列颠的海关收入损失巨大。殖民地总督和税收官员常常与殖民者、船主串通一气,把产品直接运往法属西印度群岛,或者法兰西、西班牙和意大利的港口。当大不列颠贸易专员询问如何阻止偷税时,牙买加的官员建议实行自由贸易。①然而,这并不是一个重商主义时代会考虑的解决办法。相反,大不列颠政府自然而然地采取措施,制定更加严格的法规。1696年,英格兰政府重新制定了更加严格的《航海法案》,在殖民地建立了海事法院。海事法院有两个:一个是为美洲北部的殖民地而建立,另一个是为美洲南部的殖民地而建立。由于工作时没有陪审团,海事法院比殖民地的普通法院能做出更快速、更有决定性的裁定结果。为了加强《航海法案》的执行,从威廉三世统治时期开始,皇家海军的船就在殖民地水域定期巡逻。然而,无论对普通商人还是对海盗而言,普遍存在不遵守《航海法案》的现象。

为众多浪漫故事提供素材的海上抢劫,是一种与陆上抢劫一样古老的"贸易方式"。直到现代海军崛起,海上贸易才足够安全。17世纪末和18世纪初是海上抢劫的"黄金时期"。当时著名的海盗主要在加勒比海活动。在环西印度群岛的较小水域内及在西班牙美洲殖民地的海湾和海港内,经常有海盗出没。

就大英帝国的历史而言,海盗式冒险活动经历了四个阶段。第一阶段发生在中世纪晚期。当时,英格兰王国和法兰西王国频繁交战。为顺应环境的变化,一群诚实的船员变成了海盗。从普尔、法尔茅斯和福伊出发时,他们拥有资

---

① 《主的手稿》,新系列,第2卷,第19页到第20页;爱德华·钱宁:《美国史》,第2卷,第272页。——原注

本——船和货物,也有自己的行事规则和分红体系。亨利四世和亨利五世统治时期,普尔的亨利·帕伊是当时著名的海盗。

第二阶段发生在伊丽莎白一世时期,又称"老练的水手"时期。在商人、财团、贵族甚至伊丽莎白一世的支持下,约翰·霍金斯、弗朗西斯·德雷克、约翰·奥克斯纳姆等人进行了海盗式冒险活动。他们主要通过截获西班牙政府的财富和南美洲矿山的特许权使用费来获取利润。到詹姆斯一世和查理二世统治时期,"伊丽莎白一世体制"仍存在。一些在政治上反对詹姆斯一世和查理二世的商人及乡村绅士,似乎一直对海盗式冒险活动很感兴趣。约翰·皮姆就是其中之一。

约翰·皮姆

海盗式冒险活动的第三阶段，发生在17世纪末和18世纪初，称为私掠船时代。这些所谓的海盗，大部分是获得授权的武装人员，持有大不列颠国王颁发的"私掠许可证"。他们与国王的敌人作战，却没有从国王那里获得任何酬劳。作为回报，他们获得了一份皇家委任状或者私掠许可证。这使他们的战斗合法化，并且使他们有权保留所有战利品和其他获利。由于无法甄别敌船和中立派的船，这些私掠者经常面临危险。此外，国与国之间达成和平的消息或许几周甚至几个月后才能传到海上私掠者耳中。毫无疑问，即使和平的消息传来，如果利润可观，私掠者也不愿意放弃劫掠事业。总之，私掠只是海盗行为一层薄薄的遮羞纱。

第四阶段发生在1715年到18世纪末。这一时期，海盗式冒险活动逐渐减少，但没有绝迹。由于大不列颠王国和法兰西王国的海军规模不断扩大，海盗不再像以前那样被当作常规战斗的补充力量，他们无法再获得私掠许可证。此外，由于海盗犯下恶行，他们也逐渐被当作人类的敌人，被正规的海军追捕并吊死在帆船上。

亨利·摩根船长是大名鼎鼎的海盗或者说"海贼"。像伊丽莎白一世时期的掠夺者和海盗一样，亨利·摩根在王室的许可下行事。事实上，牙买加总督托马斯·莫迪福德爵士也给亨利·摩根颁发了委任状。1635年，在格拉摩根，亨利·摩根出生。据说，在布里斯托尔，亨利·摩根曾被绑架，后来被当作奴隶或者契约劳工送往巴巴多斯。这样的契约有法定的有效期。当服务期满后，亨利·摩根喜欢上了大海。1663年，亨利·摩根似乎已经升任为一艘私掠船的船长。1665年到1667年，当查理二世同法兰西王国结盟，并且与西部牙王国开战时，亨利·摩根从牙买加总督托马斯·莫迪福德爵士手里获得了一份委任状，即召集一支武装力量和西班牙人作战。1668年，尽管英格兰王国和西班牙王国之间已经达成和平协议，亨利·摩根依然在古巴洗劫了西班牙王国的普林西比港。然后，亨利·摩根穿过大陆，洗劫了贝卢港。1671年，在巴拿马地峡，亨利·摩根登陆，向内陆进军。凭借高超的技艺和过人的勇气，亨利·摩根攻占了

亨利·摩根洗劫普林西比港

巴拿马城。饱受折磨的富人不得不放弃自己的财富。很快，巴拿马城被洗劫一空。1674年，亨利·摩根被查理二世任命为牙买加副总督。第二年，即1675年，亨利·摩根被封为爵士。在牙买加，他度过了余生，成为一位受人尊敬的、威严的、能干的指挥官。1688年，亨利·摩根去世，被葬在皇家港。亨利·摩根手下有一个叫亚历山大·埃克梅林的持有执照的海盗或官员。亚历山大·埃克梅林曾记录过海盗的历史，包括亨利·摩根在贝卢港和巴拿马城的事件。亚历山大·埃

亨利·摩根攻占巴拿马城

威廉·基德

克梅林描写了海盗强加给当地居民的残忍折磨，而海盗对享乐和黄金的狂热追求使被占领的城市同但丁·阿利吉耶里在《地狱》里描写的场景一样。①

严格来说，亨利·摩根不是海盗。因为他在官方许可下行事，并且没有无差别地攻击所有船，他只和西班牙船队作战。在传统意义上的海盗中，或许威廉·基德船长更加出名。威廉·基德原本是波士顿一个忠诚、充满活力的水手（一说商人）。1696年，在马萨诸塞湾殖民地总督贝洛蒙特伯爵查尔斯·柯克

---

① 亚历山大·埃克梅林：《美洲海盗》，1684年初版，1894年再版。——原注

霍芬的任命下，威廉·基德前往马达加斯加镇压海盗。马达加斯加是海盗的定居点、避难所，也是海盗的藏宝库。据威廉·基德讲述，在路上他的手下发生哗变，强迫他成了海盗。他获得的全部或者大部分值钱的船和货物都来自法兰西。当时，英格兰王国正和法兰西王国交战。1699年，威廉·基德悄悄驶入波士顿，被抓后送往英格兰。作为囚犯，在老贝利，即伦敦中央刑事法庭，威廉·基德接受审判，被判处死刑。1701年，威廉·基德被处死。对他的审讯并不公平，

威廉·基德被处死

威廉·基德埋藏宝藏

判决也有失公允。人们认为威廉·基德在不同地方埋藏了几批财宝,并且有些财宝确实在位于纽约殖民地的长岛附近的加德纳岛被发现了。

爱德华·萨奇(一说爱德华·蒂奇)是一名真正的海盗,靠掠夺为生。他是布里斯托尔人,是一个酒鬼,一个喜欢诅咒别人的恶棍。他长着浓密的黑胡子,有十四个妻子。他用恐怖的手段控制手下,经常在坐满手下的桌子下开枪。他用颜料涂脸,并且能从口中喷出烈火。这使他看起来像一个恶魔。北卡罗来纳殖民地总督查尔斯·伊登似乎与爱德华·萨奇相互勾结,共同分享掠夺的成果。1718年,在弗吉尼亚殖民地的詹姆斯河,爱德华·萨奇的船遭到一艘大不列颠王国护卫舰的袭击。船上的海盗拼死抵抗，但大不列颠王国海军还是登上了船。在搏斗中，爱德华·萨奇被杀身亡。他的头被砍下来，连同黑胡子一起被挂在船上的斜桅杆上。在《巴伦特雷的少爷》中，罗伯特·路易斯·史蒂文森对他有所描写。

第 5 章

18 世纪的殖民战争

18世纪，在奴隶劳动的基础上，西印度群岛和北美洲的南方殖民地蓬勃发展。在那个时代，黑暗的奴隶贸易非常普遍。它是一项非常古老的贸易。不过，在伊丽莎白一世统治之前，没有任何英格兰人参与奴隶贸易。约翰·霍金斯开始从事这项贸易后，奴隶贸易的生意变得非常红火。当时，这一贸易主要是为西班牙殖民地提供黑人奴隶。1620年，据说，一艘荷兰船最先向弗吉尼亚殖民地贩卖黑奴。1680年后，在英属北美殖民地进行的奴隶贸易变得非常活跃。1655年，英格兰人从西班牙人手中夺取了牙买加殖民地——这里的甘蔗种植园需要大量奴隶。每年约有两万个奴隶被卖到英属北美殖民地的南方和英属西印度群岛。18世纪，约有两百万奴隶被贩卖。伦敦、利物浦和布里斯托尔都在进行庞大的奴隶交易。在非洲东海岸，这些城市的商行建立了"工厂"和代理处。商行的领导者常常带人袭击内陆的村庄，在村庄纵火，然后抢走当地居民。英格兰人、法兰西人、荷兰人、丹麦人和葡萄牙人的"工厂"要么直接购买奴隶，要么通过阿拉伯商人购买。每年有七万到八万个奴隶被运往大不列颠、法兰西、葡萄牙、荷兰、丹麦和西班牙的殖民地，但约有一半人在到达前就已经死了。奴隶贸易给非洲带来了黑暗和苦难：村庄被严重损坏，猎杀、野蛮行为在各个部落发生。在运输奴隶的船上，遍布污秽与死亡。在种植园里，白人道德败坏。17世纪末，牙买加的奴隶数量约有五万。一百年后，由于奴隶贸易，这一数字大约是三十万。在西印度群岛，种植园主因势单力薄，时常生活在奴隶起义的恐惧中。在北美洲的南方殖民地，奴隶被更好地控制。

北美洲北方的殖民者，即新英格兰、纽约、新泽西、宾夕法尼亚和特拉华的殖民者，是18世纪大英帝国受过良好教育的人。通过阅读《约翰·伍尔曼日记》和《本杰明·富兰克林自传》，我们可以了解当时的状况。

约翰·伍尔曼是在一个并不盛产圣人的时代里出现的圣徒式人物之一。1720年，他出生于新泽西殖民地的伯灵顿县。他是个裁缝，是教友派（贵格会）成员，是一个率真、虔诚的人。他很早就意识到奴隶贸易违背上帝的准则，因而花费大量时间在各地传教和劝诫。1772年，约翰·伍尔曼乘船前往大不列

约翰·伍尔曼

本杰明·富兰克林

颠。他认为驿站马车夫受到了过于严厉的对待。因此,从南到北,约翰·伍尔曼徒步拜访了这个国家不同地方的教友会。1772年10月,他不幸感染天花,在英格兰约克逝世。《约翰·伍尔曼日记》就像他本人一样,简单、自然、真挚、虔诚。《约翰·伍尔曼日记》语言纯净灵动,文笔和约翰·班扬的散文一样简洁、有力。约翰·伍尔曼没有受过正规教育,但因为他从小读英语版《圣经》,以及他居住的殖民地上清教徒的英语讲得很好,所以他的英语口语和写作水平都很高。

在早期殖民地社会里,本杰明·富兰克林是一个素养较高的人。1706年,他出生于波士顿,父亲乔赛亚·富兰克林是一个贫困的煮皂工。在波士顿拉丁

约瑟夫·艾迪生

理查德·斯蒂尔

学校,他上过一年学。十岁时,他也成了一个煮皂工,但私下依然继续学习,并且阅读了很多父亲拥有的书籍,包括普鲁塔克的《传记集》和丹尼尔·笛福的《论开发》。1717年,十一岁的本杰明·富兰克林成为哥哥詹姆斯·富兰克林的学徒,在波士顿学习印刷。其间,他一直阅读书籍,其中包括约瑟夫·艾迪生和理查德·斯蒂尔的《旁观者》、伯顿的《历史集》,以及约翰·班扬的著作。后来在费城,他成了塞缪尔·凯默印刷厂里的一个熟练工人,并且在镇上和其他年轻人一起成立了读书社,朗诵诗歌和散文。1724年,他设法前往英格兰旅行,在伦敦逗留了十八个月。其间,他依靠当印刷工人谋生,并且经常在书店读书。返回费城后,他开办了一家印刷厂,发行了一份报纸,并且成立了费城订阅图书馆和费城哲学协会。1749年,他帮助建立了宾夕法尼亚大学。

　　本杰明·富兰克林是一个优秀的公民,致力于帮助他人。他改进了为房屋供暖的方法,并且建立了当地的火险协会;他解决了爱德华·布拉多克总司令在1755年远征中的军队补给问题;促进了教育事业的发展;进行了闪电和电的实验，并且和知识渊博的大不列颠人常有书信往来。这些使他成了伦敦皇家学会的荣誉会员。像伏尔泰、安内-罗贝尔-雅克·杜尔哥、托马斯·杰斐逊、约翰·沃尔夫冈·冯·歌德一样，本杰明·富兰克林是18世纪的杰出人物之一。在任何国家、任何社会，他们都是科学、文学或政治学方面的巨匠。他们崇高的思想能应对人类能力范围内的很多问题。通过自身的学识，他们为人类造福。这是一种真正的慈善行为。本杰明·富兰克林的早期生活，在他那精彩绝伦的自传中有所描写。他的名作《书信集》同样富有启发性，展现了优秀的人和优秀的时代。本杰明·富兰克林是了不起的，同样了不起的是早期的殖民地社会居然能够培养他多方面的兴趣和探究性思维。

依照牛津大学和剑桥大学模式建立起来的大学，在当时规模不大，却逐渐发展为学习中心和名流聚集地。其中包括1636年建于剑桥的哈佛大学、1693年建于威廉斯堡的威廉玛丽学院和1701年建于纽黑文的耶鲁大学。在早期的大学中，有一个叫乔纳森·爱德华兹的学生成了杰出的哲学家。1703年10月5日，乔纳森·爱德华兹出生于康涅狄格殖民地的东温莎。1720年，他毕业于

托马斯·杰斐逊

约翰·沃尔夫冈·冯·歌德

耶鲁大学,后在耶鲁大学做了几年助教。1727年,他被授予神职,成了马萨诸塞湾殖民地北安普敦公理会的教堂牧师,在此工作了二十四年。直到1750年,他因与教堂会众辩论神学而辞职。随后,乔纳森·爱德华兹在马萨诸塞湾殖民地伯克郡的印第安人中传教。1758年,他被聘为普林斯顿大学(创建于1746年)校长。然而,任校长仅一个月,乔纳森·爱德华兹就被天花夺去了生命,年仅五十四岁。

作为美国最具有原创精神的思想家之一,乔纳森·爱德华兹堪与拉尔夫·沃尔多·爱默生和威廉·詹姆斯比肩,取得的成就甚至高于他们。他是一个狂热的加尔文主义教徒。他的《自由意志论》是从加尔文主义的观点进行论

乔纳森·爱德华兹

述的基础专著。他的著作还有《原罪论》和《基督教美德的本质》。在18世纪的伊曼纽尔·康德出现以前，新英格兰殖民地培养出了乔纳森·爱德华兹这样非常有才华的形而上学家。这是一个引人注目的事实。

18世纪，大英帝国主要在进行殖民战争。殖民战争最终以1775年到1783年大英第一帝国的终结而结束。西班牙王位继承战争爆发，拉开了18世纪的序幕。1700年，西班牙国王卡洛斯二世驾崩，他将整个国家送给了法兰西国王路易十四的孙子腓力（即位后称腓力五世）。这一馈赠行为如果生效，将使波旁家族成为西欧及新大陆的领头人。路易十四拥有法兰西、加拿大和法属西印度群岛。腓力将拥有西班牙、比利时和意大利的大部分地区（伦巴第、那不勒斯和西西里岛），以及北美洲的佛罗里达、除了墨西哥的中美洲剩余地方和巴西的南美洲。1701年到1714年，为了阻止新大陆和旧大陆的权力平衡被打破，大不列颠王国与奥地利大公国、荷兰共和国联合起来打响了反对西班牙王位继承战争。西班牙王位继承战争以签订《乌得勒支和约》和瓜分西班牙领土而告终。腓力五世保留了西班牙王国和西属美洲殖民地，但割让比利时（被认为是奥属尼德兰）、伦巴第和那不勒斯给奥地利。法兰西王国向大不列颠王国让出了纽芬兰和阿卡迪亚①。通过《乌得勒支和约》，此后三十年，大不列颠王国又获得了每年向西班牙王国殖民地供应四千八百个黑人奴隶的权力，以及每年向西属美洲殖民地派遣一艘商业贸易船的权力。这些权力一直持续到1739年大不列颠王国和西班牙王国再次开战。运输和贩卖奴隶的特权及派遣贸易船的特权被授予了南海公司——在《乌得勒支和约》中叫作"奴隶专营者"。这家公司获得了一定的利润，但规模一直不是很大。②

1732年，詹姆斯·爱德华·奥格尔索普上校、勤勉的塞缪尔·约翰逊博士和一些"受托人"建立了佐治亚殖民地。那些无法在大不列颠找到工作的贫民，可以定居在佐治亚殖民地并获得土地。1735年，时年三十二岁的约翰·韦斯利

---

① 法兰西前领地。在今以新斯科舍为中心的加拿大东部。——译者注
② 亚当·斯密：《国富论》。——原注

西班牙国王卡洛斯二世

腓力五世

西班牙国王卡洛斯二世驾崩

各国代表在乌得勒支进行和平谈判,最终签订《乌得勒支和约》

贩卖奴隶

是牛津大学林肯学院的研究员,也是英格兰教会的一名牧师。约翰·韦斯利致力于传播福音和教授一种简单的"有条不紊"的生活方式。1735年,他朝着佐治亚殖民地扬帆起航。在佐治亚殖民地,约翰·韦斯利花费了大约三年时间,坚持不懈地传教。1738年,一位年仅二十三岁的热心牧师乔治·怀特菲尔德加入了约翰·韦斯利的工作。乔治·怀特菲尔德刚从牛津大学彭布罗克学院毕业,和约翰·韦斯利在佐治亚殖民地的萨凡纳一起待了三个月。在佐治亚殖民地,詹姆斯·爱德华·奥格尔索普和其他受托人禁止购买奴隶和贩卖朗姆酒。这样一来,佐治亚殖民地无法支付各种开销。1749年之后,奴隶和朗姆酒都进

乔治·怀特菲尔德

入了佐治亚殖民地。1753年，大不列颠王国王室接管了佐治亚殖民地。从此，佐治亚殖民地走上了繁荣发展的道路。

1750年的《殖民地工业品禁止法案》迫使美洲殖民地所有高炉关闭。早在1733年，《糖蜜法案》就引起了殖民者的强烈不满。根据《糖蜜法案》，所有从国外殖民地，尤其是从法属西印度群岛进口的糖蜜，每加仑都要征收六便士的税。然而，1733年，《卡罗来纳大米法案》向殖民者做出了让步。卡罗来纳殖民地不再需要先将大米运输到大不列颠王国，而被允许直接出口到菲尼斯特雷角（在西班牙海岸）以南任一港口。随后，佐治亚殖民地也被允许直接出口大米。只要罗伯特·沃波尔任首相，或者纽卡斯尔公爵托马斯·佩勒姆-霍利斯任国务大臣，卡罗来纳殖民地和佐治亚殖民地的进出口政策就相对宽松。正如埃德蒙·伯克后来所说，这样做也是为了方便管理卡罗来纳殖民地和佐治亚殖民地。1733年，尽管大不列颠王国的人民强烈反对，罗伯特·沃波尔依然试图在大不列颠王国实行《行权议案》。这时，宾夕法尼亚殖民地的总督威廉·基思爵士建议罗伯特·沃波尔向美洲殖民地征税。罗伯特·沃波尔拒绝了。"我已经使旧英格兰反对我了，"他说，"你觉得我会让新英格兰也反对我吗？"

1739年，大不列颠王国与西班牙王国之间爆发了极不公正的"詹金斯的耳朵"战争。航运商人罗伯特·詹金斯坚称，1731年他在美洲水域开展贸易时，耳朵被西班牙海岸警卫队或税收官员割掉。西班牙王国声称大不列颠王国的商人常常违反《乌得勒支和约》的规定。《乌得勒支和约》只批准了一艘而非多艘大不列颠王国的船参与西班牙殖民地的贸易。对于西班牙王国在西属殖民地的"垄断贸易"，伦敦商人十分气愤。然而，他们忽视了一个事实：在英属殖民地，大不列颠王国政府实行更加排外的垄断贸易政策。正如罗伯特·沃波尔担心的那样，1739年的战争很快发展成了奥地利王位继承战争。1745年，新英格兰的一支武装远征军占领了路易斯堡。路易斯堡是法兰西殖民地在布雷顿角岛的重镇和要塞。然而，在《亚琛条约》中，大不列颠王国不得不将路易斯堡归还给法兰西王国，以换取法兰西王国在印度马德拉斯占领的大不列颠王国

罗伯特·沃波尔

纽卡斯尔公爵托马斯·佩勒姆－霍利斯

埃德蒙·伯克

威廉·基思爵士

讽刺漫画：罗伯特·詹金斯的同伴将他的假发摘下，向罗伯特·沃波尔展示伤口，罗伯特·沃波尔对此不屑一顾。罗伯特·沃波尔的一位同事更是漠不关心，宁愿与一位女士交谈

新英格兰一支武装远征军在路易斯堡登陆

的工厂。新英格兰人感到非常不公平，他们的努力都白费了。他们对大不列颠王国的态度再次变得冷漠了。

在印度和美洲，《亚琛条约》没有带来真正的和平。1755年，大不列颠王国政府驱逐了阿卡迪亚（在1713年《乌得勒支和约》中被兼并）的法兰西居民。于是，这些人移民到了美洲的其他殖民地。1790年以后，以阿卡迪亚的法兰西居民的流亡为主题，亨利·沃兹沃思·朗费罗写下了优美的长诗《伊凡吉林》。1754年，在奥尔巴尼，大不列颠王国政府召开北美殖民地代表大会。这次代表大会很顺利。此前，本杰明·富兰克林起草了一个防御性的殖民地同盟计划。这个计划尽管在代表大会上通过了，却没有获得各个殖民地议会的同意。1754年，殖民地的统一被证明是不可能的。然而，当美国独立战争结束时，由于大不列颠王国政府在1765年到1775年的顽固坚持，"统一"实现了。

1756年爆发的战争在历史上称七年战争。不过，战争爆发的前一年，即1755年，纷争就已存在。几年来，沿着圣劳伦斯河和密西西比河之间宽阔的水路，加拿大和路易斯安那的法兰西人建立了许多堡垒和碉堡。从安大略湖和尚普兰湖顺流而下至俄亥俄河，沿途都是要塞，包括圣劳伦斯河上的蒙特利尔、尚普兰湖上的克朗波因特和泰孔德罗加、安大略湖上的奥斯威戈，以及俄亥俄河上的德凯纳堡。在法兰西的圣路易斯堡以南，俄亥俄河汇入了密西西比河。

爱德华·布拉多克将军的远征队的任务是从德凯纳堡打破法兰西的堡垒链。乔治·华盛顿参加了这次远征。在自传中，本杰明·富兰克林也描述过此次远征。德凯纳堡位于一个居高临下的地方，是俄亥俄河和莫农格希拉河之间的交汇点。由于莫农格希拉河深陷于一个树木繁茂的宽阔山谷，爱德华·布拉多克将军率领的军队被法兰西人和印第安人包围，损失惨重，不得不撤退。这位将军受了伤，不能继续前进，被抬下了战场。当他死之前，有人听到他说："谁能想到呢？下次我们就知道怎么才能做得更好了。"爱德华·布拉多克将军被埋葬在这个山谷里覆盖着青草的矮山上，坟墓上放了一块大石头做标记。

1758年，在乔治·华盛顿的帮助下，约翰·福布斯将军及麾下的红衫军，不知用了什么办法，携带大炮等辎重穿过了宾夕法尼亚殖民地和西弗吉尼亚殖民地之间的群山，并且夺下了德凯纳堡。之后，约翰·福布斯将军返回了宾夕法尼亚殖民地。在此次远征中，约翰·福布斯将军的健康状况已很糟糕。1759年3月11日，约翰·福布斯将军在费城逝世，年仅五十一岁。他被葬于当地的一座教堂内。

夺取德凯纳堡的行动在俄亥俄—密西西比河的防御线上打开了一个缺口。不过，在殖民地爆发的著名战役中，1759年詹姆斯·沃尔夫将军夺取魁北克的战役是其中之一。占领加拿大殖民地用了一年时间。1760年，蒙特利尔落入杰弗里·阿默斯特将军之手。1760年，大不列颠王国国王乔治二世驾崩。随后，乔治三世即位。因为战争夺去了许多优秀年轻人的生命，大不列颠王国人民十分厌恶战争。时任国务大臣的威廉·皮特脾气火爆，但他卓越的指挥才能使他可以赢得战争的胜利。为了永久打破法兰西王国波旁家族和西班牙王国波旁家族在新大陆的统治，威廉·皮特坚持战斗。然而，乔治三世想要和平。于是，威廉·皮特辞去了国务大臣的职位。1762年到1763年，大不列颠王国和法兰西王国进行了和平谈判。谈判的前提是大不列颠王国作为获胜的一方应该从法兰西王国获得一定数量的殖民地领地。瓜达卢佩和加拿大殖民地都被大不列颠王国的军队占领，但大不列颠王国只想保留其中一块殖民地。那些被糖冲昏了头脑的商人，想要获得瓜达卢佩。为了糖，商人曾支持过去的两次战争。威廉·皮特在众议院慷慨陈词，希望留下加拿大殖民地。他还获得本杰明·富兰克林的帮助。当时，本杰明·富兰克林正好在伦敦处理殖民地事务。本杰明·富兰克林写了一本关于染血的糖的小册子。为获得更多糖，商人附加了太多的价值。威廉·皮特保留加拿大殖民地的恳求，被认为是受到政府部门的影响。在《1763年巴黎条约》中，加拿大殖民地被转让给了大不列颠王国。于是，约有六万五千名法兰西人被置于大不列颠王国政府的管理之下。1774年，大不列颠王国议会通过了《魁北克法案》，划定了加拿大殖民地的南部边界（涵盖了现在的俄亥俄州、印第安纳州、伊利诺伊州、密歇根州和威斯康星州的领土），并

爱德华·布拉多克将军受致命伤

乔治·华盛顿

詹姆斯·沃尔夫将军

詹姆斯·沃尔夫将军在夺取魁北克的战役中阵亡

且保证加拿大殖民地人民的宗教自由。这使罗马天主教和新教处于完全平等的地位。一种在任何地方都不可能存在的宗教宽容体制，开始在加拿大殖民地盛行了。在《魁北克法案》的自由体系下，法裔加拿大人保留了他们的民族特性。一些加拿大历史学家认为，如果当时有另外一个不同的法案，另外一个可以引导法裔加拿大人和即将到来的大不列颠王国的人相互融合的法案，加拿大可能会发展得更好。然而，当时还不存在强烈自觉的民族主义，很难知道要使法裔加拿大人融入大不列颠会承受罗马天主教会多大的压力。

1763年可以看作大英第一帝国崩溃的开始，也可以看作美洲殖民地丢失和商业管理上重商主义体系失败的开始。北美洲的南方殖民者，即马里兰殖民地、弗吉尼亚殖民地、南卡罗来纳殖民地、北卡罗来纳殖民地和佐治亚殖民地的殖民者与大英帝国在情感上有联系，但北方殖民者没有也将永不会有这种联系。新英格兰人的祖先离开旧英格兰是为了逃离他们无法容忍的暴政。纽约和新泽西殖民地的人，大部分是荷兰裔。宾夕法尼亚殖民地的人，有一部分是贵格会教徒，他们的祖先离开英格兰是为了获得宗教宽容；还有一部分是德意志人，他们被叫作"宾夕法尼亚荷兰人"。

北美洲的北方殖民者几乎没有考虑过脱离大英帝国，直到法兰西国王拥有了加拿大殖民地。在与法兰西军队作战时，法兰西军队驻守的加拿大殖民地，以及堡垒组成的防御链，危害了大不列颠王国同加拿大的关系。1756年到1763年的七年战争和《1763年巴黎条约》，消除了来自加拿大殖民地的法兰西人的威胁。1748年，一个叫佩尔·卡尔姆的瑞典植物学家（他也是图尔库皇家学院的一位教授）访问了大不列颠王国，之后去了北美洲。佩尔·卡尔姆指出贸易限制使这些殖民地"变得对母国越来越不那么温柔了"。他补充道：

> 大不列颠人，不仅是那些出生在美洲的大不列颠人，甚至来自欧洲的大不列颠人告诉我，在三十或者四十年内，英属北美殖民地有能力建立完全独立的国家。不过，作为一个国家，它的海岸没有防

卫,因而陆地受到法兰西王国等国家的骚扰。战争期间,这些危险的邻居足以阻止殖民地与母国之间的联系。因此,大不列颠王国政府有理由认为北美洲的法兰西人的存在可以牵制美洲殖民地。①

将法兰西王国的势力从加拿大殖民地驱逐之后,大不列颠王国政府感到有责任管理可能始于密西西比河的向西扩张活动。因此,大不列颠王国政府决定在北美洲殖民地驻军,尽管之前从未在那儿派过驻军。所需军队人数预计为一万两千人,而他们每年的花费为三十万美金。大不列颠王国政府认为美洲殖民地应该承担三分之一的费用,也就是十万美金。到目前为止,美洲殖民地行政管理的费用,刚好和港口的关税收支平衡。像大英帝国的整个关税体制一样,美洲殖民地的港口关税都是由大不列颠王国的国会征收的。关税不能支撑驻军所需的额外十万美金。因此,大不列颠王国政府决定通过直接收税来筹集这笔资金。理想办法是让十三个殖民地的立法议会根据各自的财富和资源,公平投票,确认税收配额。1764年,大不列颠王国首相乔治·格伦维尔允许十三个殖民地用一年时间为配额投票。事实证明,获得如此多的立法议会的一致赞同是不可能的。因此,乔治·格伦维尔向大不列颠王国国会提出了《印花法令》,即向十三个殖民地征收一种平等的按比例分配的直接税收,并且以关税的形式通过法律文件征收。然而,当印花税票被运到殖民地后,就被夺取、烧毁,或者烂在地窖里了。即使是地方法官,也不能在殖民地强制征收印花税。

除了《印花法令》引发的矛盾,十三个殖民地对《贸易法案》、大英帝国的"重商主义体系"也非常不满。七年战争爆发前,禁止或者限制十三个殖民地和法属西印度群岛之间进行直接贸易的法律,在执行时就很宽松。七年战争期间,大不列颠王国海军自然而然地停止了和敌人的一切贸易。当和平到来时,

---

① 佩尔·卡尔姆:《北美之旅》,J.R.福斯特译,1770年;H.E.埃杰顿:《美国独立战争》中引用,1923年,第20页。——原注

战时体系被保留下来。十三个殖民地和法属西印度群岛之间必要的和获利颇丰的直接贸易被禁止了。

整个争端的真相是北美洲人作为一个不断成长的民族渴望并且需要更多的自由——管理自己贸易的自由、增加自己税收的自由。然而,大不列颠王国国会不愿意让步或者只愿意做出部分让步。从1765年《印花法令》的制定到1775年独立战争的爆发,持续十年之久的矛盾不断升级。作为一个整体,北美洲人

波士顿人在阅读《印花法令》

独立战争爆发前,发生在波士顿的《印花法令》暴动

查尔斯·汤曾德

弗雷德里克·诺思勋爵

这时还没有脱离大英帝国的想法,但一些勇敢的人利用这次不满建立了一个独立的国家。

大不列颠公众及仅仅一两位政治家,意识到大英第一帝国不能再维持下去了。它一定会转变成某种新生事物。在法律上,大不列颠王国国会是凌驾于殖民地议会之上的。1766年,在财政大臣查尔斯·汤曾德的倡议下,大不列颠王国国会废除了《印花法令》,但在玻璃、铅、纸、印刷品、锡和茶叶等方面增加了一些新税。这些新税是间接税,不是直接税。这些新税一年约四万英镑。1770年,除了茶叶税,新任首相弗雷德里克·诺思勋爵废除了查尔斯·汤曾德新增的税。当时,茶税一年约三百英镑。对此,北美洲殖民地的人仍不满意。于是,战争爆发了,大英第一帝国不复存在了。

有四个人意识到正确的政策应该是什么,他们分别是查塔姆伯爵老威廉·皮特、埃德蒙·伯克、亚当·斯密和乔赛亚·塔克。1766年,被视为大英帝国缔造者之一的老威廉·皮特受封为查塔姆伯爵。在就废除《印花法令》的争论中,老威廉·皮特提道:"国家没有权力向殖民地征税。"可见,老威廉·皮特

老威廉·皮特

如果不是具备丰富的法律知识，就是具备优秀的政治才能。老威廉·皮特的意思是，大不列颠王国国会不能向殖民地的人直接收税，"除了未获得他们的同意时从他们的口袋里拿钱，我们可以约束他们的贸易、限制他们的生产和行使各种权力等"。

1774年，在下议院发表的关于美洲殖民地税收的著名演讲中，埃德蒙·伯克表达了自己的观点。然而，固执的议员认为，在国会对殖民地的绝对权威这一原则上，他们必须坚定立场。埃德蒙·伯克与这个令人厌恶的声明毫无关系。这个声明坚持绝对的、不承担责任的国家权威。

我不参与那些抽象的讨论。我讨厌他们的声音。让美洲殖民地恢复原样,让因斗争造成的分裂随着斗争一起消亡。在之前的体制下,我们和殖民地人民,我们的祖先和殖民地人民的祖先,曾经都是幸福的。让双方对所有不好行为的记忆,以及与曾经的好模式相反的那些记忆永远消失。通过贸易法律约束美洲殖民地,对此你们应该感到满意,而且你们一直是这样做的。你们可以约束美洲殖民地的贸易,但不要向其征税。一开始你们就没有这样做。让这成为你们不向他们征税的理由。这是殖民地政府和国家的争论,让其他的留在学校里,因为只有在那里讨论这一问题才不会引发动乱。①

一个帝国是许多国家在一个共同的统治者领导下的集体……因此,我的观点是,不要去考虑是否要使用我们的权力或者给予殖民地恩惠,重要的是要让殖民地的人民对宪政产生兴趣。②

亚当·斯密是格拉斯哥大学的教授。1776年,在《国富论》中,亚当·斯密指出:为了保持在殖民地贸易中的商业垄断,大英帝国与法兰西王国进行的战争花费远远超过了商业垄断获得的利益。1739年的战争(为了抵制西班牙王国巡检的权力)和1756年到1763年的七年战争(这完全是一次殖民地的纠纷),共花费了一点二亿英镑。在和平时期,维持大英帝国殖民地商业垄断的费用是"二十支军队的花费"和"一支庞大的海军的花费"③。亚当·斯密的看法是,美洲殖民地应该自己管理事务,享有现在被称作"自治领"的地位,而不是由大不列颠王国政府严格控制殖民地贸易。

乔赛亚·塔克是布里斯托尔的一位牧师,也是格洛斯特座堂主任牧师。1763年,在出版的小册子中,他写道:"让大不列颠王国免去保卫它们——美

---

① 《埃德蒙·伯克作品集》,1906年,第2卷,第147页。——原注
② 《埃德蒙·伯克作品集》,"与美国和解的演讲",1775年,第2卷,第199页和第203页。——原注
③ 亚当·斯密:《国富论》,1904年版,第2卷,第223页。——原注

波士顿倾茶事件

洲殖民地——的费用、承担的责任和解除它们面临的危险。像其他国家一样，通过商业条约或者盟约建立大不列颠王国和它们的联系。"①

1775年，被大不列颠王国当作敌对行动的美国独立战争爆发。两年前，也就是1773年12月16日，美洲殖民地的一群年轻人登上了波士顿港的一艘大不列颠商船，将一船茶叶倾倒在海港。向这些茶叶征税的是大不列颠王国国会。作为违背法律的惩罚，波士顿人失去了海上贸易权，波士顿港被关停，海关大楼也被搬到了塞勒姆。1775年4月19日，加速战争的事件发生了。托马斯·盖奇将军从波士顿派遣八百个强壮士兵前往二十英里之外的康科德，夺取殖民者储存军火的仓库。途中，他们和殖民地民兵在列克星敦（离波士顿十一英里）发生了小规模的战斗。当这些士兵到达康科德时，这个美丽的村庄变成了激战现场。在宁静的康科德河的桥上，殖民地民兵打响了英勇的保卫战。

---

① 威廉·爱德华·哈特波尔·莱基：《18世纪英格兰史》，1882年，第2卷，第389页。——原注

> 简陋的拱桥耸立在滔滔河水之上,
> 民兵的旗帜飘扬在四月的微风中,
> 严阵以待的民兵曾站在这里,
> 让全世界都听到了他们的枪声。[1]

大英第一帝国被美国独立战争推翻了。这次战争只发生在美洲大陆,但波及大不列颠王国本土。当时,大不列颠王国有很多人强烈反对政府对美洲问题的态度,并且认为这仅仅是乔治三世决心恢复和维持王室在大不列颠和其他地方权威的表现。甚至有人说美洲人在为大不列颠王国的辉格派人奋战,而辉格派人希望限制王权。如果乔治三世和弗雷德里克·诺思勋爵领导下的保守派政府在美国独立战争中取得胜利,那么乔治三世和保守派的"君主特权"政策就会在大不列颠获得胜利。

在离大不列颠岛两千英里远的北美殖民地,在几乎没有道路的广袤大地上,美国独立战争爆发了。它在很多方面像一百二十多年后英国人和南非布尔人之间的战争。1899年的布尔战争是一次正规部队间的较量。在不利的地理和气候条件下,大不列颠王国的军队与美洲殖民地的神枪手作战。在布尔战争中,英国没有其他敌人;而在美国独立战争中,法兰西王国、西班牙王国和荷兰共和国都加入了敌方阵营。大不列颠王国或许可以在欧洲赢得一场战争,或者在美洲赢得一场战争,但根据当时的状况,大不列颠王国的资源不足以使它持续在两个半球作战并获得最终的胜利。此外,大不列颠王国的民众尽管总体上反对美洲人,但对战争不感兴趣。乔治·布里奇斯·罗德尼上将在海上的胜利,不能消除乔治·华盛顿和拉斐特侯爵吉尔伯特·杜·莫捷在陆地取得的胜利的影响。1781年10月19日,约克敦的大不列颠王国军队失败后,首相弗雷德里克·诺思勋爵组建的内阁解散了。作为新首相,谢尔本勋爵威廉·佩蒂承担了和

---

[1] 拉尔夫·沃尔多·爱默生写的赞美诗。1836年4月19日,康科德纪念碑竣工时,人们吟诵了这首赞美诗。——原注

大不列颠王国军队进入康科德

大不列颠王国军队与殖民地民兵在列克星敦发生战斗

乔治·布里奇斯·罗德尼上将

拉斐特侯爵吉尔伯特·杜·莫捷

约克敦的大不列颠王国军队向美军投降

谈这一不受欢迎的重任。1782年10月30日，大不列颠王国和美国初步达成了《凡尔赛条约》。1783年9月3日，在凡尔赛，大不列颠王国和美国签署了最终的条约。大不列颠王国正式承认之前的美洲殖民地成为独立的美国。就边界而言，美国获得了有利的条款。根据1774年《魁北克法案》，俄亥俄、印第安纳、伊利诺伊、密歇根和威斯康星被划给了加拿大殖民地。通过《凡尔赛条约》，这些领土被重新划给了美国。

第 6 章

新的大发现时代：澳大利亚殖民地和新西兰殖民地

1783年，大英第一帝国尽管走向终结，但仍留下了不少海外资产。一些早期领土被保留下来。因此，在一定程度上，领土的延续性得以保存。美国独立战争期间，大英第一帝国没有失去旧有的西印度殖民地。西印度殖民地也没有任何想要脱离大英第一帝国的想法。乔治·布里奇斯·罗德尼上将率领的军队可以保护西印度殖民地的安全，使其免受法兰西人的骚扰。1763年通过强行兼并获得的加拿大殖民地，也没有任何想要脱离大英第一帝国的倾向。1775年，当美国人在独立战争时期入侵加拿大殖民地时，在总督多切斯特勋爵盖伊·卡尔顿的带领下，加拿大殖民地的民兵组织击退了他们。

尽管1783年标志着大英第一帝国的崩溃，但就其拥有的领土而言，这并不是一次完全的分裂，在思想上也并未彻底分裂。大英第一帝国的崩溃是因为它在殖民地实施了限制性的、专横跋扈的政策。大英第二帝国将宣扬一种宽容、自由的精神。不过，1783年后，这种新的精神并没有立刻表现出来，而《航海法案》依然有效。从白厅下达给殖民地的命令，还和美国独立战争前一样，或者说几乎一样。在帝国管理方面，一种新的精神开始不易察觉地在大不列颠的内阁和国会出现了。此外，在遥远的太平洋上，随着新领地的增加，新的生命注入了大英帝国。1783年以后的几年，大不列颠人处在精神压抑的时期。大英第一帝国的瓦解让人们对殖民地很冷漠。然而,大英第二帝国以和平的方式得到了一块新大陆。从长远来看,这值得高兴。

大英帝国获得的新大陆是澳大利亚殖民地。1769年,詹姆斯·库克船长乘坐"奋进"号航向太平洋。后来,据一个法兰西人描述,詹姆斯·库克的目标是寻找新大陆以补偿大英帝国失去的北美殖民地[①]——这就是法兰西人对"顽强的岛民"的看法。这个言论令人不解,因为1769年詹姆斯·库克出海时,大英

詹姆斯·库克

---

① 《后期作品集》,1781年,第1卷,第11页;J.D.罗杰斯:《英国自治领的历史、地理》,第6卷;《澳大拉西亚》,1925年,第44页。——原注

约瑟夫·班克斯

帝国还没有失去北美殖民地。事实上,詹姆斯·库克的目的是观察金星凌日和探索南半球。在塔希提岛,詹姆斯·库克成功地观测到了金星凌日。接着,他继续航行。1769年10月6日,他发现了新西兰岛。1770年4月28日,"奋进"号在现在澳大利亚悉尼市以南的河口处下锚。参加此次探险活动的年轻杰出植物学家约瑟夫·班克斯,将这个河口命名为植物学湾。植物学湾以北的河口,就是现在悉尼市所处的位置。詹姆斯·库克以海军大臣乔治·杰克逊爵士的名字将此地命名为杰克逊港。1786年,根据国务大臣悉尼勋爵托马斯·汤曾德的爵位,杰克逊港殖民地上的主要聚居地被命名为悉尼。

杰克逊港殖民地建立后的前五十年,是流放大英帝国罪犯的地方。1788

年，杰克逊港殖民地的第一个流放地建立了。阿瑟·菲利普船长说："我不希望由罪犯建立一个帝国的根据地。"阿瑟·菲利普船长远征杰克逊港殖民地，他希望自由移民也能到杰克逊港殖民地，而自由移民的确来了。

太平洋上说英语的地区慢慢地加入大英帝国。19世纪上半叶，这些地区发展缓慢。1851年，新南威尔士殖民地发现金子后，这些地区快速发展起来了。1803年，继新南威尔士殖民地之后，澳大利亚的第二个殖民地塔斯马尼亚殖民地建立了。1825年，莫顿湾殖民地建立了。1829年，西澳大利亚殖民地建立了。1835年，维多利亚殖民地建立了。1836年，南澳大利亚殖民地建立了。1840年，新西兰殖民地开始建设和发展。其实，自1783年开始，这些新兴殖民地和加拿大殖民地就已经存在。不过，在大英第二帝国早期，它们还有许多未被探知的秘密，它们为大英帝国历史带来了许多富有传奇色彩的故事。这些富有传奇色彩的故事是一系列探险活动。18世纪，人们对探险还没有强烈的兴趣。19世

1788年，阿瑟·菲利普船长在悉尼湾杰克逊港升起国旗，建立了澳大利亚第一个流放地

纪，人们对寻找世界上所有未知的地方展现出了无穷的兴致。人迹罕至的广袤之地，如澳大利亚殖民地的荒野和沙漠、加拿大殖民地的森林和草原、非洲殖民地的丛林，吸引着勇敢的人。他们无法抗拒这些地方，也无法掩藏内心深处的探险欲望。

为了在未来进行移民，探险家开拓了新的地区。或许这些地区很遥远，但通过不断的劳动，总督和殖民者充分利用了周围的土地。早期，澳大利亚殖民地的总督有阿瑟·菲利普、菲利普·吉德利·金和拉克伦·麦夸里。

1788年到1792年，即新南威尔士殖民地存在的前五年里，总督是阿瑟·菲利普船长。他曾是探险队的海军军官。在新南威尔士殖民地，早期的两个主要问题是罪犯的管理问题和温饱问题。通过武力统治和公平管理，阿瑟·菲利普

阿瑟·菲利普船长

船长让罪犯服从命令。通过将政府资源投入农业生产，他保证了新南威尔士殖民地的人不会挨饿。新南威尔士殖民地早期对政府权威的依赖，可以解释为什么后来它的"国家干预"程度——国家对商业和工业的干预程度，超过大英帝国其他任何地方。

1800年到1806年，船长菲利普·吉德利·金担任新南威尔士殖民地总督，继续实行"国家干预"制度。这个制度非常有必要，可以使殖民地的人民免于饥饿。在帕拉马塔，菲利普·吉德利·金创办了商店和建立了一家羊毛厂。海军军官约翰·麦克阿瑟则探索出了私有企业发展的道路。约翰·麦克阿瑟把钱投资在农场和羊毛上，因此，变得非常富有。约瑟夫·班克斯曾是"奋进"号上的一名植物学家，现在是皇家学会会长和伦敦的准男爵。对殖民地的未来，约瑟

菲利普·吉德利·金

夫·班克斯信心十足。为了使沮丧的英国国务大臣放心,他漫不经心地说:"当英国在欧洲衰落时,或许它在新南威尔士殖民地能重获生机。"

拉克伦·麦夸里是首位成为新南威尔士殖民地总督的军人。1809年到1820年,他在总督的职位上待了十二年。他将移民——之前的罪犯——从束缚性的国家限制条件中解放出来,鼓励他们在新南威尔士殖民地定居,并且尽力吸引资本家和引进资金。

格雷戈里·布拉克斯兰引发了探索澳大利亚殖民地的狂潮。格雷戈里·布拉克斯兰是一个富有的移民,他的同伴还有出生在殖民地的威廉·查尔斯·温特沃思、军人威廉·劳森和测量员埃文斯。1813年,他们从西北方向穿过"澳大利亚的阿尔卑斯山脉",即蓝山山脉。蓝山山脉最高处可达七千多英尺①,从北到南绵延不绝,周边遍布新南威尔士殖民地的定居者。格雷戈里·布拉克斯兰的同伴在蓝山山脉以西发现了道路。环绕巴瑟斯特牧场,拉克伦·麦夸里总督修建了通往水源的道路——麦夸里大道。沿着麦夸里大道,擅自占地的人很快带着牲畜到达巴瑟斯特牧场。1817年,在从南向北的测量中,测量员奥克斯利发现了马兰比吉河的支流。这条河流汇入墨累河,流经南澳大利亚殖民地。不过,直到1824年,进入南澳大利亚殖民地的道路才被发现。当时,汉密尔顿·休姆穿越蓝山山脉,到达墨累河,最终到达维多利亚海岸的吉朗。1829年,沿着奥克斯利走过的道路,查尔斯·斯特尔特和汉密尔顿·休姆穿过了一片地表龟裂的炎热地区。他们目光所及的最远处是达令河。经过漫长、艰难地行进后,他们发现达令河的河口、达令河汇入墨累河。至此,澳大利亚殖民地的所有内陆河流——麦夸里河、拉克伦河、马兰比吉河和达令河终点的谜题终于解开了:它们都汇入了澳大利亚殖民地最大的河流——墨累河。汉密尔顿·休姆和查尔斯·斯特尔特的发现导致了南澳大利亚殖民地的开放。"十五年后,墨累河以南的河道边挤满了南澳大利亚殖民地的擅自占地者;再三年后,擅自占

---

① 一英尺约合零点三米。——译者注

拉克伦·麦夸里

格雷戈里·布拉克斯兰

威廉·查尔斯·温特沃思

威廉·劳森

格雷戈里·布拉克斯兰等人第一次穿越蓝山山脉

查尔斯·斯特尔特

汉密尔顿·休姆

地者的房屋蔓延到新南威尔士殖民地的边界。"①南澳大利亚殖民地最主要的聚居地叫阿德莱德。它以威廉四世的王后萨克森-迈宁根的阿德莱德的名字命名。1836年，托马斯·利文斯通·米切尔探索了墨累河的上游水域。返回悉尼前，他发现了一块"熠熠生辉"的内陆平原。当时，维多利亚女王的首相是墨尔本子爵威廉·兰姆。因此，这块新的殖民地被命名为维多利亚，而殖民地上的主要聚居地被命名为墨尔本。1840年，从阿德莱德出发，沿着广阔的南海岸（大澳大利亚湾），南澳大利亚殖民地的居民治安官爱德华·约翰·艾尔到达了西澳大利亚殖民地的珀斯。此次行程约两千英里。1841年，路德维希·莱卡

托马斯·利文斯通·米切尔

---

① J.D.罗杰斯：《英国自治领的历史、地理》，第92页。——原注

特从悉尼出发,在内陆探险后一路向北,到达了北澳大利亚殖民地海岸北端的埃辛顿港。1845年,托马斯·利文斯通·米切尔探索了西澳大利亚殖民地的西部地区。至此,一系列开拓性探索完成了,而这块大陆上所有土地肥沃的地区都被勘察了。尽管勘察不彻底,但开拓和占领澳大利亚殖民地的时代结束了。

1840年,向新南威尔士殖民地流放罪犯的活动终止。早期,这些罪犯为新南威尔士殖民地的发展做了很多贡献。1819年,罪犯占新南威尔士殖民地人口的百分之五十;1841年,这个比例是百分之十八;1851年,罪犯只占到千分之八。1852年,向塔斯马尼亚殖民地流放罪犯的活动终止。1867年,向西澳大利亚殖民地流放罪犯的活动终止,同时没有向澳大利亚其他殖民地流放罪犯。

从1831年起,一项经过周详考虑的土地安置办法和土地法生效了。起初,土地由英国的权威机构分给殖民地居民。1831年,在爱德华·吉本·韦克菲尔德的建议下,除非拍卖,英国政府决定不再分配土地。土地开始以每英亩①不低于五先令的价格出售。从土地出售中获得的金钱,将被用于从英国吸收更多的移民。在1840年通过的《议会法案》中,用于拍卖的土地的最低价格被提高到了每英亩一英镑。这个价格适用于澳大利亚的所有殖民地。每个殖民地都有自己的总督和立法委员会,尽管部分是任命的,部分是选举产生的。在1852年通过的《议会法案》中,澳大利亚殖民地的总督被授权向所有进口商品(包括英国的和外国的商品)征收关税。新南威尔士殖民地、维多利亚殖民地和塔斯马尼亚殖民地、南澳大利亚殖民地都建立了两院立法机构,其中下议院完全由选举产生。直到1859年,昆士兰才成为一个独立的殖民地,并且在1859年拥有了宪法。直到1890年,始于斯旺河定居地的西澳大利亚殖民地,才拥有了自己的宪法。

1769年,詹姆斯·库克发现了新西兰岛。19世纪前期,这里常有捕鲸船出没。从1814年起,伦敦传道会开始在此地传教。各国商人也在此开展商业贸易。

---

① 一英亩约合四千零四十六平方米。——译者注

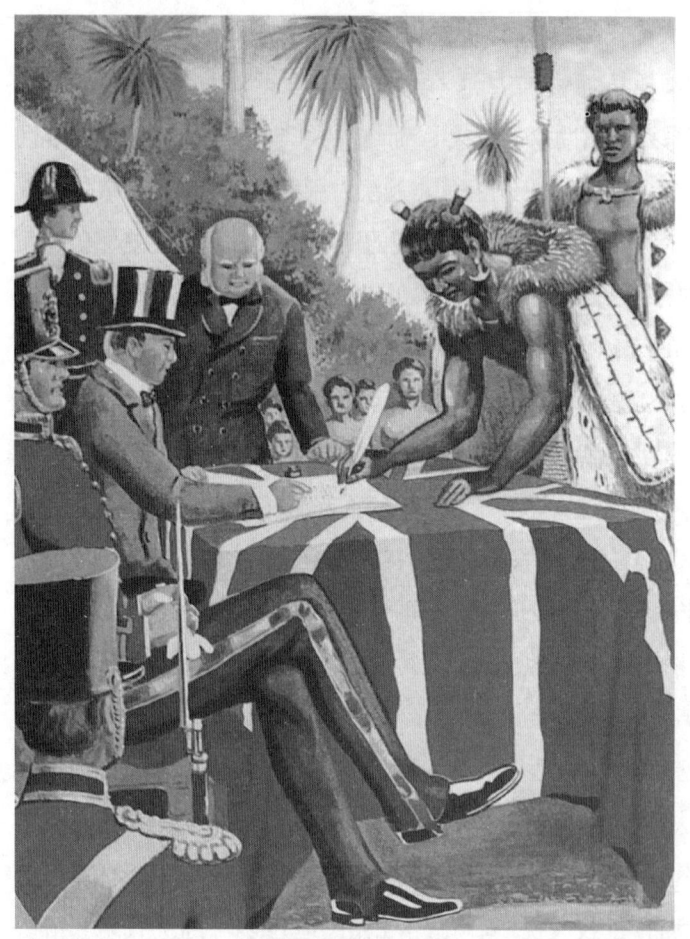

英国政府与毛利人头领签订《怀唐伊条约》

1839年，英国政府认为新西兰岛早晚会被某些欧洲强国接管，因此，它命令新南威尔士殖民地的总督乔治·吉普斯爵士兼并新西兰岛。1840年，英国政府与五百一十二名毛利人头领签订了《怀唐伊条约》。这些毛利人头领承认英国政府在新西兰岛上的主权，而英国政府则承认毛利人对土地的所有权。从签订《怀唐伊条约》起，除了第二次毛利战争时没收的土地，从毛利人那里获得的每一英亩土地都是支付报酬的。乔治·吉普斯爵士担任新西兰殖民地总督期间，英国王室以每英亩一先令至一英镑的价格获得了许多土地。

早期，新西兰公司负责开发新西兰殖民地。这家公司由爱德华·吉本·韦克菲尔德创办，根据他为澳大利亚殖民地提出的、获得一定成功的模式运行。新西兰公司整体买入土地，再把土地零售给殖民地移民。通过土地赚的钱，部分用于帮助新移民。然而，根据《怀唐伊条约》，毛利人认为自己的权利受到了侵犯。1844年到1845年，毛利人与殖民者发生了几次战斗。这被称为第一次毛利战争。1845年，英国杰出官员乔治·格雷爵士成为新西兰殖民地的总督。他终结了第一次毛利战争，打消了毛利人头领对《怀唐伊条约》的疑虑，并且确保条约被准确无误地执行。为了避免翻译中出现令人不满的地方，乔

爱德华·吉本·韦克菲尔德

治·格雷爵士学会了用毛利语和他们交谈。1852年，从未繁荣昌盛过的新西兰公司被关停了。

在新西兰殖民地，欧洲的宗教团体促进了移民。1840年到1850年，德意志路德宗的信徒在纳尔逊定居了；英国高教会派的一个团体在克赖斯特彻奇定居了；苏格兰长老宗的教徒在奥塔哥定居了。1853年，通过《议会法案》，新西兰殖民地接受了宪法。1854年，拥有两院的立法委员会开始运作，它为整个新西兰殖民地服务。第二年，即1855年，在一片惋惜中，乔治·格雷爵士离开了新西兰殖民地，就任南非殖民地总督。

第 7 章

加拿大的早期历史

虽然加拿大殖民地的政治疆界其实只是画在地图上的一条线,但因为分布在加拿大的河流和湖泊的缘故,加拿大殖民地有着自己的地理完整性。绵延的圣劳伦斯河流入北大西洋。从东到西分布的广阔的内陆湖——伊利湖、休伦湖、密歇根湖和苏必利尔湖,以及南北走向的密西西比河,赋予加拿大殖民地有别于美国的地理特征。加拿大和美国之间绵延不绝的海岸带分布在最西边落基山脉和太平洋之间的太平洋斜坡上。即使在太平洋斜坡上,马更些河也赋予了加拿大西部殖民地一定程度的地理完整性。

在北美洲,当白人到来前,大约有二十万原住民——"红种印第安人"。每个印第安部落都有自己的狩猎范围。在这片广袤、人迹罕至的土地上,尽管部落之间偶有争斗,但相互之间几乎没有来往。中世纪,欧洲人对这片土地一无所知。公元1000年,来自北欧的维京人莱夫·埃里克松航行到了"文兰"(或许就是拉布拉多)。1497年,在圣劳伦斯河,约翰·卡伯特发现了布雷顿角岛。1534年,法兰西圣马洛的雅克·卡蒂埃登上了加斯佩半岛,抵达了圣劳伦斯湾,并且航行至安蒂科斯蒂岛。可能从1534年起,法兰西人就打算在安蒂科斯蒂岛划定领地了。

1603年,当萨米埃尔·德·尚普兰在圣劳伦斯河河岸的拉欣登陆时,加拿大才开始出现永久性的殖民地,之前只有频繁的访客和探险活动。此地被叫

维京人莱夫·埃里克松在北美洲登陆

雅克·卡蒂埃登上加斯佩半岛

作拉欣，是因为萨米埃尔·德·尚普兰希望这里能够通往中国。1608年，他的同伴皮埃尔·迪加在魁北克建立了贸易站。很快，耶稣会会士跟随商人和冒险家涌入，其中一些人成了知名的探险家。他们在五大湖和密西西比河河谷艰苦卓绝的传教活动和探险旅程，被记叙在《耶稣会报道》中。此书已被编辑出版。1642年，保罗·迈松纳夫占领了蒙特利尔。1667年，诺曼绅士勒内-罗伯特·卡弗利耶占领了蒙特利尔以北的土地，并从此地出发，进行了多次探险。在探索完整个密西西比河河谷后，勒内-罗伯特·卡弗利耶死在了墨西哥湾。

法兰西国王路易十四统治时期，首席大臣让-巴蒂斯特·科尔贝非常关注加拿大殖民地的发展。他鼓励皮毛贸易、海洋渔业、农业和牧羊业的发展。路易十四时期的著名官员——行政长官让·塔隆和总督路易斯·弗龙特纳克，以及路易十五时期的加利索尼埃侯爵罗兰-米歇尔·巴兰，都竭力扩张加拿大的殖民地统治范围并加强管理。18世纪上半叶，法兰西王国实行"俄亥俄计划"，从加拿大殖民地大湖区到路易斯安那殖民地和墨西哥湾的沿线建造了一连串

让-巴蒂斯特·科尔贝

让·塔隆

堡垒，威胁要断绝新英格兰殖民地向西扩张的任何可能。大不列颠王国和法兰西王国这种令人遗憾的对抗行为引发了1740年到1763年的殖民地战争。战争结束后，包括布雷顿角岛在内的法属加拿大落入了大不列颠王国手中。这不是大不列颠王国的第一笔财富。早在1670年，哈得孙湾公司就拥有了哈得孙河灌溉的所有土地。通过1713年《乌得勒支和约》，大不列颠王国又得到了纽芬兰和阿卡迪亚。

1763年，法属加拿大约有六万五千居民，主要分布在圣劳伦斯河沿岸的小农场里。大部分农场临河而建，很少向内陆延伸。农场上的农民大多是佃户，他们的主家是从法兰西王室获得许可证并依照封建法律拥有土地的地主或者贵族。1854年，"贵族使用权"被废除。不过，许多旧的封建法律和习俗被保留了下来，应用到当代加拿大法律中。比起加拿大有过之而无不及，这些封建法律和习俗在海峡群岛上也被保留了下来。

最初几年，加拿大殖民地依照皇家宣言进行治理。然而，1774年，或许是在多切斯特勋爵盖伊·卡尔顿的建议下，弗雷德里克·诺思勋爵在议会上通过了《魁北克法案》。《魁北克法案》大体上划定了加拿大殖民地的边界。南部包括了俄亥俄和密西西比之间的领地。大不列颠王国政府原本打算把这里留作印第安保护区。《魁北克法案》还保证了加拿大人的宗教自由（这在不列颠群岛和其他英属殖民地是不被允许的），承认了旧有的法属加拿大法律适用于民法，而大不列颠王国的法律适用于刑法。在加拿大殖民地，也不设立代表议会。

《魁北克法案》遭到许多批评，激起了新英格兰殖民地人的仇恨。他们不赞同加拿大殖民地对罗马天主教采取的宽容政策及政府不设立代表议会的管理方法。现代加拿大历史学家也批评这一法案，因为它承认了在魁北克实行法兰西民法。这往往会使殖民地上的法兰西人觉得他们是一个独立的民族。毫无疑问，法裔加拿大人对《魁北克法案》感到满意，这些人也在美国独立战争中证明了自己对大不列颠王国的忠诚。如果有什么法案保留了魁北克的独特性，那就是后来分裂加拿大殖民地的《议会法案》，即《1791年的加拿大法案》。

大不列颠王国在美国独立战争中的失败，导致加拿大殖民地南部领土减少。通过1782年到1783年的和平协议，俄亥俄到密西西比的领土——现在的俄亥俄州、威斯康星州、伊利诺伊州、密歇根州和印第安纳州——被划分给了美国。失败还导致加拿大殖民地上居民人数的猛增。约有四万忠于大不列颠王国的臣民离开了美国，或者没有返回美国。美国独立战争期间，这些臣民曾一度支持大不列颠王国。在新斯科舍或者上加拿大，他们占据了大不列颠王室分配的土地，即圣劳伦斯河上游、魁北克以外荒无人烟的地区。1791年，在法兰西人的影响下，大不列颠王国首相威廉·皮特在议会上通过了《加拿大法案》。这一法案将加拿大殖民地分为两省：上加拿大省和下加拿大省（对应现在的蒙特利尔和魁北克）。整个加拿大殖民地有一名总督，同时每个省都拥有一名省督。在上加拿大省和下加拿大省，还分别设立了"代表"而不是"责任"政府。省督的顾问或者部长，由省督任命，并且他们不向立法议会负责。然而，1791年法案下的这个政府体制运转的并不是很顺利。

1812年，如果加拿大人愿意的话，他们拥有了第二次脱离大英帝国的机会（第一次机会出现在美国独立战争期间）。不过，他们毫无此意向，相反他们以极大的决心保卫现有的体制。1812年，由于旧有的一直未解决的中立权和海洋自由权问题，英国和美国爆发了战争。当英国与革命者，以及和拿破仑·波拿巴的法兰西第一帝国处于战争中时，在国家法律允许的范围内，英国运用海军力量阻止了与法兰西第一帝国的所有中立国贸易。作为一个庞大的贸易国，美国经常在战争时期处于中立位置，总是宣称"海洋自由权"，即美国的船舶可以携带除战争禁运品以外的任何种类的货物，自由地到达公海。拿破仑·波拿巴在柏林和米兰实行"大陆封锁"。作为回应，对与法兰西第一帝国的中立贸易，英国政府增加了限制。这一点，以及英国海军拥有的搜查中立国商船的权力，引起了英国和美国之间令人遗憾的战争。在北美洲的海上、陆地上及五大湖区，战争爆发了。

美国军队入侵加拿大殖民地时，加拿大殖民地只有约四千五百名常规军。

拿破仑·波拿巴

1812年10月，菲利普·布罗克少将召集民兵，在安大略湖和伊利湖之间的尼亚加拉河的昆士顿高地击退了入侵者。第二年，即1813年，美国军队夺取了约克——后来的多伦多。不过，在1813年秋天的战役中，在蒙特利尔以南的沙托盖和克里斯特勒农场，加拿大人战胜了美国人。1814年，在尼亚加拉边界又发

昆士顿高地战役

克里斯特勒农场战役

奇帕瓦战役

伦迪小道战役

生了战斗。美国军队在奇帕瓦战役中获胜,但1814年7月在伦迪小道战役中被击退了。1814年8月,局势发生逆转。一支刚从半岛战争中被调来的英国军队入侵了美国。在罗伯特·罗斯将军的领导下,一支舰队抵达了波托马克河。在从华盛顿去布莱登斯堡的途中,英国军队打败了美国护卫军。英国军队的攻击出其不

第7章 加拿大的早期历史　119

在伊利湖普廷贝，美国海军击败了英国海军

意，几乎捉住了詹姆斯·麦迪逊总统。遗憾的是，英国军队认为必须烧毁美国国会大厦和其他公共建筑物，以此报复美国人烧毁约克。

在五大湖区，特别是在安大略湖和伊利湖，英美海军展开了激烈的战斗。1813年10月10日，在伊利湖普廷贝，美国海军击败了英国海军，并且获得了这片水域的控制权。总体来说，英国海军在安大略湖上取得了更大胜利。

1812年到1814年的战争，始于一次很容易解释清楚的误会。这样的误会在电报时代本来可以澄清，但由于缺乏合理、快速的外交应对措施，英国外交部和美国国务院更倾向于靠武力解决问题。在1812年战争中，英国和美国很快就厌倦了，甚至几乎羞于战争。然而，战争一旦开始就很难终止，尤其是战争双方都未能获胜，但双方都拥有很大的获胜希望。无论如何，发动战争的人总能找到理由自圆其说。最后，英国和美国派代表在根特会晤。英国的代表是卡斯尔雷勋爵罗伯特·斯图尔特和威灵顿公爵阿瑟·韦尔斯利，美国的代表是财政部部长艾伯特·加勒廷。1814年12月24日，经过漫长的谈判，英国和美国达成了和平协议。在和平协议中，导致这次战争发生的纠纷没有一个得到解决。那些纠纷被忽视了或者留待后人去解决。可见，这场可怕的战争是多么荒唐，它本来不必发生。更具悲剧色彩的是，在和平协议达成前，成千上万人付出了生命代价。在和平消息被带到美国前，即根特和平协议签署两周后，在新奥尔良又发生了一次战斗。1815年1月8日，在新奥尔良城外的小树林和沼泽地，一支英国军队袭击了安德鲁·杰克逊将军的部队。结果，英国军队惨败。

1812年战争后，加拿大殖民地恢复了发展。1791年《加拿大法案》通过时，加拿大殖民地约有十八万人。1820年，加拿大殖民地约有六十万人。在新增的人口中，大部分是下加拿大省说法语的居民，约有四十五万人。与上加拿大省

新奥尔良战役

的英国移民相比,他们的家庭人数更多。不列颠群岛,特别是苏格兰岛的移民工作正在稳步进行。在加拿大殖民地的一些城镇或山谷中,人们说话都带有苏格兰口音。大约从1810年起,圣劳伦斯河上就开始有蒸汽船在航行。1817年到1825年,伊利运河建成。伊利运河连接了布法罗和奥尔巴尼,为加拿大殖民地和美国之间的贸易提供了便利。1829年,连接伊利湖和安大略湖的韦兰运河开始建造。1832年,连接渥太华和金斯顿的里多运河建成。韦兰运河和里多运河进一步完善了加拿大殖民地的运输系统。除了两场战争(美国独立战争和1812年战争),加拿大殖民地和美国的关系一直非常融洽。

1817年,英国和美国政府交换文书——《拉什-巴戈特协定①》。此后,五大湖区被"解除武装"。也就是说,英国海军和美国海军在五大湖区的兵力(惊人的庞大)不会再增加。因此,五大湖区不再有军备竞赛,因为军备竞赛永远有引发战争的危险。《拉什-巴戈特协定》逐渐扩展到加拿大殖民地和美国之间的陆地边界。如今,在两千英里的国境线上,加拿大和美国一直是绝对不设防的。

对于幅员辽阔、人口稀少、税收来源少的地区,教育依赖宗教团体的支持。因此,早期,加拿大殖民地的大部分学校和学院都由英国的圣公宗、长老宗或罗马天主教会建立和维持。然而,达尔豪西大学、哈利法克斯大学、蒙特利尔的麦吉尔大学、多伦多的上加拿大学院都不受宗教控制。根据1791年《加拿大法案》的规定,新教教会有权拥有应该由王室授予个人或公司的所有土地的七分之一。从1814年到1834年,神职人员保留地引发非常大的冲突,尽管如果没有这些土地,新教教堂和学校将很少并且不足。②

1837年,由于对神职人员保留地的不满,以及各省立法议会与"不负责任"的官员和总督之间的频繁争端,叛乱爆发了。这次叛乱在一定程度上带有

---

① 理查德·拉什于1817年到1825年担任美国驻英国公使。查尔斯·巴戈特爵士于1815年到1819年担任英国驻美国公使,1842年到1843年任加拿大殖民地总督。——原注
② 1834年,神职人员保留地被交给市政当局,不过神职人员的损失得到了补偿。——原注

路易斯·约瑟夫·帕皮诺

种族主义性质。叛乱的领导者是路易斯·约瑟夫·帕皮诺。他是一位法裔加拿大人，曾在1812年战争中任军官，并且出色地完成了服役期间的任务。他的一个后裔，是1914年到1918年第一次世界大战中的一位年轻杰出的军官，但在战斗中阵亡了。在上加拿大省，部分不满是多伦多副主教——后来成为主教——约翰·斯特罗恩引起的。他是一个热情、忠诚，但毫不妥协的人，他努力为英国国教争取特权地位。叛乱的另一位领导人是记者威廉·莱昂·麦肯齐。他的后裔威廉·莱昂·麦肯齐·金在第二次世界大战后担任加拿大自治领总理。下加拿大省的罗马天主教主教谴责叛乱。在当地，叛乱很快被镇压了。秩序重建前，上加拿大省历经了许多艰苦的战斗。1838年，英国政府派专员达勒姆伯爵约翰·兰布顿调查引发叛乱的原因，并请他就未来如何解决问题提出建议。

达勒姆伯爵约翰·兰布顿是一个公正、意志坚定的辉格派人。1832年，他帮助英国政府将《改革法案》写入法律。从1838年5月27日到1838年11月1日，他在加拿大殖民地待了五个月。因为墨尔本子爵威廉·兰姆担任首相时，英国政府驳回了约翰·兰布顿的一项法令（殖民地事务大臣格莱内尔格男爵查尔斯·格兰特批准了这项法令），于是约翰·兰布顿放弃了加拿大殖民地专员的职位，没有请假就回国了。回国后，达勒姆伯爵约翰·兰布顿和秘书查尔斯·布勒（托马斯·卡莱尔的学生）撰写了一份著名的调查报告——达勒姆报告。1839年2月，达勒姆伯爵约翰·兰布顿将调查报告提交给议会。1840年7月28日，因对英国政府的态度感到愤慨，以及个人的健康状况恶化，达勒姆伯爵约翰·兰布顿去世了。

第 8 章

加拿大自治领

达勒姆报告使加拿大成为自治领。然而,直到1867年,《英属北美法案》通过,加拿大自治领地位才得到确立。《英属北美法案》是大英第二帝国的一项重要法案,它创造了"自治领",也就是自治政府,尽管这样的政府还没有完全独立。在大英第二帝国期间,自治领地位还非常超前,但至少从理论上来说,它在大英第三帝国时期就没有那么先进了。

在达勒姆报告中,达勒姆伯爵约翰·兰布顿提出了两个重要建议:一是统一上加拿大省和下加拿大省;二是建立责任内阁。两省统一的目的是确保在加拿大说英语的人占大多数。在达勒姆报告撰写期间,下加拿大省有六十万法兰西人,而上加拿大省说英语的英国人只有四十五万。在当时,移民非常"迅速",能及时确保英国人占多数。1840年,英国国会通过了加拿大两省统一的法令。此后,加拿大省拥有了两院议会,并且以蒙特利尔为首府。1849年,因蒙特利尔发生了几次暴乱,魁北克和多伦多交替成了首府。因为首府交替带来诸多不便,人们恳请维多利亚女王选定一个地方作为永久性首府。最后,维多利亚女王选了一个叫拜敦的村庄。拜敦一成为首府,就被改叫渥太华。

达勒姆伯爵约翰·兰布顿的第二个建议就是建立责任内阁。在没有形成任何法令的情况下,有两位总督执行了这个提议。这两位总督是锡德纳姆男爵查尔斯·波利特·汤姆森(1839年到1841年任总督)和埃尔金伯爵詹姆斯·布

锡德纳姆男爵查尔斯·波利特·汤姆森

鲁斯^①（1847年到1854年任总督）。锡德纳姆男爵查尔斯·波利特·汤姆森从属于多数党派的立法机构成员中选取了部长，但不一定总是听从部长的建议。埃尔金伯爵詹姆斯·布鲁斯是达勒姆男爵约翰·兰布顿的女婿^②和自由党成员，他不赞同部长的建议，但总是批准他们提出的法案。可见，完全责任内阁不是依据法令或者基本法建立的，而是根据习惯或者"惯例"建立——常规的英式方式。

---

① 在锡德纳姆男爵查尔斯·波利特·汤姆森和埃尔金伯爵詹姆斯·布鲁斯之间有两个任期较短的总督：一个是查尔斯·巴戈特爵士（1842年到1843年），另一个是查尔斯·梅特卡夫男爵（1843年到1845年）。——原注
② 埃尔金伯爵詹姆斯·布鲁斯娶了达勒姆男爵约翰·兰布顿的女儿玛丽·路易莎·布鲁斯。——译者注

1840年通过的《联合法案》只将上加拿大省和下加拿大省合并了。新斯科舍省、新不伦瑞克省、爱德华王子岛省和纽芬兰省依然是独立的直辖殖民地。显然，在铁路交通、商业关税和外部边界等方面，所有英属加拿大殖民地都有共同的利益关系。边界问题往往影响加拿大殖民地与美国的友好关系。1842年，在华盛顿签署的条约，解决了缅因殖民地和美国之间关于边界的一次原有争论。该条约由阿什伯顿勋爵亚历山大·巴林和美国国务卿丹尼尔·韦伯斯特签订。1845年，一次关于俄勒冈的边界争论（事实上快要发展为战争）也得到了解决。在俄勒冈广阔的土地中，处于争论的是英国和美国从1818年到1845年共同占领并管理的地方。第一次共同占领时，什么问题也没有解决，而且将做出

阿什伯顿勋爵亚历山大·巴林

第8章 加拿大自治领 ● 127

詹姆斯·布坎南

决定的时间拖延了很久。直到1845年,英国和美国最终达成了和平解决方案,划定了"约定线"。该结果写在了《华盛顿条约》中。《华盛顿条约》由英国大臣理查德·帕克南和美国国务卿詹姆斯·布坎南(后来成为美国第十五任总统)共同签署。

1854年,在埃尔金伯爵詹姆斯·布鲁斯领导下,加拿大殖民地与美国签署了《互惠条约》。此后,加拿大殖民地和美国实行自由贸易。直到1869年,随着日益盛行的"贸易保护主义制度",当时已成为自治领的加拿大和美国之间的自由贸易走向终结。1859年,加拿大殖民地也采取了重要的商业海关政策,即通过了一项旨在保护加拿大殖民地产品的关税政策,并且将其应用到英国和外国的商品。这一关税政策与英国原先在加拿大殖民地实施的经济政策相悖。为了继续与加拿大殖民地自由贸易,英国政府提出了一个方案。显然,如果这个方案得以实施,从此自由贸易原则将在整个大英帝国良好运行。然而,加拿大殖民地决定实行保护性关税政策。根据1840年建立的殖民地自治原则,英国政府接受了加拿大殖民地的意见。

上加拿大和下加拿大想要完全统一的直接原因来自加拿大殖民地,且主要来自一个令人出乎意料的地方——魁北克省。保守派政治家约翰·麦克唐纳和亚历山大·高尔特,自由党人乔治·布朗,以及法裔加拿大政治家乔治·卡蒂埃和艾蒂安·塔谢,抛弃了之前不想统一的想法,一致地促进联合。他们得到了新斯科舍省督查尔斯·塔珀的支持。不过,新斯科舍省的另一位杰出政治家

亚历山大·高尔特

约瑟夫·豪反对联合。约瑟夫·豪当时是一位非凡的演说家和政治思想家,现在依然受人敬仰。他的反对意见没有起到效果。1865年,在魁北克省举行的大陆殖民地会议中(纽芬兰省没有参加),促进联合的提议获得了批准。当时,美国南北战争刚好结束,联邦政府得到了恢复,于是一些美国政治家主张采取兼并加拿大殖民地或者联合加拿大殖民地的政策。对此政策,加拿大殖民地的回应是,它们要合并成一个自治领。1867年,加拿大殖民地和英国政府共同起草了一个法案。1867年7月1日,这个法案在英国议会通过并生效,加拿大自治领从此建立了。

加拿大自治领最初由上加拿大省(后重建为魁北克省)和下加拿大省(后重建为安大略省),以及新斯科舍省、新不伦瑞克省构成。1870年,马尼托巴省

约瑟夫·豪

加入自治领；1871年，不列颠哥伦比亚省加入自治领；1873年，爱德华王子岛省加入自治领；1905年，艾伯塔省和萨斯喀彻温省加入自治领。加拿大自治领拥有两院议会，其中参议院的议员终身任职，众议院的议员每五年选举一次（除非提前解散）。加拿大自治领设立一名总督（代表英国国王）、一名总理，并且成立了枢密院。此外，每省分别设立一名省督和一个立法机构。自治领议会和省立法机构的权力被清晰地列举出来了。省立法机构的职责在于管理省内公共土地、监狱、商店、酒馆和道路，并且负责司法制度和"所有省内当地的或私有的事务"。

直到第一次世界大战——这次大战检验了每个国家取得的进步，加拿大自治领处于不断的发展中。1869年，哈得孙湾公司将管理权移交给了加拿大自治领，此后它仅作为贸易公司存在。在加拿大自治领广阔的西北部领土上，哈得孙湾公司之前的管理非常先进，而它拥有的领地也形成了马尼托巴省、艾伯塔省和不列颠哥伦比亚省。加拿大自治领西北部的故事饱含艰险和苦难，并且是仍在继续的浪漫故事。在同大自然进行严峻的、无止境的战斗中，探险家、皮毛商人和矿工打开了西北部的大门。这是19世纪加拿大自治领的不朽传奇，就好像同时期征服太平洋斜坡的西进运动是美国的传奇一样。不过，探险家、皮毛商人和矿工仅凭自身的探险精神并不能打开加拿大西部和西北部的大门。当时，铁路被寄予厚望，是打开加拿大西部和西北部的大门的希望。

可以预见，从蒙特利尔到温哥华的横穿大陆的铁路，能够让人快速地从东到西横跨加拿大自治领广阔的土地。如果可能，人们一年可以横跨东西两次，夏天一次，冬天一次。夏天，在长时间的阳光照耀下，湖泊、草原、山峦和森林组成的景观非常壮丽。当火车停在路边的站台时，当地人可以见到火车。旅客也可以看到当地人，并且听到他们说话。逐渐地，旅客开始了解这些村庄，以及村庄里的教堂、学校和商店。到了冬天，旅客可以看到带有冰霜的湖泊、草原、山峦和在白雪覆盖下的静谧森林。加拿大太平洋铁路是第一条横贯北美大陆的铁路，由加拿大太平洋铁路公司运营。1881年到1885年，付出巨大的代价，历经数不清的艰难和失望后，加拿大太平洋铁路最终建成。其中，唐纳德·史密斯爵士（后来获封斯特拉思科纳勋爵）以顽强的信念和巨大的精力，为铁路建设做出了巨大贡献。随后，大干线铁路和加拿大北方铁路建成。这两条铁路也横贯了北美大陆。现在，加拿大政府以国家铁路的名义拥有并运营大干线铁路和加拿大北方铁路，而加拿大太平洋铁路依然由加拿大太平洋铁路公司独立运营。

在第一次世界大战爆发前的五十年里，利用尼亚加拉的水电站和北美五大湖的设施，加拿大自治领在东部建立了一些产业。加拿大自治领的西部则成了世界最大的粮仓之一。保守党政治家约翰·亚历山大·麦克唐纳爵士是加拿大自治领的首任总理。1891年，约翰·亚历山大·麦克唐纳爵士逝世。此时，威尔弗里德·洛里耶爵士成了自由党人领袖。威尔弗里德·洛里耶爵士是法裔加拿大人，说一口流利的英语和法语。1896年，威尔弗里德·洛里耶爵士成为加拿大自治领的总理，并且一直任职到1910年。他广受欢迎的程度，直至任期最后都没有减弱。

第 9 章

19 世纪下半叶的澳大利亚殖民地

1851年,一个叫爱德华·哈蒙德·哈格雷夫斯的澳大利亚人在巴瑟斯特附近发现了金矿。他曾经是加利福尼亚的一个矿工。正如亨利·金斯利在《希尔家和伯顿家》中生动描述的那样,澳大利亚殖民地立刻掀起了"淘金热"。巴

澳大利亚金矿的发现者爱德华·哈蒙德·哈格雷夫斯

瑟斯特金矿是澳大利亚殖民地历史上最重要的发现之一。这次发现带来的影响是城镇变成了以妇女为主要居住人口的萧条地区，而男人都去"挖矿"了。当时的运输工具不能适应流动人口的需求。英国政府拥有所有未开采的金矿和银矿，委任了黄金委员会和处事果断的军人来控制矿区，以确保所有权不受侵犯。1854年，在矿工的抵制下，巴拉腊特爆发了武装起义。军队不得不猛攻巴拉腊特附近山上的尤里卡栅栏。此后，"矿区"变得非常安静。大部分的个人企业关闭了，而采矿租约都集中到了有良好组织的采矿公司手中。

淘金热对澳大利亚的殖民地化起到了巨大的推动作用。在巴瑟斯特金矿周边，即巴拉腊特和本迪戈，很快就有十万人居住。从欧洲到澳大利亚殖民地的移民潮，规模迅速壮大。伴随着日益增加的贸易和人口，英国政府发现必须

军队猛攻尤里卡栅栏

修建铁路，因而铁路被建了起来。1854年到1855年，在新南威尔士殖民地和维多利亚殖民地之间，第一条铁路开通了。

人们认为澳大利亚殖民地的历史经历了三个阶段。第一阶段大约是从1789年到1821年，即国家帮助阶段。这一阶段的移民很少，而且移民处于严格的监督之下。英国政府需要使移民免于饥荒，为他们提供工具，给予他们土地。第二阶段大约是从1821年到1855年，即自助阶段。澳大利亚殖民地的居民探索了澳大利亚的内陆地区，开发了新牧场，建立了大的羊毛"厂"。第三阶段是从1855年到1900年《澳大利亚联邦法案》颁布。淘金热结束了，但带来的冲击依然存在。更多的人口和资金流入澳大利亚殖民地。在这种情况下，政府发挥了积极作用，不仅建设铁路、出借资金，还干预社会生活各个方面。第三阶段是政府帮助和居民自助相结合的阶段，将前两个阶段的指导性原则结合起来。所谓的政府，不再是英国政府，而是英国在澳大利亚殖民地设立的子政府。大批的移民从大不列颠群岛迁徙而来，在澳大利亚殖民地的不同地方频繁流动。"在第三阶段，每个澳大利亚殖民地都像个筛子。"[①]

19世纪下半叶，澳大利亚殖民地一派欣欣向荣的景象。澳大利亚各殖民地意识到自身的独特性，在政治、经济和思想方面激烈地互相争夺重要位置。它们不再是"沿海地带"或者边缘地带。早期探险家发现的"荒漠"被利用起来。除了一些偏远地带，探险家发现这些"荒漠"并非没有价值，可以开发成牧场。这些"荒漠"尽管地势崎岖不平，河流缺乏，但仍有利用价值。大部分的探险有了科学的指导。这些探险有的是为了确定铁路路线和电报路线，有的是为了发现新的牧场和金银矿区。

新的探险浪潮，从奥古斯塔斯·查尔斯·格雷戈里开始，到约翰·福里斯特爵士结束。奥古斯塔斯·查尔斯·格雷戈里是西澳大利亚人，被称为"勇敢的格雷戈里"。1855年，他从澳大利亚北部海岸出发，到达维多利亚河，然后向

---

① J.D.罗杰斯：《英国自治领的历史、地理》，第166页。——原注

1855年的探险中,奥古斯塔斯·查尔斯·格雷戈里遇到土著人的独木舟

东南方向前进,抵达东海岸的布里斯班。奥古斯塔斯·查尔斯·格雷戈里走了约两千英里,但对这次探险仍不满足。1857年,他从布里斯班出发,向西南方向走了约一千英里,到达阿德莱德。牧民也跟随探险家来了,尤其是在北昆士兰殖民地。奥古斯塔斯·查尔斯·格雷戈里是第一个从北向南穿越澳大利亚大陆的人。但他从布里斯班走了"Z"形道路,没有穿过大陆中心。1859年,南澳大利亚殖民地和维多利亚殖民地互相竞争,奖赏任何能够从南向北横穿澳大利亚大陆的人。1860年,以南澳大利亚殖民地的艾尔湖和库珀河为起点,罗伯特·奥哈拉·伯克和威廉·约翰·威尔斯骑着骆驼出发了。他们穿越大陆,抵达卡奔塔利亚湾,然后返回库珀河。由于库珀河食物短缺,他们被饿死了。他们的付出意义非凡。昆士兰人向北推进到了北部郡,并且在罗伯特·奥哈拉·伯克和威廉·约翰·威尔斯探测过的地方建立了甘蔗种植园。

1862年,约翰·麦克道尔·斯图尔特从北部的奥古斯塔港出发,经过澳大利亚大陆正中心到达阿德莱德。他此行的主要目的是规划电报线路。六年后，即1868年，从阿德莱德到达帕默斯顿近两千英里的电报线路开始铺设了。1872年，这条电报线路完工。数年后，连接帕默斯顿和英格兰的电缆（取道爪哇岛和印度半岛）铺设完成。1870年和1874年，约翰·福里斯特爵士完成了两次著名的探险旅程。这两次旅程给澳大利亚殖民地第二个探险时代画上了圆满的句号。1870年的探险从西向东南，即从西澳大利亚殖民地的珀斯到南澳大利亚殖民地的阿德莱德—艾尔湖路线。1874年的探险方向相反，并且进行了更科学的观察。当时，约翰·福里斯特爵士沿着默奇森河，沿着南纬二十六度纬度圈探险，直到看到了刚完工的从北到南的电报线路。所有这些探险带来了更多的养羊场和矿山。其中，在默奇森、金伯利和库尔加迪发现了金矿。

澳大利亚各殖民地有自己的政党和官方报纸。据说，在澳大利亚殖民地，每千人看过的报纸比其他任何地方都多。期刊和报纸的质量很高，如墨尔本的《阿格斯报》和《悉尼时报》。在各殖民地，政党成立了，不是保守党和自由党，而是自由党和工党。大约1855年，在完全自治政府成立后，第一批党派领袖是被称为"澳大利亚爱国者"的威廉·查尔斯·温特沃思和亨利·帕克斯爵士。威廉·查尔斯·温特沃思的父亲是诺福克岛上的一名外科医生，后来成了新南威尔士殖民地的银行主管。1800年，年轻的威廉·查尔斯·温特沃思被送到格林尼治求学。1811年，他返回悉尼。1813年，他加入了格雷戈里·布拉克斯兰穿越蓝山山脉的冒险之旅。1816年，他前往英国，进入剑桥大学彼得学院，后来加入中殿律师学院，成了一名律师。之后，他返回悉尼，成为《澳大利业人报》的编辑，并且与新南威尔士总督拉尔夫·达林和乔治·吉普斯先后展开论战。他是新南威尔士总督理查德·伯克爵士的好友兼顾问。在新南威尔士殖民地第一届立法议会上，他是悉尼的代表，并且领导了"擅自占地人党"。1852年，作为悉尼大学的发起人之一，他促进了悉尼大学的建立。1857年，在澳大利亚殖民地，他积极提倡联邦制。1872年，这位能干、强壮、保守的殖民地自治政府拥护者去世了，死后被葬在悉尼。

罗伯特·奥哈拉·伯克和威廉·约翰·威尔斯

罗伯特·奥哈拉·伯克和威廉·约翰·威尔斯出发探险

罗伯特·奥哈拉·伯克之死

约翰·麦克道尔·斯图尔特的探险

1815年，在大不列颠沃里克郡斯通利的一个贫寒之家，亨利·帕克斯出生了。1839年，他移民到澳大利亚殖民地，成为一个农场雇工。不久，他在悉尼开设了一家加工象牙和骨制品的店。后来，作为一个劳工煽动者，他步入政坛，采取了一项开明的"帝国"政策。他是《帝国新闻报》的编辑，在新南威尔士殖民地提倡"责任政府"。当这一切实现时，他成了悉尼议会的一员。他曾三次出任新南威尔士殖民地总督，是联邦制的强有力的倡导者。1891年，他主持召开了悉尼会议。当时，这次会议尽管未能使澳大利亚成功实现联邦制，却是澳大利亚走向联邦制的第一步。

亨利·帕克斯

相较而言，澳大利亚殖民地的城镇人口比乡村人口增长更迅速。在很大程度上，城镇人口的增加激起了澳大利亚人的"政治性"。自然环境促进了城市规模的扩大。干旱的气候、稀少的河流和辽阔的草场，更适宜需要大量资金和较少工人的大型养羊"厂"的存在和发展。普通人如果想发家致富，可以在城市附近占一块地种植水果和蔬菜，或者种植葡萄酿造葡萄酒，或者养殖奶牛获得牛奶。来自英国工业中心的移民，发现手头如果没有大笔资金，便很难获得土地，于是他们纷纷留在了城市。在澳大利亚殖民地，英国政府实施"关税自主"政策。这一政策使澳大利亚殖民地通过禁止某些国外生产的货物流入来保护工业。这种在经济法规方面的保护制度，不好把控关税的高低。在经济萧条时期，关税往往定得较高。不过，即使经济繁荣时期来临，关税依然维持在一个较高的水平。

事实上，一些在保护性关税下建立的工业不适合澳大利亚殖民地。在某些方面，澳大利亚殖民地舍弃了"劳动力国际分工"的优势。澳大利亚殖民地的经济保护政策以牺牲乡村的发展为代价促进了城市的发展。这种情况本身就受到澳大利亚殖民地的气候和其他自然条件的影响。经济保护政策提高了制成品的价格。澳大利亚殖民地的农民不得不购买这些制成品。此外，农民自己的"初级"产品，如羊毛、谷物和水果没有得到任何保护。在国际市场上，这些产品不得不以国际价格销售。1931年，一个联邦经济学家委员会调查了澳大利亚的发展后，报告说："总的来说，澳大利亚从这种保护制度中受益匪浅。"然而，他们说的不是很自信。

工人阶级的壮大有利于工会的发展。1889年到1902年，工会在澳大利亚的许多殖民地合法化了。不可避免地，劳工在政治上要求发出自己的声音。澳大利亚各殖民地开始着手制定一套劳工法。这在世界上被看作是一次非凡的实验。劳工法的中心原则是法庭规定固定的工作时间和工资。最终结果是，澳大利亚殖民地劳工的工资要比世界上大部分地区高，工时比世界上大部分地区短。因此，除了在一些经济特别繁荣的时期，澳大利亚殖民地的产品成本增加到了工厂很难承担的地步。这就需要更高的保护，整个生产链都被施加了沉重的负担。据说，关于工作时间和工作酬劳的司法奖励制度，并未减少罢工的次数。在政治上，工会促进了统一。1901年，澳大利亚各殖民地改为州后，工会实质上是"国家性的"，没有局限在某一州。在各个独立州之间，工会促进了相似的劳工法的形成，并且最终在整个澳大利亚促进了联邦制的形成。

第 10 章

澳大利亚联邦

19世纪末，澳大利亚大陆上包括塔斯马尼亚岛殖民地共有五个殖民地。各殖民地拥有自己的铁路系统，以及自己的法律、邮局、大学和关税政策。高水平的社会生活和经济秩序正在有条不紊地进行。毫无疑问，这既促使澳大利亚各殖民地之间的竞争，也妨碍了各殖民地的发展。地理、种族、气候和防御（尽管直到1899年澳大利亚殖民地内从未爆发战争）等因素，想要保持一个"白人澳大利亚"的决心，以及擅自占地者、农民、矿工从一个殖民地到另一个殖民地不间断的迁徙，都表明澳大利亚应该实行联邦制。此外，各殖民地对拥有独立主权这样的想法并不迷恋。各殖民地之间的边界线仅是一些想象中的线条，并且各殖民地经常通过协议改变边界线。成立联邦政府似乎毫无困难。

1849年，杰出的殖民地事务大臣第三代格雷伯爵亨利·乔治（第二代格雷伯爵查尔斯·格雷的儿子），建议澳大利亚各殖民地实行联邦制。当时，这一建议没有立即得到采纳。不过，从1863年到1899年，澳大利亚所有殖民地的代表大会频繁召开。这些会议召开的时间不固定，时有间隔，但讨论了共同的问题。1877年，第一届大英帝国自治殖民地政府会议在伦敦召开。澳大利亚各殖民地总督，与加拿大自治领的总理亚历山大·麦肯奇一起，在殖民地会议上倾向于澳大利亚统一。这种伴随着1863年代表大会出现的统一思想，发展得非常缓慢，直到1899年在墨尔本举行的各殖民地总督会议上才最终达成一致。1900年，《澳大利亚联邦法案》在英国议会通过。

澳大利亚联邦接近美国的模式，而不是加拿大的模式。在加拿大，各省拥有某些法定的权利，但自治领发挥更多、更重要的功能。在美国，联邦政府拥有法定的权利，而各个州政府拥有所有其他权利。在澳大利亚，联邦政府拥有法定的权利，各州保留其他一切权利。各州继续拥有自己的州长、内阁大臣和立法议会。联邦拥有一名总督，以及由大臣组成的内阁、立法机构或者两院议会——参议院和众议院。基于各州平等的原则，参议院包括三十六名议员，每个州每六年选举产生两名代表。众议院有七十二名议员，每三年选举一次，人数和各州人口数量成正比，并且每个州至少有五名议员，最大的新南威尔士州有二十六名议员。联邦政府管辖范围内的事务包括邮政、电报、国防、移民、度量、宗教和海关（州际关税被废除了）。澳大利亚联邦拥有一个最高法院，以及面向整个联邦和所有州的最高上诉法院。在某些限制条件下，人们还可向英国的枢密院上诉。

　　随着澳大利亚成为联邦国家，它承担起了一个国家的责任。各州依然存在，每位居民都有"爱州主义"情怀。对统一的澳大利亚忠诚的理想，很容易和对大英帝国或者对英联邦国家忠诚的理想并存。显然，英联邦国家的理想本身可以和世界大联邦的理想兼容。这个理想在未来可能会实现。

　　澳大利亚联邦的建立，使整个澳大利亚大陆实行共治成为可能。第一，基于增加税收或者发展工业的原则，1902年，澳大利亚联邦实行了统一的海关关税。此后，澳大利亚联邦可以生产自己的产品，不再全部依靠出口原材料获得财富。

　　第二，关于工作时长和工作酬劳的规章得到延续。工人纠纷主要通过之前已经存在的州法庭处理。纠纷如果涉及不止一个州，主要通过联邦法庭处理。

　　第三，通过对移民的控制，澳大利亚联邦巩固了排除有色劳工、维持"白人澳大利亚"的政策。

　　第四，澳大利亚联邦采取了共同的防御政策。通过《1909年法案》，在防御方面，澳大利亚联邦建立了强制性训练和服役制度。军队服役的义务只限于

邓特伦军事学院

澳大利亚联邦境内。从1909年开始，在澳大利亚水域，澳大利亚联邦供养了一支舰队，包括一艘巡洋战舰、三艘轻型巡洋舰、六艘驱逐舰和两艘潜艇。为了培养和训练军官，澳大利亚联邦在邓特伦建立了一所军事学院，在吉朗建立了一所海军学院。像其他自治领一样，澳大利亚联邦自己保卫国土。在澳大利亚联邦境内，没有英国军队驻扎。

第五，澳大利亚联邦政府承担起了管理广大的北部地区未开发领土的责任。北部地区是澳大利亚土著的居住地。澳大利亚土著人口较少，并且逐年减少。这些土著常常使人想起石器时代。因此，澳大利亚联邦小心翼翼地保护他们的利益。此外，澳大利亚联邦还管理着位于新几内亚岛的巴布亚。1888年，英国政府将巴布亚划入昆士兰州。1906年，澳大利亚联邦接管巴布亚。在国际联盟的委托下，澳大利亚联邦还管理着新几内亚岛之前属于德国的领土。

土地政策，即"更近定居"运动，依然保留在州政府"保留权力"之内。根据各自的能力，各州州政府购买私人持有的土地。通过税收和授予王室（或政府）租约的方法，州政府在一定程度上成功压制了更大规模的庄园的形成，促进了农民以更小的单位定居，即平均每个农场约两百四十至两百五十英亩。为了保持农村和城市之间的人口平衡——之前人口已经偏向城市流动，在实施移民政策时，澳大利亚联邦政府和各州的"更近定居"政策协同合作。

总体而言，作为自治领存在的二十五年里，澳大利亚联邦政府普遍的执政趋势是扩大自己的控制范围。这一"集权政策"得到了工党的支持。1904年，在澳大利亚联邦议会中，工党获得了大多数席位，组建了第一届工党政府。1931年到1932年爆发的全球经济危机，是对工党的集权政策和高额关税保护政策的考验。詹姆斯·亨利·斯卡林政府努力想要废除各州的劳资法庭，以便为联邦当局扫清障碍。然而，这一努力失败了。1932年，詹姆斯·亨利·斯卡林下台，而联合政府在大选后重新掌权。

第11章
新西兰殖民地和太平洋岛屿的发展

历史上,新西兰殖民地不像澳大利亚殖民地那么和平。在澳大利亚殖民地,除了尤里卡栅栏起义事件和丛林逃犯事件,几乎没有发生什么战斗。新西兰殖民地距离澳大利亚殖民地一千二百英里,周边环境和澳大利亚殖民地完全不同。

新西兰殖民地有很多毛利人。19世纪中期,新西兰殖民地约有十万毛利人。大部分毛利人居住在北岛,有时他们会在一位头领的领导下结成同盟,居住在山腹地带。后来,尽管《怀唐伊条约》保证了毛利人对土地的所有权,并且殖民地居民获得的土地都是买来的,但关于土地,买卖双方还是产生了争端。1860年,托马斯·戈尔·布朗总督开始通过武力恢复秩序。在随后的十年里,战争断断续续发生,一次战争最多有一万常规军和一万殖民地志愿者参加。总体而言,在战争中,英国人和毛利人进行了常规性的战斗。毛利人性情温和,但有一次,一些毛利人在杀死了一个叫卡尔·福尔克纳的传教士后又回到了人吃人的野蛮状态。1861年到1867年,乔治·格雷爵士第二次出任新西兰殖民地总督,实际上只有他才能够结束战争。他离开后,战火重燃,直到1871年战争才完全结束。从那以后,新西兰殖民地上就没有常规军了。

战争中,毛利人手中约三千五百平方英里的部落领地被没收了。为了保持

毛利人

托马斯·戈尔·布朗

卡尔·福尔克纳

卡尔·福尔克纳被毛利人杀害

岛上的平衡，殖民地政府给毛利人留下了属于部落的八千平方英里土地。这次战争中，死伤人数不是很多，双方总共死亡人数在四千人以下。19世纪末，毛利人减少到五万人，之后略有增长。在新西兰殖民地众议院或者下议院中，毛利人有四名代表。毛利人也获得了立法议会或者上议院的提名权。他们成功拥有了许多政治影响力。

在新西兰殖民地，出现了一些杰出的政治人物。1869年到1876年，朱利叶斯·沃格尔爵士担任总督，成功促进铁路发展和移民增加。乔治·格雷爵士曾两次担任新西兰殖民地总督，在离开大英帝国殖民服务部门后，他又返回新西

朱利叶斯·沃格尔爵士

兰殖民地，在议会任职。1877年到1879年，他担任新西兰殖民地的总督。他对毛利人有着令人惊叹的影响力。1891年，乔治·格雷爵士代表新西兰殖民地出席在悉尼召开的会议，并且赞成新西兰殖民地加入澳大利亚殖民地。在太平洋航行期间，詹姆斯·安东尼·弗劳德拜访了乔治·格雷爵士，描述了自己在奥希阿纳的遭遇。1890年，激进派领袖理查德·塞登成为新西兰殖民地总督，他的任期直到1906年。理查德·塞登对土地实行"更近定居"政策，并且让政府积极参与商业保险和煤矿开采。此外，他尽管派代表参加了在悉尼召开的会议，但反对新西兰殖民地加入澳大利亚殖民地。1907年，新西兰成为自治领。在国内政治上，新西兰是激进的，但在大英帝国的体系里，它是最保守的一个自治领。这是一个显而易见的事实。对大英帝国1914年之前的政治体系，新西兰人很满意，而关于新西兰的主权问题，新西兰人也从未表现出任何敏感性。第一次世界大战结束时，新西兰获权托管德属萨摩亚。在对瑙鲁的托管中，新西兰和大英帝国及澳大利亚一起分到了一杯羹。

新西兰大学由四个学院组成，分别是奥克兰学院、维多利亚学院、坎特伯雷学院和奥塔哥学院。参加了在新西兰举行、在大英帝国评分的考试后，学生们被授予学位。这样的大学和制度培养了许多著名学者，并且保持了高标准的质量。

太平洋岛屿零星地散落在美国和澳大利亚之间广阔的大海上。19世纪上半叶，这些岛屿是小商人、逃跑的海员、欧洲的流浪者和难民，以及基督教传教士活动的场所。直到19世纪下半叶，欧洲强国勇敢的海军军官、行政文职人员才抵达此地。

太平洋岛屿可以分为两块。西面的美拉尼西亚住着深色或黑色皮肤的人。他们的头比较长，身材相对矮小，约五英尺五英寸。东面的波利尼西亚住着棕色或浅褐色皮肤的人。他们的头较短或者较圆，几乎是世界上最高的人。美拉尼西亚和波利尼西亚大概以一百零八度经线为界。因此，斐济属于美拉尼西亚。太平洋岛屿上原住民的祖先都来自亚洲。某个时期，他们可能通过美洲到达这里。美拉尼西亚人在岛上的时间最长，他们曾是食人者。波利尼西亚人来自马来西亚半岛，大概在中世纪早期或者中期乘坐独木舟来到这里。他们都是优秀的水手，乘坐独木舟从一座岛屿到达另一座岛屿，并且建立属于自己的家园。他们源自马来人，性情温和，尽管偶尔会食人。像欧洲人一样，他们在这片岛屿上进行过数不清的战斗。太平洋岛屿上所有原住民都是园艺家。此外，他们还养猪和家禽。每座岛屿都是由火山或珊瑚虫形成的。这里气候温和，空气清新，蔬菜丰富。大海、蓝天和大地，对游客而言是一幅迷人的画卷。1842年，一个叫赫尔曼·梅尔维尔的美国水手被船员丢弃在马克萨斯群岛。后来，他创作了《泰皮》和《欧穆》两部作品，向公众介绍了南太平洋的美丽风光。

早在1796年，伦敦传教会的传教士就开始在太平洋岛屿上传教。他们与欧洲商人到达岛上的时间大约相同。1837年，法国罗马天主教的传教士开始在岛上传教。1855年，约翰·科尔里奇·帕特森与大主教乔治·塞尔温前往新西

大主教乔治·塞尔温

约翰·科尔里奇·帕特森

兰殖民地,成了美拉尼西亚的神圣主教。1871年,在圣克鲁斯群岛,约翰·科尔里奇·帕特森被原住民杀害了。在这之前,他已经取得了令人叹服的成就。1893年,圣克鲁斯群岛与所罗门群岛一起被英国接管,被置于英国保护之下。

欧洲人到达南太平洋之前,岛民之间斗争不断。19世纪上半叶,欧洲人到达南太平洋之后,岛民深受无序管理之苦。岛民与欧洲人接触后,旧有的部落纪律松弛了。尽管传教士不求回报地付出,但太平洋岛屿上的社会和道德依然混乱。1858年,在热情的英国领事、传教士乔治·普里查德的鼓励下,斐济的部落首领请求维多利亚女王将斐济纳入英国的保护之下。1874年,为了阻止不道

奥托·冯·俾斯麦

德的欧洲商人用一艘悬挂斐济旗帜的船犯下恶行，英国政府兼并了斐济。在太平洋上，欧洲各国互相仇视，就像在非洲一样。不过，各国设法避免了瓜分战争。1877年，英国和法兰西第三共和国政府共同接管新赫布里底群岛，即两国共同管理这些岛屿。1871年后，德意志帝国介入了。1884年，奥托·冯·俾斯麦告诉英国的外交大臣格兰维尔勋爵乔治·莱韦森-高尔，德意志帝国承认澳大利亚殖民地在新几内亚岛的利益。因此，英国政府接管了新几内亚岛剩余部分——除了荷兰拥有的那部分。同样是在1884年，德意志帝国占领了新几内亚岛东北部。1888年，英属新几内亚岛被置于昆士兰州之下，1906年被置于澳大利亚联邦之下。自从第一次世界大战和《凡尔赛条约》签订后，澳大利亚联邦获得了德属新几内亚的托管权。1900年，德意志帝国声称拥有萨摩亚群岛的部分权力，并且在英国和美国的同意之下，接管了乌波卢岛和萨瓦伊，尽管两国非常不情愿。这些地方现在是新西兰托管的领地。

在自己的作品中，许多作家都描写过南太平洋群岛：赫尔曼·梅尔维尔以捕鲸水手的眼光看待这些岛屿；罗伯特·路易斯·史蒂文森既看到了岛屿美好的一面，也看到了丑恶的一面；波兰小说家约瑟夫·康拉德用纯正的英语描绘了这些岛屿的奇特魅力。在罗伯特·路易斯·史蒂文森辉煌的人生中，他特别喜欢在萨摩亚的维利马当一名乡绅。在充满趣味的书信中，罗伯特·路易斯·史蒂文森描写了萨摩亚岛上的生活。这些书信以《维利马书信》为名发表。1894年，罗伯特·路易斯·史蒂文森逝世，享年四十四岁。

英国在太平洋的领地中，引人注目的是皮特凯恩岛。1787年，大不列颠王国海军部派遣曾为詹姆斯·库克船长效力的威廉·布莱船长乘皇家舰队的"邦蒂"号去调查塔希提岛上的一种面包树。威廉·布莱船长既是一个出色的水手，也是一个严厉的指挥官。他的手下在塔希提岛发动叛变，把他和忠于他的十八人扔在一艘带有储备物资的敞篷船上。凭着精湛的航海技术和坚韧的毅力，威廉·布莱船长带领手下在海中行驶了三千六百一十八英里，到达了帝汶岛。这是爪哇岛附近的一座小岛。1805年，他成了新南威尔士殖民地总督。任新南威尔士殖民地总督期间，威廉·布莱实施的政策在当地的高级官员中引发了一场动乱。

"邦蒂"号上的九名叛变者和塔希提岛上的女性结婚了，之后他们带着一些羊、猪和家禽去了一座无人居住的小岛——皮特凯恩岛。塔希提岛上的六名男性原住民陪同他们一同前往。十年后，除了一个叫约翰·亚当斯的男性，其他男性因互相残杀而死。约翰·亚当斯的地位高于岛上的五名女性和二十三个孩子。他是一位非常优秀的统治者，教孩子阅读和写作，抚养他们长大，并且实行严格的宗教管理。在皮特凯恩岛，偶尔会有英国的船队经过。1831年，约翰·亚当斯请求英国政府将他和岛民转移到塔希提岛。这一请求获得批准。他们是一

格兰维尔勋爵乔治·莱韦森-高尔

赫尔曼·梅尔维尔

罗伯特·路易斯·史蒂文森

约瑟夫·康拉德

威廉·布莱船长的手下发动叛变,把他和十八人扔在一艘敞篷船上

皮特凯恩岛

群安静、品行端正、虔诚的人，不再喜欢塔希提岛的氛围，几个月后又返回了皮特凯恩岛。1839年，英国政府吞并了皮特凯恩岛。所有岛民都是"邦蒂"号叛变者的后代。现在他们共有四百人。这群人遵纪守法，通过一个七人议会在皮特凯恩岛上实行自治。

第 12 章

南非政治史

英国人相信自己有殖民及处理与海外附属国关系的天赋。他们确实取得了非常大的成功，也犯了一些错误。这些错误必须坦率地承认，因为这不仅能阻止错误再次发生，还能促进对错误的理解、宽恕及遗忘。英国现代历史学家对殖民时期美国民怨的坦率承认，以及美国历史学家对英国民怨的坦率承认，消除了英国和美国相互理解道路上的最后一道障碍。同样地，消除南非历史上的偏见是英国人和南非人之间，以及英裔南非人和荷兰裔南非人之间相互理解的必要条件。

南非在林波波河以南。欧洲人到来前，这里就有人居住。最初居住在南非的是被称为布须曼人的原始小种族，之后来自中非的霍屯督人赶走了布须曼人，接着从中非迁徙来的班图部落又把霍屯督人从南部肥沃的土地上赶走。南非的主要班图部落包括祖鲁人、茨瓦纳人、巴苏陀人和赫雷罗人。

1652年4月7日，扬·范·里贝克带领一支由三艘船组成的中队（属于荷兰东印度公司）在桌湾抛锚。在这之前的五十年里，英格兰王国和荷兰东印度公司的船都在这里取水。荷兰人决定建立一座堡垒和几个仓库。扬·范·里贝克选择的地点是"现在邮局后方的阅兵场"①。他规划了一个种植蔬菜的园圃，以

---

① D.费尔布里奇：《南非史》，1918年，第37页；参阅G.E.科里：《南非的崛起》，1921年，第1卷，第5页。——原注

布须曼人

霍屯督人

祖鲁人

茨瓦纳人

供应有需求的船舶。此外，他建造了一座教堂。这是开普敦的起源。1665年，开始建造开普堡。现在，它的部分建筑仍屹立在那里。1679年，荷兰总督西蒙·范德施特尔派遣先驱者进入美丽富饶的斯泰伦博斯山谷，建立了一个农庄。这个豪华的农庄至今还在。1688年，大量胡格诺派教徒进入荷兰。《南特敕令》撤销后，在荷兰东印度公司的协助下，胡格诺派教徒从荷兰前往开普敦。在开普殖民地的温和气候中，欧洲居民，尤其是荷兰人和法兰西人的数量迅速增加。其中一些人喜欢迁徙，频繁搬到新的地方。由于荷兰东印度公司是将开普殖民地用作前往印度和香料群岛的中转站，这个殖民地并没有变得庞大或富有。

1795年，法兰西革命军入侵并控制了荷兰。随后一支法兰西远征军计划前往开普殖民地，但被大不列颠王国先发制人阻止了。1795年6月11日，一支大不列颠王国中队在桌湾抛锚。荷兰官员和居民坚持认为，他们不需要大不列颠王国军队来保卫自己免受法兰西人的攻击。大不列颠王国政府坚持要接管殖民地。经过一番艰苦战斗，大不列颠王国取得了成功。最激烈的斗争发生在梅曾贝赫。正是在这里，在人数上占优势的大不列颠王国军队最终迫使荷兰人后退。1795年7月16日，在韦恩堡，荷兰总督亚伯拉罕·乔赛亚斯·斯吕斯肯斯投降。"经过一百四十三年，荷兰东印度公司的统治结束了。"[1]战争期间，英国占领了开普敦殖民地，但在1802年《亚眠和约》中，又将其归还给了荷兰共和国[2]。

在欧洲，拿破仑·波拿巴仍在荷兰保留了法兰西驻军，这与《亚眠和约》的约定背道而驰。因此，英国拒绝根据《亚眠和约》撤离马耳他。法兰西第一帝国仍拥有强大的海军，但英国不会让法兰西第一帝国占领开普殖民地。1803年，战争重启。这一切发生在特拉法尔加战役爆发之前。1806年1月4日，在大卫·贝尔德将军的带领下，一支由六十一艘军舰组成的舰队（由海军准将霍姆·波帕姆指挥）抵达桌湾。在总督扬·威廉·詹森斯将军的领导下，荷兰人顽

---

[1] G.E.科里：《南非的崛起》，1921年，第1卷，第58页。——原注
[2] 这里指巴达维亚共和国，它存在于1795年到1806年，是在现在的荷兰的领土上建立的法兰西第一共和国的一个傀儡国，其前身是荷兰共和国。——译者注

强战斗,但在蓝堡战役中被击败。1806年1月18日,扬·威廉·詹森斯和大卫·贝尔德以骑士风度彼此相待,签署了《投降条款》。开普殖民地及其属地移交到了英国政府手中。直至1814年战争结束,开普殖民地一直得到了良好治理。作为和平协议的一部分,除了好望角、德马拉、埃塞奎博和贝尔维塞(现称英属几内亚),英国归还了荷兰共和国在战争开始时拥有的所有殖民地。此外,英国政府向荷兰共和国赔偿了六百万英镑。①

扬·威廉·詹森斯

① 1814年8月13日签订的《英荷条约》。爱德华·赫茨莱特:《欧洲条约地图》,第1卷,第42页。——原注

当开普殖民地最终归于英国时，它仍然只是南非的边缘地带。开普殖民地约有一万四千名欧洲居民，主要集中在开普敦和斯泰伦博斯，同时他们在西北向大卡鲁，在东边向大鱼河扩张。在人口稀少的地区，欧洲定居者和原住民经常发生争端。原住民抱怨他们的土地被侵占，欧洲人抱怨有人偷走了他们的牛。布须曼人口日益减少，霍屯督人依旧维持原有人口数，霍屯督人与荷兰人的混血后代也维持着稳定的数量。在荷兰人和卡菲尔人[①]——位于开普殖民地北部定居的班图部落——之间，经常发生小规模冲突。1806年到1814年，英国政府接管开普殖民地后的第一件事就是解决卡菲尔人的麻烦。法官被派去巡回调查殖民者和原住民的不满。在关键地点，英国政府设立了军事哨所。例如：1810年，第九十三团的约翰·格雷厄姆上校建立了格雷厄姆斯敦。

1815年，在约翰内斯·伯泽伊登霍特的领导下，在祖尔维尔德——巴瑟斯特和奥尔巴尼的山地，一些农民发起了一次小规模的"叛乱"。1815年11月17日，在斯莱格特，政府军和"叛军"展开斗争。斯莱格特是一个低矮的山谷，也

大卡鲁的欧洲居民

---

① 卡菲尔人不是一个独特的民族。Kaffir出自阿拉伯语Arabic，意思是"异教徒"。——原注

可能是库克豪斯附近山丘上的一个缺口。在这次斗争中，约翰内斯·伯泽伊登霍特被杀。政府军主要是由凯勒上校领导的欧洲居民构成。凯勒上校是一个荷兰人，是埃滕哈赫的地方治安官。"叛军"被驱散了，一些人被俘虏，其中五人被绞死在叛乱发生的高地。"每当东部的布尔人骑马经过此地时，脑海中一定会浮现那些跟随约翰内斯·伯泽伊登霍特反叛的人的故事"。[①]无论怎样，斯莱格特成了一个传奇的地方，代表着原住民与荷兰人和英国人之间的斗争。然而，荷兰人自己对付了"叛军"：

> 荷兰人镇压了攻击自己的"叛军"；一位荷兰官员起诉了"叛军"；一位荷兰法官给"叛军"判了刑；一位荷兰地方治安官绞死了"叛军"；英国来的总督做的只是赦免其中一人。[②]

当时，英国来的总督是查尔斯·萨默塞特爵士。他是惠灵顿半岛的官员之一。他是个公正的人，很注意保护原住民的利益。他引进了一种更好的马，开办了一个政府农场（1824年关闭），并且建立了开普敦公共图书馆。

南非殖民地历史上的四件大事分别是：1652年荷兰人占领开普殖民地，1803年到1814年开普殖民地被移交给英国，1820年移民涌入开普殖民地，1836年大迁徙。正是1820年到来的移民带来了英国元素，并且促使南非殖民地的英国人与荷兰人的人口数量保持平衡。

直到1820年，开普殖民地只有原住民和荷兰人或来自荷兰的胡格诺派教徒，以及英国的几位治安官、军官和几个连的士兵。因战争导致原住民更加贫困和失业率更高，这促使英国对殖民地产生了浓厚的兴趣。殖民地事务大臣亨利·巴瑟斯特伯爵认为，应该为一些有资金的人提供通行许可，同时应该预付款项（后由英国政府偿还），以帮助这些人带走他们的仆人或其他想要追随他

---

① G.E.科里：《南非的崛起》，1921年，第1卷，第368页。——原注
② 科尔文：《南非浪漫史》，第214页。——原注

英国人在阿尔哥亚湾上岸

们的人。这个计划的基本思想是每十个劳动人口中就应该有一个有资金的人。1820年，大约有四千人从大不列颠岛出发。他们在阿尔哥亚湾上岸，来到祖尔维尔德，并且得到了政府分配给他们的土地，每人一百英亩。最终证明，这一计划取得了巨大成功。后来的东开普省就是由1820年的殖民者建立的。

从1820年到1836年，开普殖民地经历了一个非常平静的发展时期。殖民地的宗教生活由荷兰归正教教徒、摩拉维亚传教士、伦敦传教会教徒和属于英国陆军、海军或民事机构的神职人员负责。1821年，因认为开普敦是进行天文观测的好地方，英国政府在开普敦任命了一位皇家天文学家。从那时起，这一职位一直存在。

1824年，开普敦的一些英国人形成了一个财团，以便开发东海岸的土地。在从林波波河甚至从赞比西河以南的土地上，所有部落都承认祖鲁国王恰卡·祖鲁的统治权。恰卡·祖鲁是黑人中的"拿破仑·波拿巴"，他像拿破仑·波拿巴一样独裁。1816年到1828年，他对班图部落实行独裁统治。恰卡·祖鲁是一个凶残、嗜血的暴君。但他把英国人当作朋友，因为一个叫亨利·弗恩的拓荒者曾治好了他的伤口。恰卡·祖鲁允许英国的财团在纳塔尔获得一块土地。1824年，他允许英国的拓荒者在此定居。一开始，只有五个拓荒者到达纳塔尔。他们生活在恐怖的祖鲁国王恰卡·祖鲁的阴影下，但依然存活下来。1835年，纳塔尔东海岸建立了一个港口。港口以开普殖民地精力充沛的总督本杰明·德班爵士的名字，被命名为德班。

开普殖民地是英国统治下的一个进步的政治体。1828年，开普殖民地获得新闻自由。当时，《第五十号法令》宣布白人和合法居住在开普殖民地的所

恰卡·祖鲁

有自由的有色人种在政治上一律平等。第二年，即1829年，南非学院成立。它是开普敦大学的前身。这个时期，圣乔治大教堂也建成了。不过，直到1848年罗伯特·格雷主教的到来，教区才出现。1834年，总督本杰明·德班爵士组建了立法议会，并且选取了议会成员。这是迈向代表制议会的第一步。

　　1832年，《改革法案》在英国议会上通过，并且得到国王威廉四世的批准。通过选举，新的下议院组建了，没有"中饱私囊"或"腐败"的选区，其成员对进一步改革充满热情。在下议院通过的法案决定在整个英国废除奴隶制。早在1807年，未经改革的议会就通过了一项法案，禁止奴隶贸易。不过，当

本杰明·德班爵士

时，对奴隶及其后代来说，奴役情况仍然存在。《1833年法案》给予所有奴隶及其子女自由，但现有的奴隶必须给主人当四年学徒。通过投票，两千万英镑被分配给奴隶主，作为对奴隶财产损失的补偿。赔偿金必须用需要在伦敦兑现的国库券或者票据支付。南非奴隶主是荷兰农民，以折扣价将补偿的票据卖给商人。商人可以在伦敦兑现这些票据。因此，奴隶主没有得到票据面值上的金额。然而，一般的说法夸大了奴隶问题的重要性。据说，大多数迁徙者都是没有奴隶的农民，他们对政府和传教士对待原住民的态度普遍感到不满。[①]例如：《第五十号法令》表明政府给予自由的原住民和白人平等的政治权利。

正好有大量空置的土地供迁徙者使用。19世纪初，恰卡·祖鲁发动的征服战争给奥兰治河和图盖拉河以北地区带来了毁灭性的破坏。这一时期被称为部落战争或大迁徙时期。这片土地笼罩在恐怖之下。据说，班图部落有三十万人死于同类相食。更多人死于战争或饥荒。"当农民第一次深入内陆高原时……他们发现大片土地上没有居民。"[②]

这次大迁徙十分危险。在1836年离开殖民地的两群人中，一群人被彻底消灭，另一群人所剩无几。在安德里斯·亨德里克·波特希特和赫里特·马里茨的带领下，那些带着妻子和孩子迁徙的农民，涉过奥兰治河，赶着沉重、摇晃的牛车进入了德拉肯斯山脉。在那里，他们发现巴罗隆部落的人很友好。然而，当他们接近瓦尔河时，受到了马塔贝莱人的袭击，一些人因此死亡。部分迁徙者用马车围成一个圈，用荆棘灌木填满马车之间的空隙，从这个临时搭建的栅栏后面击退了马塔贝莱人。

不久，来自开普殖民地的彼得·雷蒂夫加入了他们的队伍。他受过高等教育，曾在开普殖民地任职，有一定的管理经验。迁徙者选举他为总督。他在温堡颁布了九项决议，这被称为"奥兰治自由邦宪章基本纲领"。其中一项决议是："我们郑重宣布，我们离开此地（指开普殖民地）时，希望享受比以往更

---

① 约翰·阿加–汉密尔顿：《南非开拓者的本土政策》，1928年，第10页。——原注
② 约翰·阿加–汉密尔顿：《南非开拓者的本土政策》，1928年，第3页到第4页。——原注

太平的生活。"他们与邻邦首领签订了条约,从而获得了定居和占有农田的权利。他们成立了奥兰治自由邦,并且在温堡举行会议。后来,开会地点转移到了布隆方丹。因为布尔农民喜欢广阔的空间,加之迁徙者之间有很多分歧,于是大批人向东进入纳塔尔,那里的原住民很少。彼得·雷蒂夫和许多追随者进入了图盖拉以北的祖鲁兰。为了定居权,他们与丁冈·祖鲁谈判。丁冈·祖鲁是恰卡·祖鲁的弟弟。他谋杀恰卡·祖鲁后,成了祖鲁王国的国王。1838年2月4日,当彼得·雷蒂夫和其他人到达丁冈·祖鲁的地盘时,丁冈·祖鲁屠杀了所有人。

彼得·雷蒂夫和其他人被祖鲁人杀害

1838年2月17日，在维嫩①，丁冈·祖鲁的部队屠杀了包括妇女和儿童在内的五百个迁徙者。1838年结束前，即1838年12月16日，在安德里斯·亨德里克·波特希特和安德里斯·比勒陀利乌斯的带领下，德兰士瓦和纳塔尔的布尔人入侵了祖鲁兰，在血河重创了丁冈·祖鲁的部队。这场战役的胜利使纳塔尔免于入侵和毁灭。像在奥兰治自由邦一样，迁徙者开始组织起来，采用共和政府的形式，成立纳塔利亚共和国。纳塔利亚共和国的首都选在一个叫彼得马里茨堡的村庄。1842年，纳塔利亚共和国被英国占领，变成纳塔尔殖民地。1848年，英国政府授权哈里·史密斯爵士宣布英国对奥兰治河和瓦尔河之间的领土享有主权。布尔人继续反抗。在安德里斯·比勒陀利乌斯的领导下，一些人决心保留共和制。在布姆普拉茨，安德里斯·比勒陀利乌斯领导的布尔人与哈里·史密斯爵士带来的军队发生了战斗。布尔人被击败了。随后，布尔人越过瓦尔河，建立了德兰士瓦共和国（又称南非共和国）。1852年，英国政府由辉格派执政。首相约翰·罗素勋爵和殖民地事务大臣第三代格雷伯爵亨利·乔治都是辉格派。19世纪，辉格派倾向于一种平静、宽容的殖民政策。1852年1月17日，《沙河协定》承认了德兰士瓦共和国。《沙河协定》由维多利亚女王的助理专员威廉·塞缪尔·奥热和查尔斯·莫斯廷·欧文，以及安德里斯·比勒陀利乌斯和德兰士瓦的其他布尔人代表签署。其内容如下：

> 一是助理专员代表英国政府，确认瓦尔河以外的移民有权管理自己的事务。二是双方同意，在瓦尔河以北的土地上，不允许或不应实行奴隶制。三是瓦尔河两岸的商人和旅行者应享有互惠互利和自由的权利。②

---

① 维嫩，意为"哭泣的地方"。——译者注
② 《国家文件：英国和外国》，第1112页到第1113页。——原注

维嫩屠杀

血河战役

安德里斯·比勒陀

哈里·史密斯爵士

约翰·罗素勋爵

第三代格雷伯爵亨利·乔治

两年后，即1854年1月30日，阿伯丁伯爵乔治·汉密尔顿·戈登和殖民地事务大臣纽卡斯尔公爵亨利·佩勒姆·克林顿，宣布放弃对奥兰治河和瓦尔河之间土地的主权。该地总计约有一万六千人，大多数人分散在广阔的领土上。他们曾向伦敦派代表，请求保留当地政府。然而，英国政府坚持己见。1854年2月23日，维多利亚女王的特别专员乔治·克拉克爵士、弗雷德里克·林德和居民代表，缔结了《布隆方丹协定》。在缔结协约时，特别专员乔治·克拉克爵士最终将奥兰治河地区的政府移交给居民代表接收。这保证了奥兰治自由邦未来的

阿伯丁伯爵乔治·汉密尔顿·戈登

独立。后面的条款与《沙河协定》的条款相似：禁止奴隶制度，保证奥兰治自由邦与占领地的商人互惠互利和自由的权利。①

英国政府放弃对奥兰治河地区和德兰士瓦的所有主权，源于理查德·科布登或自由放任的辉格派对殖民地的整体看法：殖民地并不是非常重视与英国的联系或联盟。此外，第八次卡菲尔战争的爆发，也对英国产生了重大影响。英国觉得，在没有奥兰治河地区和德兰士瓦的情况下，政府已经有足够多的责任了。

在开普殖民地，原住民班图人又称卡菲尔人。卡菲尔是阿拉伯语，意为"愚昧者"。正如北美洲的白人殖民者和印第安人之间经常发生零星的战斗一样，南非的白人殖民者和卡菲尔人之间也经常在边境上发生战斗。当冲突足以使突击队（志愿军）或正规军出动时，历史学家便称其为战争，并且给它编号。1779年到1781年，第一次卡菲尔战争爆发。1789年，第二次卡菲尔战争爆发。1799年，第三次卡菲尔战争爆发，当时卡菲尔处于大不列颠王国占领期间。1812年，第四次卡菲尔战争爆发，这次战争导致了格雷厄姆斯敦的建成。在格雷厄姆斯敦，约翰·格雷厄姆上校为军队建造了一个警卫室作为总部。1819年，第五次卡菲尔战争爆发，格雷厄姆斯敦被围。1834年，第六次卡菲尔战争爆发，卡菲尔人突然兵临格雷厄姆斯敦。当时，哈里·史密斯爵士是总督本杰明·德班爵士的参谋长。哈里·史密斯爵士在六天内从开普敦行进六百英里，拯救了格雷厄姆斯敦。此后，本杰明·德班爵士吞并了凯斯卡马河和凯河之间的土地，并将此地作为对抗卡菲尔人的"缓冲"地区。1836年，在墨尔本勋爵威廉·兰姆领导的辉格派政府内，格莱内尔格男爵查尔斯·格兰特任殖民地事务大臣，放弃了凯斯卡马河和凯河之间的土地。格莱内尔格男爵查尔斯·格兰特的政策并不受欢迎。他的政策是促使布尔人进行大迁徙的原因之一。从长远来看，格莱内尔格男爵查尔斯·格兰特的政策也导致凯斯卡马河和凯河之间的地区再

---

① 《国家文件：英国和外国》，第331页到第333页。——原注

次陷入野蛮状态。这导致了第七次卡菲尔战争（又称斧头战争）的爆发。当时，一个卡菲尔人因偷斧头被捕。他的朋友拿起武器想要救他，于是引发了斧头战争。在担任本杰明·德班爵士的参谋长、驰援格雷厄姆斯敦后，哈里·史密斯爵士一直在印度服役，并且参加了锡克战争。1847年12月，哈里·史密斯爵士返回开普殖民地担任总督。在开普殖民地，他非常受欢迎。他对开普殖民地的情况十分熟悉。他带来了吞并凯斯卡马河和凯河之间的土地的官方许可，并且立即着手此事。然而，在英国统治政策的约束下，卡菲尔酋长变得焦躁不安。1850年，一起冲突又发生了，后演变成第八次卡菲尔战争。在第八次卡菲尔战争中，身着步枪兵制服的哈里·史密斯爵士展现了其一贯的勇敢。1852年，他被英国政府召回国。后来，新总督乔治·卡思卡特爵士结束了这场战争。在哈里·史密

乔治·卡思卡特爵士

"伯肯黑德"运兵船上的士兵列队站在甲板上，让妇女和儿童安全离开

斯爵士担任总督期间，有一天，即1852年2月26日，一艘叫"伯肯黑德"的运兵船，带着为缅甸战争征来的士兵从桌湾驶出，因撞上了一块岩石而沉没。船上的部队主要由第七十三高地人团和一些水兵组成。船沉没时，士兵列队站在甲板上，让妇女和儿童安全离开。在一首诗中，约瑟夫·拉迪亚德·基普林描写过这次事件。第八次卡菲尔战争时期，悲剧仍在发生。1857年，一位女先知告诉卡菲尔人，当勇士从天上出现，带领他们对抗英国人时，他们将得以复仇。在天

空出现勇士前，女先知一直在宣扬一种奇怪的苦行主义，同时告诉卡菲尔人不要播种，也不要养牛。结果三万人死于饥饿。开普殖民地政府急忙派送储备物资到卡菲尔人的领地，挽救了剩余的人。这片荒凉的土地太平了二十年。1877年，第九次卡菲尔战争爆发。这是最后一次在凯斯卡马河和凯河之间的土地上爆发的重要起义。它很快就被镇压了，开普殖民地重新恢复了和平。

第13章

探索非洲

从早期旅行和有文字记载的历史中,非洲就是神秘吸引力、无穷魅力和浓厚兴趣的代名词。希罗多德是一个比孩子还好奇、比历史学家更有判断力的人。他到过埃及,听过许多关于"完美的埃塞俄比亚人"的故事,以及尼罗河源头的故事和非洲大陆上神奇的动物的故事。公元前10世纪,来自阿比西尼亚的示巴女王到耶路撒冷拜访所罗门,并且带来了一些关于非洲的知识。在迦太

示巴女王拜访所罗门

基,腓尼基人建立了一个北非帝国。征服迦太基后,罗马在迦太基建立了新的文明。最终,属于罗马的北非行省信奉基督教。这是早期基督教的荣耀。然而,5世纪的汪达尔人摧毁了北非的大部分文明;来自阿拉伯半岛的穆斯林则摧毁了北非的残余文明。在穆罕默德的统治下,埃及辉煌灿烂的文明逐渐衰落,直至消失。随着整个北部被穆斯林控制,非洲与欧洲基督教国家之间的关系比以往任何时候都更疏远。非洲变成了黑暗的大陆。

中世纪,为了获得奴隶,摩洛哥和埃及的阿拉伯人在撒哈拉和索马里兰进行了一些令人瞩目的探索。17世纪,葡萄牙人在非洲西部和东部海岸站稳了脚跟,而荷兰人在非洲南部站稳了脚跟。不过,人们对非洲内陆依然一无所知。

1790年到1890年,非洲的开发主要归功于杰出的科学家和绅士约瑟夫·班克斯爵士。他为詹姆斯·库克的船配备了装备,并且与环球领航员一起周游世界。1788年,约瑟夫·班克斯爵士成立了非洲协会,以协助科学探索非洲。1795年,非洲协会派遣蒙戈·帕克前往非洲。

蒙戈·帕克是苏格兰船上一个年轻的外科医生。通过开普敦航线,他环绕南非航行到苏门答腊岛。他"对一个鲜为人知的地方的物产产生了强烈的兴趣"。[①]从东印度群岛,他带回来了一些稀有植物,在林奈学会宣读了一篇论文。这引起了约瑟夫·班克斯爵士的注意。当非洲协会派遣蒙戈·帕克出发时,他年仅二十三岁。他航行到冈比亚河上的大不列颠殖民地,在当地待了大约五个月,主要学习了在非洲通用的曼丁戈语。1795年12月2日,他骑着一匹马,带着一个自由的黑人仆人、一个奴隶、一个穆斯林黑人翻译和几个会做生意的奴隶,前往未知的非洲内陆。在经历了令人惊异的艰苦和冒险(包括战斗、监禁和逃跑)后,他们像色诺芬麾下的万人大军一样,发现了寻找已久的水源。他的一个当地同伴突然喊道:"水!看水!"

---

① 蒙戈·帕克:《非洲内陆游记》,钱伯斯版,1896年,第19页。——原注

蒙戈·帕克与一名非洲妇女

蒙戈·帕克非洲内陆之行

展望未来，我无比兴奋地看到了长久以来寻找的壮丽的尼日尔河。它在晨曦的照耀下闪闪发光，就像威斯敏斯特的泰晤士河一样宽阔，缓缓地向东流去。①

这是尼日尔河的上游。尼日尔河最终汇入大西洋。1797年6月10日，经过十八个月的内陆旅行后，蒙戈·帕克回到冈比亚殖民地。回家后，他写下旅行记录，然后结婚，在皮布尔斯成为一名外科医生。在当地，他和沃尔特·斯科特爵士成了朋友。然而，乡村外科医生单调、乏味的生活并不能满足他。1805年，

沃尔特·斯科特爵士

---

① 蒙戈·帕克：《非洲内陆游记》（钱伯斯版），1896年，第158页。——原注

蒙戈·帕克与同伴被杀害

英国政府资助他去探险。他从冈比亚殖民地上次探险的出发地开始,深入内陆到尼日尔河上游,并且乘坐独木舟到达尼日尔河下游勘察。在布萨,他和四个同伴遭到当地人的袭击,并被杀害了。1830年,康沃尔郡人理查德·兰德从入海口处考察尼日尔河。在布萨,他发现了蒙戈·帕克的《圣咏集》和艾萨克·沃茨的赞美诗。当地酋长把这两本诗集当作符咒保存了下来。

1795年，在浸礼宗传教士威廉·凯里和北安普敦郡阿尔文克尔的教区牧师托马斯·霍伊斯的努力下，伦敦传教会成立了。1815年，伦敦传教会派遣牧师罗伯特·莫法特前往南非。在贝专纳兰——博茨瓦纳的旧称——的库鲁曼，罗伯特·莫法特做了大量工作。他的家人也一直留在非洲，在公众事务方面取得了杰出成就。他的女儿玛丽·莫法特嫁给了传教士和探险家大卫·利文斯通。

　　1813年，大卫·利文斯通出生在拉纳克郡的布兰太尔。从十岁起，他就在一家棉纺厂工作，一有闲暇时间就努力学习。1840年，他获得了行医资格。伦敦传教会接纳他为传教士，并且把他派到非洲。他首先到达位于开普敦以北约

大卫·利文斯通

大卫·利文斯通在赞比西河航行

七百英里处的库鲁曼。1841年，他加入了罗伯特·莫法特在贝专纳兰的传教活动。在贝专纳兰传教十一年里，大卫·利文斯通发现，非洲中部地区人口稠密，被野蛮的异教徒占据。面对贩奴人，土著的下场非常悲惨。大卫·利文斯通决心从东向西，从一个海岸到另一个海岸横穿非洲。1852年，他从东海岸莫桑比克的克利马内出发。他和当地四个信徒走过赞比西河源头，经刚果河流域，到

第13章 探索非洲 185

大卫·利文斯通发现维多利亚瀑布

达罗安达。然后,他再次穿越非洲回到了克利马内。接着,他探索赞比西河,在途中发现了维多利亚瀑布。他只用了不到四年就完成了穿越非洲的任务。回到英国,他写了一本叫《南非的旅行和研究》的书,尽管他的大部分旅行在中非。这是历史上第一次穿越非洲,其中的艰难、困苦难以想象,但大卫·利文斯通凭借简陋的装备完成了这次穿越。在《南非的旅行和研究》一书中,他认为文学写作令人非常厌烦:"我想我宁愿再次穿越非洲大陆,也不愿再写一本书。"大卫·利文斯通穿越非洲的奇妙旅程激起了人们的想象力,并且唤醒了人们前往这块神秘的大陆创造无数可能的想法。①

生前,大卫·利文斯通一直都在传教、探索和努力阻止奴隶贸易。他全面地探索了尼亚萨湖。1860年,他在尼亚萨湖成立了前往中非的大学代表团。1866年到1872年,他探索了坦噶尼喀湖和卢阿普拉河。为了寻找尼罗河的源

---

① 扬·史末资:《非洲和一些世界问题》,1930年,第11页。——原注

头,他几乎被困在非洲中部。由于痢疾和缺乏设备,他束手无策。《纽约先驱报》派冷酷淡漠、寡言少语的亨利·莫顿·斯坦利去寻找大卫·利文斯通。在坦噶尼喀湖边的乌吉吉,亨利·莫顿·斯坦利发现了大卫·利文斯通。亨利·莫顿·斯坦利从未见过大卫·利文斯通。据说,他遇到这位赫赫有名的探险家时,说:"我猜想,您是大卫·利文斯通医生吧!"这个故事可能是虚构的,但似乎准确地描述了亨利·莫顿·斯坦利这位严厉的英格兰人的礼仪。大卫·利文斯通接受了亨利·莫顿·斯坦利提供的新设备和药品,但没有回家。1873年5月1日,由于长期患有痢疾,在班韦乌卢湖沼泽以南一个叫伊拉拉的村庄里,大卫·利文斯通去世了。他的原住民仆人埋葬了他的心脏,用原住民知道的方法将尸体进行防腐处理,然后将尸体带到海边。

1854年,伦敦皇家地理学会派遣印度军官理查德·伯顿和约翰·斯皮克前往英属赤道非洲。他们发现了坦噶尼喀湖和维多利亚湖。1851年,在锡兰(斯

大卫·利文斯通与亨利·莫顿·斯坦利

里兰卡旧称），当种植园主赚了些钱后，英国人塞缪尔·贝克前往开罗。他带着匈牙利妻子弗洛伦斯·贝克，以及一支装备精良的本土部队和几艘大船。为了探索尼罗河上游，他们沿着尼罗河来到喀土穆。在冈多科罗，他们遇到了约翰·斯皮克和詹姆斯·格兰特。约翰·斯皮克和詹姆斯·格兰特正沿着尼罗河顺流而下，他们尽管从原住民那里听说了"一大片水域"，但"奇怪地错过了艾

塞缪尔·贝克与妻子弗洛伦斯·贝克

弗尼·洛维特·卡梅伦中尉在坦噶尼喀湖上航行

伯特湖"。①塞缪尔·贝克一行继续向南前进。1864年3月14日,他们在高高的悬崖上看到了"艾伯特湖这个内陆海"。后来,像查尔斯·乔治·戈登一样,塞缪尔·贝克在埃及服务。为废除奴隶制,他做了大量工作。

1872年,曾在非洲东海岸服役、从事镇压奴隶贸易活动的弗尼·洛维特·卡梅伦中尉,被皇家地理学会派去解救大卫·利文斯通。在位于坦噶尼喀的乌尼亚尼扬贝,弗尼·洛维特·卡梅伦中尉遇到了把大卫·利文斯通的尸体运到海边的人。他决定继续前行,穿过坦噶尼喀湖,进入安哥拉,到达非洲西海岸的本格拉——这曾是世界上最大的奴隶出口市场。弗尼·洛维特·卡梅伦中尉出生在韦茅斯,是第一个穿越非洲的英格兰人。大卫·利文斯通在他之前穿越非洲,但大卫·利文斯通是苏格兰人。

---

① 扬·史末资:《非洲和一些世界问题》,1930年,第15页。——原注

海因里希·巴尔特到达廷巴克图

德意志也涌现出许多著名的探险家。1850年,在英国政府的支持下,汉堡的海因里希·巴尔特从的黎波里穿过撒哈拉大沙漠,到达廷巴克图。1861年到1876年,曾在法兰西外籍军队服役的格哈德·罗尔夫斯探索了北撒哈拉。1868年,格哈德·罗尔夫斯同罗伯特·内皮尔勋爵的英国远征军一起进入阿比西尼亚到达马格达拉。然而,德意志人的探索也须得到回报——建立殖民地。1869年,在古斯塔夫·纳赫蒂加尔的支持下,格哈德·罗尔夫斯探索了费赞、伯努和东撒哈拉,并且远至苏丹。德意志帝国成立后,格哈德·罗尔夫斯被德意志帝国政府雇用。1884年,他在非洲的西部和西南地区建立了德意志帝国的殖民地——多哥、喀麦隆和安格拉佩克纳。1888年,从桑给巴尔南部到坦噶尼喀湖南端的东非,都是德意志帝国的殖民地。

1840年,约翰·罗兰兹在威尔士的登比附近出生。由于家境贫寒,十四岁时他到海边的船上当服务生，并且乘船到达新奥尔良。有一段时间，他受雇于一个叫亨利·莫顿·斯坦利的商人。亨利·莫顿·斯坦利对他很好，因此他改叫亨利·莫顿·斯坦利。南北战争中，他在反对联邦的南方军队中服役。战争结束后，作为《纽约先驱报》的驻外记者，亨利·莫顿·斯坦利前往非洲。1868年，亨利·莫顿·斯坦利跟随罗伯特·内皮尔勋爵的阿比西尼亚远征军到达了马格达拉。1870年，《纽约先驱报》的创办人戈登·本内特再次派他前往非洲。这次是

亨利·莫顿·斯坦利（约翰·罗兰兹）

第13章 探索非洲 191

为了寻找大卫·利文斯通。他和大卫·利文斯通一起在非洲中部生活了四个月，从此他成了基督教传教活动的坚定支持者。

一些探险家的探险目的和探险获得的成就具有政治色彩。在这类探险家中，亨利·莫顿·斯坦利的成就十分突出。1874年，在英格兰短暂停留后，亨利·莫顿·斯坦利返回中非。他探索了乌干达和刚果。在乌干达，他推动了传教区的建立。不久，比利时国王利奥波德二世雇用他建立了刚果自由邦。20世纪30年代，这里是比利时王国的一个殖民地。

1887年，亨利·莫顿·斯坦利进行了他一生中最卓越的探险——寻找埃明帕夏。埃明帕夏是一个非常了不起的德意志人，原名是爱德华·施尼策尔。1864年，埃明帕夏从柏林大学毕业，取得医学博士学位，并且到土耳其服务。在查尔斯·乔治·戈登担任苏丹总督时，埃明帕夏从君士坦丁堡（伊斯坦布尔的旧称）转去埃及服务。1878年，埃明帕夏被任命为苏丹赤道省总督，并且前往贡多科罗。在下苏丹，他落入穆罕默德·艾哈迈德·迈赫迪追随者的手中。1885年1月26日，查尔斯·乔治·戈登被杀后，埃明帕夏与外界失去联系。埃明帕夏保护了自己的领地，并且把时间花在了有意义的事情上，包括管理广阔的领土，广泛、细致地研究中非的地理、天气、部落、花卉和动物。1889年，亨利·莫顿·斯坦利的救援远征队从桑给巴尔出发，穿过至今难以穿越、无路可走的森林，并且在艾伯特尼安扎湖畔遇到了埃明帕夏。后来，位于英埃苏丹（苏丹旧称）最南端的贡多科罗被英国军队收复了。

大卫·利文斯通穿越非洲四十年后，这块神秘大陆广袤的中部地区不再暗淡。欧洲各国对此地燃起了极大的兴趣。其中包括早期的殖民地大国法兰西第三共和国和英国，以及雄心勃勃的新殖民国家德意志帝国和意大利王国。这些国家突然意识到，在非洲大陆最后一个未被分配的巨大、富饶的地区，存在种种可能性。在争夺这一巨大、富饶的地区的过程中，为瓜分中非，很可能引发一场可怕的世界大战。幸运的是，政治家的才干避免了这种情况的发生。1885年，奥托·冯·俾斯麦提议召开一次国际会议。欧洲几乎所有国家及美国参加了会议。1885年2月26日,各国代表在柏林召开会议。在研究和讨论中非问题后,会议通过了《柏林法案》。《柏林法案》的第三十五条最重要,禁止"书面占领"中非任何地区:

> 在各自占领的非洲大陆上,本法案的签约国有义务建立"有效统治"以保护现有权利,并且视情况保护在约定条件下的贸易自由和过境自由。

《柏林法案》其他重要的条款还有第一条和第二条:在刚果盆地及其西部出口,以及穿越非洲直到印度洋的所有地区,确立了自由贸易。因此,在一个比欧洲大得多、拥有世界上最长河流的广袤的未开发地区实现了"门户开放"。在这一区域,任何拥有土地的国家都不能对另一个国家进行经济垄断、限制关税。因此,最有可能引起战争的原因之一——国家商业垄断被消除了。《柏林法案》的自由贸易区包括:喀麦隆的一部分、法属赤道非洲的一部分、所有葡属安哥拉、肯尼亚、乌干达、尼亚萨兰(马拉维的旧称)、卢旺达-乌隆迪、坦噶尼喀、罗得西亚(津巴布韦的旧称)的一部分和意属索马里兰的一部分。①此外,所有英属非洲直辖殖民地均应实行自由贸易制度;德意志帝国在世界各地的殖民地,也实行商业门户开放的政策;壮阔的尼日尔河则向所有国家的商船开放。《柏林法案》包含照顾原住民的措施。在刚果"传统盆地"地区,即在《柏林法案》界定的地区,行使主权的所有国家都必须顾及当地居民的文化和物质福利,帮助制止奴隶贸易,并且平等地保护和支持所有宗教。《柏林法案》的人道主义及彰显政治家智慧的规章制度是1919年通过并置于国际联盟监督之下的托管制的基础。

在柏林会议和《柏林法案》颁布后的十年内,非洲所有未被分配的地区都

---

① 自由贸易区包括刚果盆地及其出口,以及大西洋海岸从赤道以南二度三十分到七度以南(洛格河河口)的地区,或在印度洋海岸从赤道以北五度到赞比西河河口的地区。——原注

比利时国王利奥波德二世

埃明帕夏

查尔斯·乔治·戈登

穆罕默德·艾哈迈德·迈赫迪

查尔斯·乔治·戈登被杀

1885年的柏林会议

被瓜分了。德意志帝国完成了对喀麦隆和德属西南非洲（均始于1884年）和德属东非的殖民。法兰西第三共和国拥有法属赤道非洲。比利时国王利奥波德二世建立了刚果自由邦。英国接管了乌干达、英属东非、桑给巴尔和罗得西亚。意大利王国获得了索马里兰。除了埃及和阿比西尼亚，非洲没有一寸土地在独立的原住民统治之下。

第14章

联合或分裂

在每一个既拥有多个政府又有一定的地理统一性的地区，分裂和联合的力量总是相互斗争。南美洲的西班牙各殖民地有着共同的种族、语言和文化，以及在一定程度上的地理统一性，但各殖民地后来仍建立了不同的国家。同南美洲的西班牙殖民地相比，北美洲的英国殖民地之间有着更少的共同性，但各殖民地仍成立了统一的美国。同英属北美殖民地相比，非洲南部的殖民地和定居点，即开普殖民地、纳塔尔殖民地、奥兰治自由邦和德兰士瓦共和国，它们之间的种族、语言和历史有更多的不同。在非洲，支持分裂或联合的力量大致平衡，略偏向于支持分裂。支持联合的一个主要理由是，联合能够获得共同的经济政策和原住民政策。

开普殖民地总督乔治·格雷爵士（1854年到1861年任总督）希望实行联合的计划。作为布尔人的共和国，德兰士瓦共和国和奥兰治自由邦都不太繁荣。它们的行政费用虽然不多，但常常超过原本就不多的收入。1858年，德兰士瓦共和国国民议会投票，赞成同开普殖民地联合建立联邦。乔治·格雷爵士提出的方案未能引起英国政府的关注。只要南非缓慢发展的农业现状不发生改变，南非人民就不会特别需要更紧密的关系。随着钻石和黄金的发现，工业革命到来了。工业革命促进了经济的繁荣、劳动人口的流动、城市规模的扩大和铁路的兴建。工业革命使南非政府间的关系变得复杂，并且使它们产生了联合的需求。

罗伯特·莫法特

1867年，钻石被第一次发现，先在奥兰治河，随后在瓦尔河。从开普殖民地到纳塔尔殖民地，人们蜂拥而至。之前安静的农场，如杜托伊特和戴比尔斯变得繁忙起来。金伯利出现了一个矿业城镇。1870年，罗伯特·莫法特中断了自己在贝专纳兰教区长达五十年的事业，离开了南非。"这是一个新时代的开始。"①钻石矿分布在沃特布尔。沃特布尔属于格里夸酋长安德里斯·沃特布尔的领地。1871年，沃特布尔被英国兼并，尽管开普殖民地议会和当时的殖民地事务大臣金伯利勋爵约翰·沃德豪斯不需要更多的领土。

有组织地兼并西格里夸兰②，对当地人而言十分必要。因为大量欧洲矿工

---

① C.W.德·基威特：《英国殖民政策与南非共和国（1848—1872）》，1929年，第287页。——原注
② 1880年被并入开普殖民地前，西格里夸兰一直是英国直辖殖民地。——原注

的突然涌入，使本地秩序混乱。①德兰士瓦共和国与奥兰治自由邦都对钻石矿产地宣示主权，并且对英国的兼并表示失望。"这是展示治国才能的难得机会。"②此时建立南非联邦的请求和方案，很有可能被德兰士瓦共和国与奥兰治自由邦接受。因为在一个联邦内，任一政府对钻石矿的占领，对其他国家都有好处。在殖民地办公室，开普殖民地与奥兰治自由邦就建立联邦交换了意见，但这个机会没有被把握住。

1874年，卡那封伯爵亨利·赫伯特担任比肯斯菲尔德伯爵本杰明·迪斯雷利内阁政府的殖民地事务大臣。他们两人都是帝国主义者。1867年，卡那封伯

比肯斯菲尔德伯爵本杰明·迪斯雷利

---

① C.W.德·基威特：《英国殖民政策与南非共和国(1848—1872)》，1929年，第291页。——原注
② C.W.德·基威特：《英国殖民政策与南非共和国(1848—1872)》，1929年，第295页。——原注

爵亨利·赫伯特和加拿大殖民地的约翰·麦克唐纳爵士一同实施了加拿大联邦计划,即确立了《英属北美法案》。此时,卡那封伯爵亨利·赫伯特派遣朋友詹姆斯·安东尼·弗劳德到南非讨论联邦问题。詹姆斯·安东尼·弗劳德是一位对大英帝国的海外殖民地和自治领非常感兴趣的历史学家,后来带着一份报告回国了。1874年和1876年,詹姆斯·安东尼·弗劳德分别去了南非。他发现有人谈论联邦问题,也发现南非在一定程度上厌恶"专制"或英国的干涉。很快,和平联合的希望在几年内破灭了。

为了促进联合,卡那封伯爵亨利·赫伯特任命亨利·巴特尔·弗里尔爵士为开普殖民地总督。亨利·巴特尔·弗里尔爵士是一位杰出的官员,曾任孟买总督。他非常有干劲。不过,在亨利·巴特尔·弗里尔爵士抵达南非前,一件戏剧性的事发生了。

德兰士瓦共和国陷入了政治和经济上的混乱,同时受到了祖鲁国王塞奇瓦约·卡姆潘德的威胁。因此,卡那封伯爵亨利·赫伯特授权西奥菲勒斯·谢

卡那封伯爵亨利·赫伯特

亨利·巴特尔·弗里尔爵士

西奥菲勒斯·谢普斯通爵士

保罗·克鲁格

普斯通爵士在本地居民愿意且必要的情况下兼并德兰士瓦共和国。西奥菲勒斯·谢普斯通爵士是布里斯托尔一个传教士的儿子，也是一名出生在南非的官员。1877年4月18日，西奥菲勒斯·谢普斯通爵士到达比勒陀利亚。一番调查后，他将德兰士瓦共和国并入了英国王室。在这种情况下，当地居民，包括杰出的市民保罗·克鲁格，都保持了沉默。后来，保罗·克鲁格在英国的行政机构中获得了一个职位。

这只是恐怖斗争的序曲。为了获得非洲的土地，欧洲各国开始竞争。尽管各国的计划还没有扩展到南非，当地人已经开始担心了。在兼并德兰士瓦共和国十二天后，即1877年4月30日，亨利·巴特尔·弗里尔爵士来到开普敦。他建议英国政府兼并当时没有被其他国家占领的西南非洲。当地传教士积极地赞同这个建议。英国政府没有同意这一方案，但允许亨利·巴特尔·弗里尔爵士兼并鲸湾港。鲸湾港是西南非洲海岸上仅有的良港。之后，德意志帝国兼并了西南非洲，但未能得到鲸湾港。因此，德意志帝国视英国为眼中钉。

兼并德兰士瓦共和国与鲸湾港是和平完成的。之后，第九次卡菲尔战争爆发了，但这次战争很快被切姆斯福德勋爵弗雷德里克·塞西杰带领的军队结束了。关于德兰士瓦共和国和祖鲁王国之间的边界问题，英国当局必须同祖鲁国王塞奇瓦约·卡姆潘德进行谈判。塞奇瓦约·卡姆潘德的军队（或者说是手下）作战勇猛。亨利·巴特尔·弗里尔爵士要求塞奇瓦约·卡姆潘德的军队必须解散，并且士兵应被允许结婚并定居下来。塞奇瓦约·卡姆潘德没有回复。在切姆斯福德勋爵弗雷德里克·塞西杰的领导下，一支英国军队开进了祖鲁王国。在英国政府看来，祖鲁战争是一次小型战争，因此英国只想投入小规模军队。在小型战争中，小规模军队的士兵一般在优秀将军的领导下，在距离基地数百英里甚至数千英里外作战。当意外发生时，他们可能得不到任何帮助或者救援。这种制度增加了士兵的勇气，并且培养了他们足智多谋和自力更生的能力。在罗克渡口，切姆斯福德勋爵弗雷德里克·塞西杰率领约有一千五百人组成的军队跨过了图盖拉河，入侵祖鲁王国。他犯了兵分两路的错误。1879年1月22日，其中一支由约八百名士兵组成的部队在伊散德尔瓦纳受到一万八千名祖鲁人的袭击，损失惨重。祖鲁人一路向前，向留在罗克渡口保护战地医院的

伊散德尔瓦纳战役

乌伦迪战役

连队——由八十人组成——发起攻击。守军多次击退祖鲁士兵,一直坚守到切姆斯福德勋爵弗雷德里克·塞西杰赶来救援。这场战争一直持续了五个多月。1879年7月4日,在乌伦迪,切姆斯福德勋爵弗雷德里克·塞西杰击溃了祖鲁王国军队。之后,他和亨利·巴特尔·弗里尔爵士都被召回了英国。

在亨利·巴特尔·弗里尔爵士离开前不久,德兰士瓦共和国的市民起义了。他们后悔在被英国兼并时保持沉默。或许祖鲁人的战败消除了德兰士瓦共和国前线最大的危险,这使德兰士瓦共和国的市民愿意放弃英国的保护。祖鲁人在1879年的战败,对布尔人的影响就像早先英国占领法属加拿大对美洲殖民者的影响一样。布尔人武装起来,随后一场战争爆发了。1880年12月20日,在莱登堡和比勒陀利亚之间的布龙克霍斯茨普雷,安斯特拉瑟上校领导的一小支英国部队被拦截了,他们有的被杀,有的被俘。战火燃烧了好几个月。乔治·波默罗伊·科利爵士是英国当时最具科学精神的将军之一,受命带领一千四百人

第14章 联合或分裂 203

从纳塔尔殖民地出发。然而,指挥官皮特·朱伯特率领的布尔人抢先到达纳塔尔殖民地,并且在边陲山地中占领了主要关口。乔治·波默罗伊·科利爵士连续三次战败:1881年1月28日,在朗峡战败;1881年2月7日,在因戈戈河战败;1881年2月26日,在马尤巴山战败。在最后一次战败时,乔治·波默罗伊·科利爵士被杀。

朗峡战役

马尤巴山战役

在英国，随着比肯斯菲尔德伯爵本杰明·迪斯雷利领导的保守党政府下台，威廉·尤尔特·格拉德斯通领导的自由党政府开始执政。威廉·尤尔特·格拉德斯通对殖民地事务不怎么感兴趣，并且对之前的政策提出了反对意见。他相信大英帝国即使没有德兰士瓦，拥有的领土也足够多了，并且认为如果布尔人不想留在帝国之内，那也没必要非把他们留下来。显然，在马尤巴山战役爆发前，他就已下定决心，并且认为英国军队小规模的失利不足以改变他的想法。在承认布尔人独立前，他完全可以派遣一支规模足够大的军队打败他们。屠杀大量的布尔人（或许也会导致英国士兵伤亡）是残忍和不道德的，而且当时英国政府认可了德兰士瓦共和国的布尔人在一定条件下享有自由。1881年8月3日，在比勒陀利亚，维多利亚女王的特派员和德兰士瓦共和国的市民代表签署了一项协议。根据这项协议，英国政府保证德兰士瓦在维多利亚女王宗主权下的自治权。三年后，即1884年，由于这个协议的部分措施不方便实行，维多利亚女王在南非的高级专员赫尔克里士·鲁宾逊爵士和德兰士瓦共和国总统保罗·克鲁格在伦敦签署了一份新的协议——《伦敦协议》。《伦敦协议》修订了国家的边界。此外，尽管没有提到宗主权，《伦敦协议》使英国政府控制了德兰士瓦共和国同其他国家及土著部落的关系：

> 除非得到维多利亚女王的许可，否则南非共和国不能同除了奥兰治自由邦的国家或地区，以及南非共和国以东和以西的土著部落建立条约或约定[①]。（第四条）

1879年到1881年发生的事件肯定不能推进联合。1858年，乔治·格雷爵士的计划失败了。1876年，卡那封伯爵亨利·赫伯特的计划同样没有成功。1881年，英国人同布尔人之间爆发了战争，而德兰士瓦共和国则恢复了独立。

---

① 爱德华·赫茨莱特：《非洲条约地图》，1909年，第1卷，第223页。——原注

塞西尔·罗兹

在联合还没有到来前,政治家和钻石大王塞西尔·罗兹去世了。他带给南非的影响有目共睹。1853年,塞西尔·罗兹出生于毕晓普斯托福德教区的一个牧师家庭,在十一个兄弟姐妹中排行第五。他在当地的文法学校接受了教育。1870年,塞西尔·罗兹十六岁时,因为担心患上结核病(以前有几个家人得过这个病),便离开家到了纳塔尔殖民地。在纳塔尔殖民地,他的哥哥赫伯特·罗兹已经安家了。最初,塞西尔·罗兹几乎一贫如洗。然而,他设法在当时发现的金伯利钻石矿区里获得了一份股份,并且进行了收获颇丰的投资。1873年,有了足够资本的塞西尔·罗兹回到英格兰,以大学生的身份进入牛津大学奥里尔学院。塞西尔·罗兹认为赚钱不是最重要的,但总能赚到很多钱。事实上,只有在钱能帮助他提升自身时,他才重视金钱。他希望英国的影响(或者英国、美国和德意志帝国的影响)遍及世界,希望在英国的统治下建立统一的南非。

这些早期的梦想和成功的投资,没有影响塞西尔·罗兹接受教育。在健康允许的情况下,他总是回到牛津大学学习,直到通过所有必要的考试并拿到学位。他提高了钻石矿的收益,创立了戴比尔斯,并且与伙伴阿尔弗雷德·拜特一起收购了金伯利矿场。此后,凭借财富、人格魅力和智慧,塞西尔·罗兹成了南非甚至世界上的名人。他是开普殖民地议会的成员。该议会自1872年起就拥有了包括内阁及两院议会的完全责任政府。1890年到1896年,塞西尔·罗兹担任开普殖民地总理。之后,在朗德博什,他买下了一幢叫"格罗特·舒尔"的古老的荷兰公馆,并且在遗嘱中将它作为南非联邦总理的永久住所。

此外,塞西尔·罗兹和朋友阿尔弗雷德·拜特、利安德·斯塔尔·詹姆森、詹姆斯·米切尔等具有影响力的荷兰人,努力影响舆论以支持南非联合。他们

古老的荷兰公馆"格罗特·舒尔"

组成了阿非利卡人大会。他们的精神领袖是扬·霍夫迈尔。扬·霍夫迈尔是一个记者、一位公众人物和开普殖民地议会中荷兰党的领袖。塞西尔·罗兹的形象和说话方式都很像典型的英国人,尽管大家都不知道典型的英国人是什么样子,但总的来说,他同阿非利卡人大会成员及南非荷兰人总能和睦相处。

一个联合的南非很有可能在英国王室的庇护下实现。因此,塞西尔·罗兹渴望英国能占领所有还未被占领的地区。1882年,德意志帝国占领了西南非洲。西南非洲的东面是贝专纳兰。在贝专纳兰,传教士罗伯特·莫法特和大卫·利文斯通的工作卓有成效。西南非洲的北面是马绍纳兰,这里居住着班图族的马绍纳部落——在恰卡·祖鲁时代脱离了祖鲁联盟。1884年,塞西尔·罗兹劝说英国政府接管贝专纳兰,但未能说服英国政府兼并马绍纳兰。因此,他设法得到英国的定期资助和王室特许状,以及很多有影响力的人物的支持。1889年,塞西尔·罗兹建立了不列颠南非公司——也称特许公司。根据特许状的条文,英国王室授权特许公司管理从马塔贝莱人那里得到的领土,以及开展矿业和开发领土。事实上,直到1925年,特许公司一直没有盈利,股东也没有拿到分红。

1890年,特许公司招募了一百七十九个吃苦耐劳、具有冒险精神的年轻人,派他们去占领马绍纳兰。为此,塞西尔·罗兹获得了马塔贝莱酋长洛本古拉·库马洛的让步。事后,每一个志愿者得到了十五份黄金兑换券和一块三千英亩的土地。在著名的猎人弗雷德里克·考特尼·塞卢斯的带领下,这支由年轻人组成的队伍开辟了从马弗京到索尔兹伯里的道路,并且建立了被称为"罗得西亚①"的新殖民地。直到1923年,罗得西亚殖民地都由特许公司管理。之后,英国王室接管了罗得西亚殖民地政府,只给特许公司留下了土地和采矿权。转为私人贸易机构后,特许公司才开始分红。在特许公司统治罗得西亚殖民地期间,行政费用消耗了它所有利润。1893年,马塔贝莱人突袭罗得西亚殖

---

① 津巴布韦的旧称。——译者注

利安德·斯塔尔·詹姆森

民地，紧接着发动了针对特许公司武装力量的战争。最终，马塔贝莱人战败了，他们的土地被罗得西亚殖民地政府兼并。赢得马塔贝莱战争后，罗得西亚殖民地的第一任行政长官是苏格兰人利安德·斯塔尔·詹姆森。他是塞西尔·罗兹的好友，最初到金伯利时还只是一名内科医生。

1895年年末，一场风暴突然在南非肆虐。这场风暴持续了一段时间，给南非造成了很大破坏。风暴的中心在德兰士瓦。1886年，在威特沃特斯兰德发现了金矿。这件事给南非工业革命——始于1871年在金伯利开采钻石矿——提供了助力。人们涌入威特沃特斯兰德挖矿，从而使约翰内斯堡变成了一个大城市。大多数新来者被称为南非侨民，都是英国人。尤特兰人没有民事权利。尤特兰人如果想得到投票权，按南非人民议会在1890年修正的法律，需要十年的居住时间；按1894年修正的法律，需要十四年的居住时间。

约翰内斯堡变成了一个繁荣的城市，拥有完善的公共服务和活跃的居民。约翰内斯堡居民人数众多，生活富裕，为德兰士瓦共和国缴纳了大部分税收。他们在矿井中使用的炸药被德兰士瓦政府垄断，他们为此付出了巨大代价。德兰士瓦共和国是一个内陆国家，有两条铁路，一条铁路通往开普敦，另一条铁路由纳塔尔殖民地的伊丽莎白港通往奥兰治自由邦的南部边界。这两条线路穿过奥兰治自由邦，到达德兰士瓦共和国边境的瓦尔河。当时，瓦尔河上还没有桥，从远处运来的货物被装在牛车上，通过浅滩或"漂流渡口"过河，然后再通过德兰士瓦共和国的铁路被送到约翰内斯堡。1895年，为了管控从开普殖民地到纳塔尔殖民地的交通——到约翰内斯堡的大部分运费都被开普殖民地、纳塔尔殖民地和奥兰治自由邦的铁路部门收取——德兰士瓦政府宣布关闭瓦尔河渡口。此后，海外运来的货物必须在葡萄牙殖民地德拉瓜湾上岸，然后由德兰士瓦共和国的铁路运到约翰内斯堡。因此，德兰士瓦共和国的铁路可以"长距离运输"，而在没有任何竞争者的情况下，铁路部门选择征收重税。"漂流渡口"的问题只不过是"关税主义"令人遗憾的另一个实例罢了。国家在经济上的自私，已经成了过去五十年大量国际摩擦的起因。英国政府抗议"漂流渡口"的关闭，认为这违反了英国与德兰士瓦共和国在1884年召开的伦敦会议的精神：

> 对进口到德兰士瓦共和国的任何来自维多利亚女王属地的物品，不得强加与来自其他地方或国家的物品不同或更高的费用；对进口到德兰士瓦共和国的任何来自维多利亚女王属地的物品，禁止实施任何禁令。此条不得同等适用于来自任何其他地方或国家的物品。[①]

在英国政府的抗议下，经过几次协商，德兰士瓦政府重新开放了"漂流渡

[①] 《国家文件》，第15章，第12节。——原注

口"。不过,它仍固执地执行其特有的"关税主义"政策,并且拒绝同开普殖民地和纳塔尔殖民地建立关税同盟的提议。关于加入关税同盟的计划,奥兰治自由邦几乎肯定会和德兰士瓦共和国共进退。

尤特兰人同德兰士瓦共和国令人遗憾的争端,发展成了英国人同布尔人之间的种族纷争。为了让尤特兰人在德兰士瓦共和国内更容易获得公民权或者选举权,英国政府也被牵扯了进来。就像所有文明国家间的纷争一样,双方都有自己的理由,尽管理由各不相同。因此,政治家有机会达成妥协,即双方都做出合理的让步。通过开普殖民地总督及维多利亚女王的高级代表亨利·洛赫勋爵,英国殖民地办公室要求德兰士瓦共和国必须每五年审核选举权资格。

亨利·洛赫勋爵

英国的代表是约瑟夫·张伯伦，他是索尔兹伯里勋爵罗伯特·加斯科因-塞西尔政府的国务大臣。德兰士瓦共和国的总统是保罗·克鲁格。人们可以理解保罗·克鲁格希望阻止南非选区突然被大量的尤特兰人选票淹没的做法，但同样批评他固执己见和缺乏政治才能。保罗·克鲁格的沉默和对英国主张的无动于衷，极大地激怒了英国人。

利安德·斯塔尔·詹姆森是罗得西亚殖民地的行政长官，他领导的突袭随着德兰士瓦共和国的风暴一同爆发了。这是一次完全不可原谅的掠夺行为。此外，尤特兰人的一个委员会也计划在约翰内斯堡暴动。利安德·斯塔尔·詹姆森组织了由特许公司的武装力量和其他人组成的远征军。1895年12月29日，远征军由贝专纳兰入侵德兰士瓦共和国。利安德·斯塔尔·詹姆森的目标是同尤特兰人的委员会会合。德兰士瓦共和国总统保罗·克鲁格出动了布尔人突击

约瑟夫·张伯伦

索尔兹伯里勋爵罗伯特·加斯科因－塞西尔

突袭失败后，利安德·斯塔尔·詹姆森被捕

队。在道恩寇普，利安德·斯塔尔·詹姆森的军队到达一个半圆形的山上——两旁是布尔人来福枪手。1896年1月2日，经过一场激烈的战斗，利安德·斯塔尔·詹姆森的军队被迫投降。保罗·克鲁格总统明智地克制住了把这些人送到德兰士瓦共和国法庭的想法。他把这些人交给了英国政府。在伦敦高等法院，突袭行动的领导者因违反《1870年外国征兵法案》而受审，并且被判处不同的刑期——两年或更少。利安德·斯塔尔·詹姆森突袭事件，极大地影响了英国为尤特兰人争取选举权。此外，如果不是德意志帝国的突然介入激怒了英国人和布尔人，保罗·克鲁格总统对利安德·斯塔尔·詹姆森事件的克制很可能会促进英国和德兰士瓦共和国通过和平谈判解决英布问题。

此时，德意志帝国非常热衷殖民地问题，渴望维护自己的威望，并且阻止大英帝国在非洲进一步拓展。在听到利安德·斯塔尔·詹姆森突袭德兰士瓦共和国的消息后，德意志帝国政府认为该事件将导致英国占领德兰士瓦。因此，德意志帝国政府建议德皇威廉二世公开表态。威廉二世向德兰士瓦共和国总统保罗·克鲁格发送了一份电报，但实际上这是一则对英国政府的警告。电报内容是：

德皇威廉二世

我向您致以诚挚的祝贺。在没有盟友的帮助下,您同您的人民已经成功。为维护和平,您以自身的力量反击了侵入贵国领土的武装分子,维护了国家的独立,使之不受外敌的攻击。[①]

公开威胁一个大国是愚蠢的。大国如果不敏感,特别是对自身的独立和自由及外界压力不敏感,就不能称为一个大国。德意志帝国政府犯了一个基本错误,发电报的行为愚蠢至极。第一个不幸的结果是"僵化了"英国政府和德兰士瓦共和国政府之间的关系。它还使英国政府和德意志帝国政府之间、两国公众之间的关系长期处于紧张状态,并且使双方萌生了靠武力解决问题的想法。这一切以1914年第一次世界大战的爆发终结。

在利安德·斯塔尔·詹姆森突袭事件发生后的三年内,德兰士瓦共和国与英国之间的关系每况愈下。英国政府派出杰出的官员阿尔弗雷德·米尔纳爵士——后来成为伯爵——前往南非,与保罗·克鲁格总统谈判。阿尔弗雷德·米尔纳爵士非常聪慧,并且熟悉情况。他学习了"南非荷兰语",以便能够深入了解德兰士瓦共和国及其人民。1899年6月,在奥兰治自由邦首都布隆方丹,阿尔弗雷德·米尔纳爵士和保罗·克鲁格总统举行会谈。因英国政府要求每五年审核选举权资格,而保罗·克鲁格总统提出每七年审核选举权资格,会谈破裂了。紧接着由于盲目仇恨,或者是对将要爆发的欧洲战争的某种算计,保罗·克鲁格总统这位沉默寡言的老人采取了灾难性的措施。1899年10月12日,他发动了战争。没有一场战争在廾始前是无法避免的。此外,英国在欧洲的地位很微妙,不可能主动发动战争。如果保罗·克鲁格总统继续冷静地进行谈判,和平解决方案迟早会达成。事实上,不能因为他受到非常大的压力,以及在挑衅下行事,就原谅他。他的过错是未能用尽一切外交资源,从而使他的人民走上了毁灭性道路。

---

① 出自《欧洲内阁的政治》,第11卷,第31页到第32页。——原注

保罗·克鲁格总统如果对大英帝国开战的决定有任何盘算的话，那一定是基于这样的信念：拥有强大的陆军和日益增长的海军的德意志帝国将全力支持布尔人。不过，德意志帝国并不像糟糕的"克鲁格电报"让人以为的那样好战。此外，当时法兰西第三共和国与俄国结成同盟，并且对德意志帝国不友好。除非德意志帝国能同法兰西第三共和国与俄国达成协议，否则将无法干预英布战争。然而，德意志帝国与这两国并没有达成协议。因此，除了奥兰治自由邦，发动战争的德兰士瓦共和国发现没有任何支援，只能在这样的情况下同大英帝国战斗。无论布尔人在战争中表现得多么勇武，无论他们在早期的战斗中获得了怎样的胜利，最终只有一个结局——德兰士瓦共和国与奥兰治自由邦崩溃了。谁都没有成为最后的赢家。1899年到1902年的战争是南非历史上的巨大悲剧。人员、贸易和财产方面的物质损失惨重，但还可以恢复。然而，精神上的损失，即那些必须永远在南非一起生活的英国人和布尔人在情感上的裂痕，则需要几代人去消除。

第 15 章

南非联邦

自克里米亚战争到第一次世界大战爆发前,第二次布尔战争是英国参加的第一次大规模战争。这场战争被认为是大规模战争,绝不是因为参战的人数,特别是布尔人的参战数量众多。由布尔人组建的两个共和国——德兰士瓦共和国和奥兰治自由邦——只能召集大约七万名战斗人员,而且它们从未把所有人投入战场。这是一场"大"的战争而不是一场"小"的战争,主要看战争舞台的广阔程度。在第二次布尔战争中,没有明确的前线,所谓的"前线"是几乎和海洋一样广阔、无边无际的草原。在这片广阔的空间里,在纳塔尔殖民地的莱迪史密斯和开普殖民地贝专纳兰的马弗京之间,如果要结束战争,就必须找到并包围流动的布尔人游击队。战争期间,英国投入战场的人数达十五万人。对于要达到的战斗目的而言,这其实不算太多。

第二次布尔战争分为三个阶段。第一阶段,从1899年10月12日到1899年12月31日,布尔人取得了显著成功。这一方面是因为英国在南非的军队还没有全部到位,另一方面是因为英国军队的指挥官缺乏在南非作战的经验。第二阶段,从1900年1月1日到1900年9月月底,在数量上占优势、领导出色、装备精良的英国军队战胜了布尔人游击队,占领了奥兰治自由邦的首都布隆方丹与德兰士瓦共和国的首都比勒陀利亚。第三阶段,从1900年10月到1902年5月31日,尽管布尔人组建的两个共和国已经不复存在,但布尔人游击队仍在广阔的南非草原上持续着一场漫长的战争，直到他们被人数众多、强大的英国军队"遏制"。

英国增援部队抵达南非前，布尔人如果入侵纳塔尔殖民地和开普殖民地，并且占领主要城镇和火车站，那么获得成功的唯一机会就会到来，尽管获胜机会渺茫。布尔人最初的这种优势，可能会促使开普殖民地和纳塔尔殖民地的荷兰人加入布尔人一方，甚至可能会鼓励一个或多个欧洲强国干预战争。在非洲南部，当时几乎没有什么监督，所有农民都有马和枪，组织一场人民的"武装集会"很有可能。布尔人将军明白这一战略。无疑，这解释了保罗·克鲁格总统仓促发动战争的原因。游击队袭击了纳塔尔殖民地和开普殖民地。游击队如果没有停止围攻位于纳塔尔殖民地的莱迪史密斯、位于开普殖民地贝专纳兰的马弗京和位于开普殖民地格里夸兰的金伯利，可能会成功地把荷兰人拉进自己的队伍。然而，莱迪史密斯、马弗京和金伯利的驻军长期成功地抵抗了布尔人的军队。

在第一阶段，也就是战争开始后的前三个月，布尔人向莱迪史密斯前进。1899年10月20日，在塔拉纳山，布尔人遇到了一支英国部队。1899年10月21日，布尔人又在埃兰兹拉赫特遇到了另一支英国部队。英国人打的是"清剿战"。他们在攻打布尔人时，自身也损失惨重。莱迪史密斯的指挥官乔治·怀特将军向伦巴第角发起攻击。1899年10月31日，在尼科尔森峡谷，布尔人将军克里斯蒂安·德·韦特俘虏了一群英国士兵。在伦巴第角和尼科尔森峡谷，英国部队共损失一千五百人。乔治·怀特将军撤退到莱迪史密斯——这里已经被布尔人包围。不久，英国的增援部队涌入开普敦和德班，通过铁路被运到纳塔尔殖民地的奇夫利。这支增援部队由雷德弗斯·亨利·布勒将军指挥。布尔人将军路易斯·博塔控制着图盖拉河防线。1899年12月15日，在科伦索，雷德弗斯·亨利·布勒将军打了一仗，损失惨重。在试图挽救一些大炮时，弗雷德里克·斯莱·罗伯茨伯爵的独子弗雷德里克·休·罗伯茨被杀。对英国人来说，科伦索战役发生的那个星期糟糕透顶。1899年12月10日，在北开普殖民地斯托姆

埃兰兹拉赫特战役

伦巴第角战役

贝赫，威廉·福布斯·加塔克将军袭击了一支布尔人的部队，但被击退，损失了七百人。1899年12月11日，试图解救金伯利的保罗·桑福德·梅休因勋爵，袭击了西开普殖民地马格斯方丹的布尔人，受到重创并被击退。对英国部队来说，六天内的三次失败——这三次攻击都是英国部队发起的——是一个"黑色星期"。尽管参战双方的兵力只有五千人左右，伤亡数百人，虽不像第一次世界大战中伤亡数万或数十万，但英国人对"黑色星期"仍深感沮丧。英国政府被激怒，开始征召国内外志愿者。突然之间，悲观情绪消失了，转变成了悲愤。英国政府的号召得到积极响应，来自四面八方各自治领和殖民地的年轻人都踊跃报名参军。殖民地军队的大量出现是战争中令人瞩目的政治和军事新进展。约瑟夫·拉迪亚德·基普林几乎被视为大英帝国的先知。他关注到殖民地军队的重要性，写下了一些赞扬在南非的殖民地军队的优美诗句。战争期间，约瑟夫·拉迪亚德·基普林去了南非，利用细致入微的观察力和难以抑制的热情向英国公众解释当时在南非的英国军人的"心理状况"。他关于战役的代表作有《俘虏》和《萨希卜战争》。

　　战争的第二阶段，即1900年1月到1900年10月，弗雷德里克·斯莱·罗伯茨伯爵带领英军取得了战役的胜利。"黑色星期"灾难后，弗雷德里克·斯莱·罗伯茨伯爵被派往南非指挥战争。他决定以西开普殖民地为大本营，因为他可以使用这里开普敦—布拉瓦约长长的铁路线。霍拉肖·赫伯特·基奇纳将军担任他的参谋长。此外，弗雷德里克·斯莱·罗伯茨伯爵兵力充足。1900年2月15日，弗雷德里克·斯莱·罗伯茨伯爵率军占领金伯利。当弗雷德里克·斯莱·罗伯茨伯爵从西开普殖民地清剿布尔人的部队时，顽强的雷德弗斯·亨利·布勒将军在图盖拉河防线上发起的第五次进攻成功了。他越过图盖拉河并包围了莱迪史密斯。占领金伯利后，弗雷德里克·斯莱·罗伯茨伯爵率军入侵奥兰治自由邦。1900年2月27日，在莫德河河畔的帕德贝格，弗雷德里克·斯莱·罗伯茨伯爵俘虏了优秀的布尔将军皮特·克龙涅。1900年3月13日，弗雷德里克·斯莱·罗伯茨伯爵的军队占领了奥兰治自由邦首都布隆方丹。1900年5月24日，弗

帕德贝格战役

被俘的皮特·克龙涅

雷德里克·斯莱·罗伯茨伯爵在公告中宣布将奥兰治自由邦并入英国。长时间的休整后,弗雷德里克·斯莱·罗伯茨伯爵获得了更多的兵力。1900年5月17日,罗伯特·巴登-鲍威尔停止了对马弗京长达七个月的围攻。1900年6月5日,德兰士瓦共和国遭到攻击,首都比勒陀利亚被占领。1900年9月1日,弗雷德里克·斯莱·罗伯茨伯爵宣布将德兰士瓦共和国并入英国。很快,六十八岁的老元帅弗雷德里克·斯莱·罗伯茨伯爵完成手头所有工作后,把指挥权交给霍拉肖·赫伯特·基奇纳将军,返回家乡。

霍拉肖·赫伯特·基奇纳将军

战争的第三阶段，是从1900年10月到1902年5月。该阶段虽然持续时间最长，却最不重要。一直以来，战争的结局都是明朗的。20世纪30年代，关于布尔领导人继续进行徒劳无益的斗争，还没有人给出令人满意的解释。1900年10月，保罗·克鲁格总统已离开非洲，被一艘荷兰战舰从马普托①接走。德兰士瓦的布尔人将军几乎没有一支有组织的野战部队，但有不少极具机动力的游击队。在近两年的时间里，这些饥肠辘辘、衣衫褴褛、装备简陋的布尔人在非洲南部的大草原上发动了令人瞩目的"游击战"。为了"遏制"这些令人难以捉摸的布尔人游击队，拥有大量兵力和物资的霍拉肖·赫伯特·基奇纳将军采取的办法是：建造成排的碉堡，以包围一块地区；然后让骑兵和步兵机动作战，追捕布尔人游击队。在这场战争游戏中，英国军官根据在草原上"捉迷藏"的经历，写下了许多优秀的记录。这些记录的内容不像大多数战争记录那样悲惨。也许其中最好的记录是匿名发表的《追击克里斯蒂安·德·韦特》。克里斯蒂安·德·韦特多次被追赶，好几次差点被追上，但克里斯蒂安·德·韦特及其游击队队员从未被俘。有时布尔人几乎能征集一支军队，大约一千两百人，他们也曾俘虏一位英国将军——不屈不挠的保罗·桑福德·梅休因勋爵。布尔将军路易斯·博塔、克里斯蒂安·德·韦特和雅各布斯·德拉·雷伊依然活跃在战场上。然而，战争结束只是一个时间问题。1902年5月月底，布尔人仅有的两位文武兼备的将军路易斯·博塔和扬·史末资确信，"是时候"结束战争了。

1902年5月15日，以及接下来的几周，在约翰内斯堡以南的弗里尼欣举行了决定性的会议。霍拉肖·赫伯特·基奇纳将军和阿尔弗雷德·米尔纳是英国的主要代表。路易斯·博塔、扬·史末资和其他大约六十二位布尔人参加会议。布尔人的大部分代表相信，他们能够让被吞并的德兰士瓦共和国与奥兰治自由邦从英国政府获得独立。霍拉肖·赫伯特·基奇纳将军和阿尔弗雷德·米尔纳按照他们接到的指示行事，坚决拒绝了这一要求。不肯让步的布尔人准备

---

① 马普托，直到1976年才正式命名洛伦索—马贵斯，是莫桑比克的首都和人口最多的城市。——译者注

以安全的方式离开,重新开始这场无望的战争。扬·史末资发表了一次精辟、深刻的演讲。演讲内容充满了敏锐的思想和对事态切实的掌握。扬·史末资竭力主张布尔人放弃独立,以换取南非人民和平与光明的未来。霍拉肖·赫伯特·基奇纳将军总是沉默寡言,但思虑周到,把扬·史末资叫到一旁谈话。英国赢得了战争,而当时英国执政的是保守党。一两年内,政治钟摆的摇摆或许会让反对派——自由党上台。自由党执政可能会恢复布尔人的权力——尽管不大可能让布尔人获得真正的独立,而是让其组建完全责任制政府。这是霍拉肖·赫伯特·基奇纳将军与其在战场上战斗了两年的对手扬·史末资,进行的一次非正式交谈。利用这次交谈,扬·史末资说服同伴实现了一次有政治家风范的和平。

根据1902年5月28日签署的《弗里尼欣条约》,布尔人必须放下武器,承认爱德华七世为合法君主。布尔人的人身自由或财产不会被剥夺。在德兰士瓦殖民地和奥兰治河殖民地的学校里,荷兰语可被教授。荷兰语也被允许进入法庭。一旦环境允许,"将引入通向自治政府的代表制机构。爱德华七世的政府将向委员会提供三百万英镑的无息补助金,用于恢复南非人民的家园。两年内,再提供三百万英镑的无息贷款。此后,则按百分之三的利率计算"。[①]

虽然第二次布尔战争不可避免地留下了一些痛苦的回忆,但战争双方都严守规则。这可能是同类型战争中最后一次双方都严守战争规则的战争。就像18世纪那些"旧式"斗争一样,双方都没有别的办法,只能通过摧毁敌人的野战军,把自己的意志强加于对方。双方都没想通过饥饿或轰炸敌方的平民来向对方施加压力。当然,布尔人不可能封锁或轰炸英国民众。英国当局不想伤害布尔人的家庭,把他们聚集起来,在敌对期间给他们提供住所和食物,并且为孩子开办学校。因此,在战场上作战的布尔人不再需要养家糊口。英国当局之所以没有把布尔士兵的家人留在草原上的农场里,是因为布尔人的战斗部队

---

① 罗伯特·巴尔曼·莫厄特:《条约和文件选集》,第116页。——原注

爱德华七世

将农场用于军事目的。这些农场如果被发现用于军事目的，就会被摧毁。战争结束时，根据《弗里尼欣条约》，英国政府提供资金，用于恢复被摧毁的农场。这无疑是历史上第一次也是最后一次，一个胜利的大国给战败但英勇的敌人"赔偿"。

或许谁也没有想到，南非联邦可以在十年内，甚至是在经历了第二次布尔战争的这一代人中建立起来。1902年3月26日，在开普敦附近的梅曾贝赫，那个给人留下深刻印象的南非联邦支持者塞西尔·罗兹，因心脏病去世了。他将"格罗特·舒尔"这座公馆留给了南非联邦未来的总理。像《旧约圣经》中的英雄一样，他为信仰而死，尚未看到上帝的承诺实现，他只是远远地看见了这些承诺，并且坚信它终究会实现。七年后，即1909年，上帝的这些承诺都实现了。

南非联邦的建立必须归功于一群富有远见的年轻人。他们开始认真积极、满怀希望地工作，以实现塞西尔·罗兹的理想。这些年轻人中，一部分是阿尔弗雷德·米尔纳爵士在第二次布尔战争结束时从英国招募的能干的公务人员。这些公务人员充实了德兰士瓦殖民地和奥兰治河殖民地重组后的行政部门。另一部分是负责任的政治家和担任要职的公职人员。例如：英国驻南非高级专员塞尔伯恩伯爵威廉·帕尔默、前德兰士瓦共和国的政治家路易斯·博塔将军和扬·史末资将军、前奥兰治自由邦的总统马蒂纳斯·特尼斯·斯泰恩，以及《约翰内斯堡之星》的编辑莱昂内尔·柯蒂斯、从阿尔弗雷德·米尔纳手下脱颖而出的帕特里克·邓肯、开普殖民地总理约翰·泽维尔·梅里曼、开普殖民地的议会成员利安德·斯塔尔·詹姆森。1908年10月到1909年5月，在布隆方丹举行了国家会议，亨利·德·维利尔斯爵士担任会议主席。这次会议达成了关于联合的最终协议。

1858年，自从乔治·格雷爵士提议后，南非或多或少存在一种有意识的联合趋势。1871年开普殖民地议会的决议和1872年开普殖民地议会委员会支持联邦的报告，加强了这种趋势。1880年到1881年的英布战争、1895年的利安德·斯塔尔·詹姆森突袭事件、1899年到1902年的第二次布尔战争，都严重阻碍了联合。1903年到1908年，联合趋势发展惊人，但不能归因于第二次布尔战争。因为就像每一场战争一样，第二次布尔战争是一次灾难。如果可能，战争双方应该明智地加以预防。联合趋势的惊人进展，是因为南非有远见的人意识到战争的狂热已使英国人和布尔人疏远了。除非迅速采取措施消除双方的裂痕，否则他们会越来越疏远。此外，在这片土地上存在着一个想要联合的强大的经济动机，即消除南非各殖民地之间高昂、混乱的关税和铁路费率竞争的需要。1903年和1906年的殖民地协议，在一定程度上减少了这种竞争，但只有完全的联盟或联邦才能最终解决这些困难。

1906年12月10日，根据英国的特许状，奥兰治河殖民地和德兰士瓦殖民地建立了完全责任政府。1908年到1909年，在南非国民大会期间，统一宪法草案通过。接着，英国议会通过了《南非联邦法案》。1909年8月，《南非联邦法案》获得英国王室的批准。

澳大利亚宪法赋予联邦政府明确的权力，并且将所有剩余的权力留给各州。南非宪法不同于澳大利亚宪法，它接近加拿大宪法。南非宪法赋予各省明确的权力，但确保联邦政府拥有更多和更重要的职能。比起加拿大自治领，南非联邦内部联系更紧密。南非联邦下设有各省，但各省的权力比加拿大自治领的省受到更多限制。此外，南非联邦没有省级立法机构，只有省议会。

根据1909年的《南非联邦法案》，南非联邦——不包括罗得西亚——设置了一名总督——代表国王，一个内阁——内阁成员必须是立法机构的成员，一个议会——或两院立法机构，一个由四十名成员组成的参议院——总督提名八名成员，任期十年，每个省议会选出八名成员，他们同每个省的代表一样，在联邦众议院拥有席位，一个拥有一百三十五名成员的众议院，其成员在德兰士瓦省、奥兰治省由白人普选产生，在开普省和纳塔尔省，公民获得选举权的门槛较低。此外，在开普省，没有人会因"肤色"而被取消参选资格。南非联邦的行政首都设在比勒陀利亚，而立法首都设在开普敦。每个省都设一名行政长官和一个省议会，行政长官和省议会由议会选举产生。

路易斯·博塔是第一位入住塞西尔·罗兹的"格罗特·舒尔"公馆的南非联邦总理。他是第二次布尔战争中杰出的布尔领导人。直到生命尽头，他一直是联邦坚定不移的支持者。

第 16 章

英属印度

印度成为大英帝国的一部分,始于1600年伊丽莎白一世给不列颠东印度公司颁发的特许状。在此之前,印度已有大约三千年的历史。印度文明高度发达,拥有印度教、文学、城市、军队、宫廷和皇帝。虽然印度教赢得大多数人的拥护,但在许多地方,人们信奉伊斯兰教。当英格兰人到达印度次大陆时,信奉伊斯兰教的莫卧儿帝国皇帝在印度次大陆的大部分地区拥有宗主权。

公元前4世纪,亚历山大大帝率军到达印度次大陆。直到1498年,葡萄牙人瓦斯科·达·伽马抵达卡利卡特并带着可靠的情报返回里斯本后,西欧各国人民才开始了解印度。到达印度次大陆后,大部分欧洲人留在了海边。在内陆,巴布尔正为建立莫卧儿帝国而战斗。

1525年,巴布尔入侵旁遮普。他声称自己身上流淌着帖木儿和成吉思汗的血。1526年,在帕尼帕特,巴布尔率军打败了印度联军,建立了莫卧儿帝国。1530年巴布尔驾崩时,已占有印度次大陆北部的大部分地区。当英格兰人到达印度次大陆时,莫卧儿帝国的皇帝是阿克巴。他是巴布尔的后裔。在宗教和贸易方面,阿克巴实行宽容的管理政策。因此,英格兰商人没有受到任何阻碍。莫卧儿帝国属于封建性质的帝国,其军队和税收都来自各个苏巴[①]。各领地的

[①] 苏巴,是莫卧儿帝国时期的行政区划,相当于省。——译者注

瓦斯科·达·伽马抵达卡利卡特

帕尼帕特战役

王公，像法兰西的公爵和伯爵一样，倾向独立。统一的莫卧儿帝国的最后一位皇帝是奥朗则布。他是一位严厉的、信奉禁欲主义的穆斯林。他实行的政策偏离了阿克巴宽容的管理政策。1707年，奥朗则布驾崩。在他驾崩前，莫卧儿帝国已开始瓦解。在德干高原或者印度中部平原，勇士希瓦吉实际上获得了独立。一个又一个王公建立了自己的军事王朝。莫卧儿帝国雄心勃勃的王公不断发起战争。战争和饥荒是两种地方性"瘟疫"。1632年，英格兰商人彼得·芒迪造访了阿格拉和巴特那。他发现到处是尸体，没有地方搭帐篷。18世纪初，欧洲人看到莫卧儿帝国城市众多。这里有忙碌的工匠、精美的寺庙和宫殿建筑。由于

勇士希瓦吉

王公的野心，莫卧儿帝国逐渐陷入混乱。由于长期的战争和饥荒，莫卧儿帝国坠入了苦难的深渊。

17世纪，不列颠东印度公司只是一家拥有土地的贸易公司。在孟加拉、马德拉斯、孟买，不列颠东印度公司支付了代役租金。在莫卧儿帝国和英格兰港口之间，皇家特许状赋予了不列颠东印度公司贸易垄断权。在莫卧儿帝国，王公控制贸易。因此，不列颠东印度公司的垄断贸易，自然只与莫卧儿帝国和英格兰之间的对外贸易有关。

17世纪，在莫卧儿帝国，不列颠东印度公司没有什么话语权。不过，它决定取得话语权，以抵抗莫卧儿帝国的强行征税和马拉塔人的军事力量。约1687年，约翰·蔡尔德爵士做出了这个决定。约翰·蔡尔德爵士是英格兰在莫卧儿帝国所有定居点或"工厂"的总督。[①]

不列颠东印度公司希望通过在莫卧儿帝国行使话语权来"自卫"的决心，使它走上一条漫长的道路。18世纪初，另一家贸易公司——法兰西公司，正在莫卧儿帝国树立话语权，驻扎军队并发动战争。在其中一方被消灭前，英格兰王国和法兰西王国在莫卧儿帝国的斗争不可避免。法兰西王国和英格兰王国可以划定势力范围，和平共处，就像在西非一样。1740年到1748年，在奥地利王位继承战争期间，法兰西公司提议莫卧儿帝国的定居点保持中立。这实际上是让法兰西公司与不列颠东印度公司和平承认双方的势力范围。然而，不列颠东印度公司的董事拒绝了这项提议。

18世纪，法兰西公司拥有许多非常能干的人员。1735年，本地治里总督M.杜马与莫卧儿帝国的王公结成联盟。M.杜马用微弱但有效的军事力量帮助盟友，并且在莫卧儿帝国的东部甚至中部获得了很高的威望。在莫卧儿帝国末期，威望是权力的基础之一。继M.杜马之后，约瑟夫·弗兰戈伊斯·迪普莱担任本地治里总督。他一度占领莫卧儿帝国中部和东南部地区。1740年，奥地利王

---

① J.A.R.马里奥特：《在印度的英国人》，1932年，第45页。——原注

位继承战争爆发时，法兰西公司的董事并不是弱小的一方。他们提出，欧洲各国在莫卧儿帝国的定居点应被视为中立。不列颠东印度公司的董事拒绝了。战争的结果是法兰西人占领了马德拉斯。这或许让不列颠东印度公司的董事为之前的决定感到遗憾。1748年，根据《亚琛条约》，新英格兰人占领的布雷顿角岛的路易斯堡被用来交换马德拉斯。为不列颠东印度公司拯救马德拉斯而归还路易斯堡的行为，惹怒了新英格兰人。

广阔的印度次大陆，为不列颠东印度公司和法兰西公司提供了空间，供其和平竞争。对利益盲目的欲望，对垄断根深蒂固的需求，对外国竞争对手的排斥，驱使不列颠东印度公司和法兰西公司不断斗争。因此，让这两个公司承认对手的"利益范围"或贸易范围的可能性很小。无论在哪里，其中一个公司的人都竭力劝说该地的王公不要向另一个公司让步。商业垄断产生的后果是不列颠东印度公司和法兰西公司摩擦不断，尽管法兰西王国政府和大不列颠王

马德拉斯的英国人向法兰西人投降

国政府此时相处和平。在这场非常规的斗争中,罗伯特·克莱夫改变了历史进程,缔造了"英属印度"。

在查塔姆伯爵老威廉·皮特看来,罗伯特·克莱夫是个天生的将军。罗伯特·克莱夫是英格兰什罗普郡一位乡绅的儿子,十八岁就被派往莫卧儿帝国,在公司里当书写员。这样的生活让他觉得枯燥、无望。他不是学者,也不是天生好学,但在马德拉斯总督的图书馆里,他阅读了很多拉丁文经典著作。然而,他越来越忧郁,甚至试图自杀。幸运的是,他自杀的尝试失败了。1751年,不列颠东印度公司需要对抗法兰西公司的志愿者。因此,罗伯特·克莱夫投笔从戎,成为海军少尉。此后,这个忧郁、漫无目的的职员找到了自己的事业。他是一位天生的领袖。无论领导的是白人还是有色人种,他都游刃有余。1751年,他保卫了阿尔果德,抵抗了昌达·萨希卜、卡纳提克的纳瓦布[①]和法兰西人的所有部队。这是大不列颠王国在印度历史上的转折点。经过一百五十年的努力探索和频繁的失败,大不列颠王国军队确立了自己的声望。

1753年,二十七岁的罗伯特·克莱夫迎娶了玛格丽特·马斯基林。婚后,他和玛格丽特·马斯基林一起乘船前往英格兰。不列颠东印度公司奖励了他一笔财富。用这笔钱,他整修了父亲在什罗普郡的房子,并且获得了竞选下议院议员的资格。1755年,他再次回到莫卧儿帝国,担任圣大卫堡总督。圣大卫堡位于马德拉斯以南约一百英里处。不列颠东印度公司和法兰西公司之间的冲突,始于奥地利王位继承战争,后来一直没有停止。莫卧儿帝国的王公也加入了这场斗争。然而,孟加拉纳瓦布西拉杰·乌德-达乌拉突袭了不列颠东印度公司在孟加拉的定居点。西拉杰·乌德-达乌拉的行为不是由法兰西人煽动的,似乎是受掠夺大不列颠工厂的欲望驱使。1756年6月,西拉杰·乌德-达乌拉袭击了加尔各答,驱赶或俘虏了大不列颠王国的商人。1756年6月20日,一百四十六名男女被囚禁在"黑洞"中。第二天,即1756年6月21日早上,只有二十三人还活着。

---

① 纳瓦布是印度莫卧儿帝国时期副王和各省总督的称号。英国殖民统治时期,印度一些土著封建王公也使用这一称号。——译者注

马德拉斯的大不列颠人迅速组织了陆军和海军远征队。从1756年冬到1757年春,在加尔各答附近,大不列颠远征队进行了断断续续的行动。1757年6月23日,在普拉西,罗伯特·克莱夫率军与西拉杰·乌德-达乌拉领导的军队进行了决定性的战斗。罗伯特·克莱夫的军队胜利了。这为大不列颠王国在莫卧儿帝国获得主权奠定了基础。通过免去西拉杰·乌德-达乌拉的职位,并且扶持另一个孟加拉纳瓦布,不列颠东印度公司实际上已得到孟加拉的控制权,尽管它还没有直接行使政治权力。当然,法兰西公司不会轻易接受这种状况。路易十五

罗伯特·克莱夫

艾尔·库特上校

派遣法兰西杰出的将军拉利伯爵托马斯·阿蒂尔到本地治里。1760年6月21日，在马德拉斯以南约五十英里的旺迪瓦什，拉利伯爵托马斯·阿蒂尔的部队被艾尔·库特上校的部队击败。此后，尽管法兰西王国的"工厂"仍保留在本地治里和金德讷格尔，莫卧儿帝国已不再有法兰西王国的政治力量了。

1760年2月，在旺迪瓦什战役爆发的前五个月，罗伯特·克莱夫已启航返回英格兰。他从莫卧儿帝国的王公那里得到了大量的土地和租金。据估计，他的年收入约有四万英镑。罗伯特·克莱夫的生活很奢侈，但为人非常慷慨。据托马斯·巴宾顿·麦考利估计，一年内，他给了亲戚、战友和其他慈善机构大约五万英镑。他成了爱尔兰贵族，被授予男爵，并且被选为下议院议员。

当罗伯特·克莱夫在英格兰时，不列颠东印度公司的情况变得很糟，并且每况愈下。1840年，托马斯·巴宾顿·麦考利写道："当时，大不列颠公众对印度问题的兴趣远远大于现在。"罗伯特·克莱夫因杰出贡献而获得的财富，引起了小人物的嫉妒。不列颠东印度公司的高级职员从莫卧儿帝国获取了巨额财富。不列颠东印度公司存在腐败和效率低下问题。很快，莫卧儿帝国的动荡局势和不列颠东印度公司的利润下降的消息，让人们深感震惊。大不列颠王国出现了一种强烈的呼声——请求罗伯特·克莱夫返回莫卧儿帝国。罗伯特·克莱夫非常不情愿地同意了。1765年，罗伯特·克莱夫到达孟加拉，担任总督。他在孟加拉待了一年半，成功地让当地的行政管理工作步入正轨。沃伦·黑斯廷斯和查尔斯·康沃利斯协助他完成了这项工作。罗伯特·克莱夫无情地禁止了不列颠东印度公司的高级职员非法进行的私人贸易。1765年8月12日，他采取了划

查尔斯·康沃利斯

沃伦·黑斯廷斯

时代的举措，即让不列颠东印度公司的人成为孟加拉、比哈尔和奥里萨的迪瓦尼，即财务主管。这意味着不列颠东印度公司接管了孟加拉、比哈尔和奥里萨的税收收取和支付业务。作为补偿，不列颠东印度公司每年给莫卧儿帝国皇帝两百六十万卢比，给孟加拉纳瓦布巨额养老金。当罗伯特·克莱夫最终离开莫卧儿帝国时，孟加拉实行了双重体制。不列颠东印度公司负责管理税收，而莫卧儿帝国皇帝和纳瓦布则保留了其他政治职能，包括军事职能和司法职能。双重体制没有很好地发挥作用。1786年，第一任印度总督沃伦·黑斯廷斯废除了孟加拉的双重体制，同时补偿了莫卧儿帝国皇帝和纳瓦布。此后，在大不列颠王室的管理下，不列颠东印度公司在孟加拉拥有全部主权。在马德拉斯和孟加拉，情况类似。

罗伯特·克莱夫的工作没有结束，只是大不列颠王国在莫卧儿帝国末期有组织统治的开始。尽管如此，托马斯·巴宾顿·麦考利客观评价了罗伯特·克莱夫的工作："从他第一次访问莫卧儿帝国开始，大不列颠军队就在东方享有盛名。罗伯特·克莱夫对莫卧儿帝国的第二次访问，标志着大不列颠王国在莫卧儿帝国确立了政治地位。罗伯特·克莱夫第三次访问莫卧儿帝国，使我们对印度的管理变得简单。"[1]

---

[1] 参见《关于罗伯特·克莱夫的论文》。——原注

第 17 章

沃伦·黑斯廷斯时期

印度既存在故事里,也存在现实中。故事里的印度是浪漫的。在印度,人们可以看到很多健康、精力充沛的人。印度幅员辽阔、人口众多,年轻人总是在积极寻找一份可以谋生的职业。这个国家多姿多彩,充满魅力,像《天方夜谭》里描述的一样。这是"我们服务的印度"[①],是像沃尔特·劳伦斯一个这样杰出的官员家庭的工作所在地。一百五十年来,大不列颠几乎每个家族里都有男人在印度服役,也有女人同在印度的军人或公务人员结婚。

现实中的印度涵盖了故事中的印度。此外,现实中的印度还包含了更多严酷的事实:反复发生的饥荒、战争和精神控制。而这些在优秀的官员和士兵,如约翰·尼科尔森、沃尔特·劳伦斯一家的工作和生活中,很难被发现。不过,这在约瑟夫·拉迪亚德·基普林撰写的印度故事中显而易见。

最后还有一个故事里的印度,这完全只是一个传说。这是一个被英格兰人利用并为了英格兰的利益而牺牲的印度。如果说在英格兰政府统治下印度有饥荒和战争,那么在英格兰人到来前,饥荒和战争其实更多。在英格兰统治的过程中,饥荒和战争从印度次大陆上"消失"了。由英格兰资本推动的商业开始

[①] 沃尔特·劳伦斯:《我们服务的印度》,1930年。——原注

出现，并且获得了巨大的利润。英格兰资本促进了铁路、码头、街道和永久纪念碑的建设。在两百年时间里，如果说印度正变成一个走向民主的国家，那么这应该是英国人统治的结果。

1773年，由于不列颠东印度公司权力的增加，以及大不列颠民众对印度的极大兴趣，乔治三世时期的首相弗雷德里克·诺思勋爵在议会上通过了《监管法案》。根据《监管法案》，在印度设置一名总督。总督控制三个省、一个委员会和一个最高法院。作为当时不列颠东印度公司最有能力的官员，沃伦·黑斯廷斯被任命为第一任印度总督。沃伦·黑斯廷斯尽管与委员会一直争吵不休，仍在印度出色地完成了工作。

17世纪到18世纪上半叶，是印度次大陆军事冒险家的黄金时代。莫卧儿帝国正在分崩瓦解，于是那些能干、善于掌控局势的军人有机会建立属于自己的公国。许多受过战争训练的人，愿意把自己当成佣兵租给不择手段的领导人，而掠夺的财物就是他们的报酬。17世纪末，由贾特拉帕蒂·西瓦吉建立的马拉塔联盟，一度是印度次大陆最强大的力量。18世纪，马拉塔联盟的疆域包括孟加拉东部的德干高原。带着马、步枪和长矛的马拉塔士兵，是机动性很强的可怕敌人。不稳定的、掠夺性的马拉塔联盟必然会与稳定的大不列颠的贸易势力发生冲突。在代表征服和掠夺的马拉塔人与代表秩序和贸易的大不列颠人之间，不可能存在和平。

大不列颠王国和迈索尔王国也发生了冲突。迈索尔王国最初是一个庞大的信奉印度教的王国，1761年被信奉伊斯兰教的军事冒险家海德尔·阿里占领后，逐渐成为一个拥有强大战斗力的国家。大不列颠王国和迈索尔王国进行了四次战争，分别发生在1757年、1780年到1784年、1790年到1792年、1799年。在第四次战争中，迈索尔王国的苏丹海德尔·阿里的儿子提普被杀，首都塞林伽巴丹也被威灵顿公爵阿瑟·韦尔斯利上校占领。不久，之前的印度教王朝在迈索尔王国复辟。

1801年到1802年，马拉塔联盟的酋长之间发生了战争。1802年10月25日，

海德尔·阿里

提普

提普之死

普纳的佩什瓦被印多尔的霍尔卡打败。普纳的佩什瓦逃到孟买,与大不列颠签订了《巴塞因条约》。根据条约,普纳的佩什瓦在国内事务方面保留主权,但未经英国政府同意,不得缔结任何条约。《巴塞因条约》签订后,马拉塔联盟实际上瓦解了,其权力转移到英国身上。《巴塞因条约》的签订被认为是继普拉西之后,英国发展历程中再次的辉煌。然而,后来英国与马拉塔联盟内的土邦又发生了两次战争。1803年,英国与瓜廖尔发生了战争。最终,威灵顿公爵阿

签订《巴塞因条约》

瑟·韦尔斯利在阿萨耶取得了胜利。1817年到1818年，因普纳的佩什瓦拒绝接受《巴塞因条约》，英国与普纳爆发了战争。最后，普纳的佩什瓦被沃伦·黑斯廷斯击败，而普纳则被并入孟买。

1785年，沃伦·黑斯廷斯的总督任期结束。随后，埃德蒙·伯克、理查德·谢里登和其他辉格派下议院议员弹劾了他。经过全面审查，指控失败了。沃伦·黑斯廷斯平静、光荣地结束了他漫长的一生。1818年，沃伦·黑斯廷斯去世，享年八十五岁。这场历时七年多的大审判，引起了英国公众的极大兴趣，也极大地增加了他们对东方的了解。米拉波伯爵奥诺雷·加布里埃尔·里克蒂认为，对沃伦·黑斯廷斯的审判"将使英国人重新获得东方人的信任"[1]，它确立了英国政府必须遵守的正直和公正的标准。在印度的英国公务人员具有高度的荣誉感，他们得到了"全世界的认可"。自从沃伦·黑斯廷斯受审之后，这种荣誉感从未被质疑过。

1773年，弗雷德里克·诺思勋爵颁布了《监管法案》，但效果不佳。该法案将总督置于议会的控制下，即议会可以投票否决总督的提议。沃伦·黑斯廷斯是第一位也是唯一一位受到1773年《监管法案》约束的总督。1784年，小威廉·皮特的《印度法案》在议会通过。《印度法案》限制了不列颠东印度公司的权力，规定所有政治事务都由控制委员会决定。控制委员会由六名成员组成，即一名财政大臣、一名"国务大臣"和四名私人顾问。控制委员会的主席由其中一名成员担任。后来，当不列颠东印度公司被取消时，控制委员会成为印度委员会，主席成为英属印度事务大臣。1786年，一项议会补充法案通过了。它赋予印度总督采取不同于议会决议的权力。因此，沃伦·黑斯廷斯在议会中遇到的麻烦就可以避免了。事实证明，印度控制委员会是管理印度事务的有效机构。梅尔维尔子爵亨利·邓达斯是印度控制委员会的第一任主席。卡斯尔雷子爵罗伯特·斯图尔特和乔治·坎宁在这个职位上的表现也非常突出。1784年的

---

[1] 米拉波伯爵奥诺雷·加布里埃尔·里克蒂：《柏林宫廷秘史》，1789年译，第19页。——原注

威灵顿公爵阿瑟·韦尔斯利

普纳的佩什瓦

阿萨耶战役

理查德·谢里登

米拉波伯爵奥诺雷·加布里埃尔·里克蒂

对沃伦·黑斯廷斯的审判

《印度法案》是一次真诚的尝试，它将大不列颠王国在印度的权力加以规范，防止滥用。它提道："在印度推行征服和扩张统治的计划，是与这个国家的愿望、荣誉和政策背道而驰的措施。"在没有英格兰董事会授权的情况下，总督被禁止在印度宣战。然而，英格兰董事会由控制委员会管理。

第18章

英明的总督

小威廉·皮特的《印度法案》生效后,改革派总督有查尔斯·康沃利斯、理查德·科利·韦尔斯利、威廉·本廷克和达尔豪西侯爵詹姆斯·布龙-拉姆齐。

查尔斯·康沃利斯伯爵——后来成为侯爵——既是一个优秀的士兵,也是一位杰出的政治家,尽管他以1781年在约克镇的失败而为人熟知。1786年,出于一种责任感,很可能是应乔治三世的特别要求,他不情愿地接受了印度总督的职位。乔治三世非常尊敬他。1790年,查尔斯·康沃利斯与迈索尔王国的苏丹提普开战。提普作战勇武、性格残忍,坚决反对大不列颠王国的统治,曾率军入侵与大不列颠友好结盟的印度土邦特拉凡科。查尔斯·康沃利斯与海得拉巴的尼扎姆结盟,亲自率军攻打提普,占领了塞林伽巴丹,极大地削弱了提普的势力。

在民政管理领域,查尔斯·康沃利斯贡献突出。他坚决禁止个列颠东印度公司的官员从事私人贸易,并且提高了官员的工资和地位。1793年,在孟加拉邦,查尔斯·康沃利斯建立了"永久定居点"。截止到20世纪30年代,孟加拉邦农民欠政府的地税或地租,每五年或十年确定一次,由世袭的泽明达尔[①]征

---

① 泽明达尔,波斯语"土地所有者"之意,是印度次大陆的世袭贵族。泽明达尔拥有大片土地和为他们耕作的农民,在东印度公司和英属印度时期有权向农民征税。政府通过泽明达尔充当中间人,向农民征收田赋的制度,被称为泽明达尔制。——译者注

小威廉·皮特

理查德·科利·韦尔斯利

威廉·本廷克

达尔豪西侯爵詹姆斯·布龙-拉姆齐

收。泽明达尔被授权征收一定数额的租金,并且向政府支付三分之一或四分之一的租金。查尔斯·康沃利斯有效地评估了孟加拉邦的土地税。由于只给政府支付土地永久退出租金,泽明达尔实际上成了收取租金的土地所有者,而农民则成了佃户。因此,在孟加拉邦形成了一个庞大的地主阶层。这些人可以增加自己的资产,而不必担心会因额外的税收降低收入。因此,孟加拉邦的政府失去了对土地征税的权利。在孟加拉邦以外的土邦或省,定居点都是临时性的,每隔几年就要改变一次。一位评论家称,建立"永久定居点"是一种毁灭性的行为。①

1793年,查尔斯·康沃利斯的总督任期结束了。当时他才五十五岁,此后还有多年的公职生涯等着他。当大不列颠和爱尔兰的议会通过联合法案后,查尔斯·康沃利斯担任爱尔兰总督。1802年,与拿破仑·波拿巴谈判《亚眠条约》

《亚眠条约》签订现场

---

① 文森特·史密斯:《牛津印度史》,1919年,第569页。——原注

时，他是英国的全权代表。1804年，他再次回到印度，担任威廉堡省总督，时年六十六岁。次年即1805年，在贝拿勒斯（瓦拉纳西的旧称）的加齐普尔，查尔斯·康沃利斯去世。自始至终，他都不遗余力地辛勤工作。

1798年到1805年，理查德·科利·韦尔斯利担任威廉堡省总督。他是威灵顿公爵阿瑟·韦尔斯利的哥哥。在理查德·科利·韦尔斯利担任威廉堡省总督期间，威灵顿公爵阿瑟·韦尔斯利一直在印度服役。《大韦尔斯利小韦尔斯利快报》极好地叙述了当时印度和不列颠东印度公司的情况。理查德·科利·韦尔斯利消除了来自迈索尔王国的威胁，遏制了马拉塔人，又通过"补贴"或"附属"条约将不列颠东印度公司和印度王公联系在一起。为了防御，迈索尔王国的海得拉巴和阿瓦德同意接收大不列颠王国驻军。作为回报，海得拉巴和阿瓦德将一些领土割让给不列颠东印度公司，以支付军队的费用。这一附属制度确保了海得拉巴和阿瓦德的和平，但一开始并没有促进当地的王公建立起良好的政府。无论王公的统治如何，他们的地位都会受到保护。随着时间的推移，印度的情况得到了改善，因为每个省或者土邦都出现了新的"居民"——负责向王公提供咨询并与其合作的英国官员。

1807年到1813年，威廉堡省的总督是明托伯爵吉尔伯特·埃利奥特。他见证了不列颠东印度公司外交体系的进一步扩张：与锡克帝国的国王兰吉特·辛格缔结条约；向阿富汗派遣大使或临时代表团；在波斯首都德黑兰设立永久大使馆。

1813年到1823年，弗朗西斯·罗顿-黑斯廷斯担任印度总督。他与廓尔喀王朝，即沙阿王朝的国王建立了永久同盟。于是，不列颠东印度公司逐渐构建了一套周密的同盟体系，以及一套有影响力的和平与安全的外交政策。

1824年，威廉·阿默斯特勋爵任威廉堡省总督时，在印度东边的边境上，英属印度与缅甸发生了纠纷，接着第一次英缅战争爆发了。在这次战争中，英属印度吞并了缅甸若开邦和特纳萨姆省。1852年，勃固省被吞并；1886年，缅甸剩余地区被吞并。

继威廉·阿默斯特勋爵之后,威廉·本廷克勋爵担任威廉堡省总督。他是一个士兵,曾在佛兰德斯、亚平宁半岛与拿破仑战争中享有盛名。1803年到1807年,他担任马德拉斯总督。威廉·本廷克勋爵有很强的政治原则,属于改革派。他很幸运,在没有任何战争的情况下顺利度过了总督任期(1828年到1833年)。人们永远记得他热切、同情的态度。他为促进印度社会的改善尽心竭力,废除了娑提制,即寡妇自焚制度,限制了鸦片种植,削减了公共开支,增加了印度官员人数。

娑提制——寡妇自焚

托马斯·巴宾顿·麦考利

托马斯·巴宾顿·麦考利——后成为麦考利爵士——是威廉·本廷克勋爵议会中的一名成员,也是公共指导委员会主席。1835年2月,托马斯·巴宾顿·麦考利发表了《分钟》报告,促使印度政府采用欧洲的文学和科学知识,而非亚洲知识作为印度高等教育的纲领。

在加尔各答的威廉·本廷克勋爵雕像上,托马斯·巴宾顿·麦考利写下了著名的题词,赞扬威廉·本廷克勋爵"作为一个强大帝国的领袖,从未放弃一个普通公民的朴素和节制",并说"他永远不会忘记统治的结束是被统治者的福利"。①

---

① 拉姆齐·缪尔:《英属印度的形成》,"一段来自《分钟》的长摘录",1915年,第298页到第301页。——原注

1823年，一项国会法案废除了不列颠东印度公司在英国和印度之间的贸易垄断权。1833年，不列颠东印度公司获得新的特许状，被完全禁止从事贸易。四十年内，持有股票的股东可以领取相当于百分之十股息的年金。此后，英国东印度公司只作为一个管理机构，代表英国王室继续管理英属印度。

接替威廉·本廷克勋爵任总督的是奥克兰勋爵乔治·伊登。他是一个虚荣和鲁莽的人。在阿富汗的首都喀布尔，英国和俄国的特工为争夺地区优势进行了一场外交斗争。俄国人胜利后，奥克兰勋爵乔治·伊登决定派遣一支军队前往阿富汗。这次远征成功了。1839年8月，英军占领了喀布尔。阿富汗埃米

奥克兰勋爵乔治·伊登

尔多斯特·穆罕默德汗逃走了。但在一系列冒险后，他被抓获并被送往加尔各答。被多斯特·穆罕默德汗废黜的前任埃米尔——沙阿·索亚再次即位。在喀布尔，威廉·埃尔芬斯通将军、亚历山大·伯恩斯爵士和威廉·麦克纳顿爵士，率领两万五千名士兵驻扎下来。多斯特·穆罕默德汗的游击队员，开始武装起来反抗英国人，并且在喀布尔包围了英国人。1841年12月11日，威廉·埃尔芬斯通将军和亚历山大·伯恩斯爵士与多斯特·穆罕默德汗的儿子，签订了一项撤离阿富汗的条约。英军撤走了，但阿富汗人违反了条约。他们发动大规模进攻，消灭了威廉·埃尔芬斯通将军的军队，其中只有威廉·布赖登设法活了下来。逃到杰拉拉巴德堡（那里有一支英国驻军）时，威廉·布赖登已身受重伤，奄奄一息。

奥克兰勋爵乔治·伊登没有能力处理阿富汗的问题。幸运的是，他的任期在1842年2月结束了。继任者是埃伦伯勒伯爵爱德华·劳。随着精力充沛、装备精良的英军攻占喀布尔，英国的威望得以恢复。奥克兰勋爵乔治·伊登决定永久占领阿富汗的错误没有重演。阿富汗的首都喀布尔被攻占后，英军就撤走了。多斯特·穆罕默德汗被允许返回自己的王国。在加尔各答，他受到了优待，并且看到了许多有趣的东西。离开时，他对埃伦伯勒伯爵爱德华·劳说："我不明白，为什么如此庞大和富饶的帝国的统治者竟然横穿印度河，来剥夺我的贫穷的国家。"

1843年，信德被英国吞并了。它过去是独立的，由埃米尔治理，通过条约与英国紧密联系。当威廉·埃尔芬斯通将军的军队在阿富汗失败后，信德埃米尔对英国表现出了不满。1843年2月17日，在米亚尼战役中，查尔斯·内皮尔爵士指挥军队推翻了信德埃米尔的统治，吞并了信德。这勉强可以看作是对信德埃米尔的一种"惩罚"。

1844年，埃伦伯勒伯爵爱德华·劳被召回英国。于是，六十岁的亨利·哈丁爵士成了印度总督。他是威灵顿公爵阿瑟·韦尔斯利在半岛战争中训练出来的杰出士兵之一。

喀布尔

多斯特·穆罕默德汗向英军投降

多斯特·穆罕默德汗　　　　　　　　　　　　沙阿·索亚

米亚尼战役

和威灵顿公爵阿瑟·韦尔斯利的许多"学生"一样，亨利·哈丁爵士也步入了政坛，成了国会议员，并且展现出行政管理的才能。到印度后，他决心避免像奥克兰勋爵乔治·伊登和埃伦伯勒伯爵爱德华·劳那样陷入复杂的战争，但很快就被卷入了锡克战争。

在旁遮普，一直由锡克教徒的首领巴尔吉特·辛格维持秩序。1839年，巴尔吉特·辛格去世后，旁遮普陷入了类似无政府的状态。就像后来罗马帝国的禁卫军一样，锡克军队及其首领维持着专制、危险的统治。历史上有一条公理，即秩序和无序共存，肯定会带来冲突。1845年11月，锡克军队首先发动攻

亨利·哈丁爵士

击。锡克军队越过了萨特莱杰河。英国的休·高夫将军率军前往抵御这次入侵。他们长途行军，疲惫不堪。1845年12月18日，在穆德基，休·高夫将军的部队遭到锡克军队的攻击，并被击败。此后，通过亨利·哈丁爵士的不懈努力，英军的力量得到了加强，士气也恢复了。作为总督，亨利·哈丁爵士比休·高夫将军职位更高，但在战争中他只担任副手。1845年12月21日，在费罗泽沙的一场艰苦战斗中，锡克军队和英军都损失惨重。最后，休·高夫将军的部队以非常微弱的优势击败了锡克军队。夜里，筋疲力尽、缺乏弹药的英军撤退了，英军经不起再次作战了。

英军需要长时间的修整才能主动出击。哈里·史密斯率领部队挺进了萨特莱杰河。在半岛战争中，以及在开普殖民地任总督时，哈里·史密斯就展现出卓越的才能。1846年1月28日，在阿利瓦尔，哈里·史密斯的部队击败了锡克部队。1846年2月8日，在位于萨特莱杰河的浅滩的索布拉恩，第一次锡克战争的最后一场大的战役爆发了。索布拉恩战役由休·高夫将军、亨利·哈丁爵士和哈里·史密斯共同指挥。锡克军队最终被彻底击溃，而旁遮普人则完全被英国人控制了。英国占领了拉合尔，与锡克教徒、印度王公杜勒普·辛格签订了条约。在锡克教徒支付战争费用、割让萨特莱杰河南岸地区的条件下，和平得以恢复。

亨利·哈丁爵士——之后受封勋爵——对发展印度的教育和修建铁路比战争更感兴趣。1848年，离开印度时，他赢得了欧洲人和印度人的尊重。此后，非军人出身的达尔豪西侯爵詹姆斯·布龙-拉姆齐接任总督。这位侯爵是到过印度的热心、能干的文职行政人员之一。不到四个月，他就被迫卷入了第二次锡克战争。第一次锡克战争后，旁遮普的酋长和士兵一直蠢蠢欲动，并且与英国的官员产生了冲突。接着，锡克帝国的人民都开始反抗了。在第二次锡克战争中，休·高夫将军仍是英国军队的总司令。1849年1月12日，在奇利安瓦拉，休·高夫将军绝望地拼起了刺刀战，勉强守住了阵地。一个月后，即1849年2月20日，在古吉拉特爆发了最后一次战役。在这次战役中，休·高夫将军准备充

穆德基战役

费罗泽沙战役

阿利瓦尔战役

奇利安瓦拉战役

分，运气不错。英国彻底胜利了。旁遮普被吞并，印度王公杜勒普·辛格靠养老金维持卸任生活。

1852年，冲突不断的缅甸又爆发了一场战争。尽管只是以政府代表的身份，达尔豪西侯爵詹姆斯·布龙-拉姆齐亲自出征了。战争的结果是英属印度吞并了勃固。

达尔豪西侯爵詹姆斯·布龙-拉姆齐确信，英属印度吞并勃固的行为符合有关各方的利益。战争结束后，他不仅吞并了旁遮普和勃固，还吞并了萨塔拉、那格浦尔和占西三个土邦。在这些土邦中，已故的统治者没有孩子，于是权力转移到了不列颠东印度公司。这被称为权力失效原则。至于阿瓦德王国，被吞并的理由是统治者管理不当。达尔豪西侯爵詹姆斯·布龙-拉姆齐推进良好管理的愿望是真诚的，他将热心、谨慎的官员派往被吞并的地区，并且确保执行宽松的法律。在各个方面，他都是一位英明的改革家。他修建铁路，开启了在亨利·哈丁爵士时代还只是计划的铁路系统的建设工作。他引入了电报，并且在印度各地设立了半安娜，即三法寻①的邮政系统。1856年3月，他离开印度时，只有四十四岁。由于总督的工作使他筋疲力尽，1860年，达尔豪西侯爵詹姆斯·布龙-拉姆齐逝世了。

达尔豪西侯爵詹姆斯·布龙-拉姆齐离开印度前，下任总督查尔斯·坎宁勋爵抵达印度，他顺利接管了政府。第二年，即1857年5月，兵变爆发了。此次兵变的很多原因已经找到了。涂有牛油和猪油的子弹伤害了信仰印度教和伊斯兰教的士兵的感情，这是兵变爆发的契机。此外，印度本土的士兵薪水不高。自1808年以来，印度发生了多次小规模的反抗，尤其是在马德拉斯的韦洛尔，发生了一次特别严重的反抗。亨利·纽博尔特曾以一首荡气回肠的诗来赞颂这次反抗。1857年，集市上到处是越来越疯狂的谣言——关于克里米亚战争中英国人的遭遇，以及英国人在印度正在做或将要做的可怕事情。有些部队纪律松

---

① 法寻是英国旧货币单位，一法寻值四分之一旧便士。——译者注

懈，士兵因此不满、脾气暴躁。有一些预谋正在发生。那些认为对"失效的土邦"依然有主权的人参与了谋划。

1857年5月10日，密拉特的当地军队发动了第一起兵变。反叛者杀害了军官及军官的家人。后来，反叛者出发前往德里，并且在德里杀害了军官、妇女和儿童。类似的事件也发生在阿瓦德的首府——勒克瑙。亨利·劳伦斯爵士在勒克瑙成功地保卫了当地居民，尽管他未能活到最后。在坎普尔，一个声称拥有萨塔拉主权的马拉塔人纳纳·萨希卜和手下一起屠杀了所有卫戍士兵。妇女和儿童获得了他的许可，安全离开了这座城市。在阿拉哈巴德，当许多欧洲军官和他们的家庭成员被谋杀后，詹姆斯·尼尔上校恢复了秩序。密拉特、德里、坎普尔、阿拉哈巴德，以及印度中部的瓜廖尔和占西是受到兵变影响最严重的地方。这是有史以来降临到英属印度统治者身上最大的考验。兵变没有扩展到整个印度，甚至未波及英国最近征服的旁遮普。在没有发生兵变的地方，仍处于和平状态，但英国需要进行艰辛的战斗来遏制兵变波及的范围。

1857年7月，经过艰苦卓绝的战斗，亨利·哈夫洛克将军重新占领了坎普尔。1857年9月，亨利·哈夫洛克将军解除了勒克瑙的驻军。不久，哗变的印度士兵控制的德里遭到了围攻。1857年9月14日，英军在遭受巨大损失后，特别是在损失了一些军官后，攻占了德里。1858年春，休·罗斯将军在一次战役中非常巧妙地镇压了印度中部的所有兵变者。持续十一个月的兵变终于被镇压了。镇压部队由欧洲人和忠诚的印度士兵组成，其中印度士兵约占一半。

兵变结束后，一项取消不列颠东印度公司的法案在议会通过。维多利亚女王向全印度发表宣言，自己已经接管了印度政府和其他行政部门。此外，宣言还公布：

我们对印度领土上的当地人和其他所有臣民负有同样的义务。在全能的上帝的祝福下，这些义务将由我们忠实、认真地履行。

我们坚定地相信基督教的真理，感谢宗教带给人们的慰藉。同

杜勒普·辛格

查尔斯·坎宁勋爵

密拉特兵变

反叛者在德里杀害军官

勒克瑙兵变

样，我们拒绝将我们的信念强加给任何一个臣民。我们宣布，没有人会因其宗教信仰或宗教仪式而受到任何恩惠，没有人会因其宗教信仰或宗教仪式而受到骚扰或干扰。所有人都将享有平等和公正的法律保护，这是王室的意愿和荣幸。我们也严格地嘱咐并命令所有在我们之下掌权的人，不要干涉任何臣民的宗教信仰或对神的崇拜。

我们进一步的意愿是，尽可能地让我们的臣民，无论其种族或信仰如何，都自由和公正地获得我们提供的职位。他们可以根据受到的教育、能力和诚实正直的品格，恰当地选择各自的职责，并且适当地履行。①

这一庄严、崇高的宣言给全体印度人留下了美好的印象。我们会发现，虽然许多困难无法避免，但宣言中的政策逐渐执行了。

---

① 选自拉姆齐·缪尔：《英属印度的形成》，第381页到第384页。——原注

第 19 章

王冠下的印度

1857年的兵变使印度中部地区的政府陷入了无组织状态。为了镇压兵变，英属印度政府增加了四千万英镑的公共债务。恢复"和平"后，英属印度面临的是财政紧缩，而这一紧缩又因偶尔的饥荒而加剧。苏格兰商人詹姆斯·威尔逊解决了这一财政问题。詹姆斯·威尔逊是韦斯特伯里的国会议员和贸易委员会副主席，也是自由贸易者和货币改革者，理查德·科布登和罗伯特·皮尔观点的坚定支持者。此外，他还是《经济学人》周刊的创办人和编辑。1859年，五十四岁的詹姆斯·威尔逊到达英属印度。他周游英属印度，进行了细致入微的调查。最后，通过重新安排进口税和征收所得税，他提出了一个平衡的预算。1860年8月11日，他因痢疾死于加尔各答。

考虑到气候因素，以及要做的工作和要承担的责任，英属印度总督的工作非常艰辛。1862年，经历了兵变的查尔斯·坎宁勋爵回到英国。一个月后，即1862年6月17日，查尔斯·坎宁勋爵去世了。他的继任者是著名的前加拿大总督埃尔金伯爵詹姆斯·布鲁斯。1863年11月，在喜马拉雅山脉的达兰萨拉旅游时，埃尔金伯爵詹姆斯·布鲁斯去世了，并被葬在那里。此后，旁遮普邦理事会主席约翰·劳伦斯成为英属印度的总督。自第一任总督沃伦·黑斯廷斯以来，除了临时任命，约翰·劳伦斯是唯一一位不是军人出身的总督。他曾在印度待了十七年，兵变结束后回到英国。当埃尔金伯爵詹姆斯·布鲁斯突然去世时，约

亨利·约翰·帕默斯顿勋爵

翰·劳伦斯正在伦敦郊外的南门大厦过着悠闲的生活。他被亨利·约翰·帕默斯顿勋爵授予英属印度总督的职位。十天后，这位实干家就在去往加尔各答的路上了。

约翰·劳伦斯会讲印度斯坦语和波斯语。波斯语在印度很常用。作为一名税务官员，他对英属印度的农民有着深刻的了解。在奥里萨，一场可怕的饥荒夺走了大约一百万人的生命。这对约翰·劳伦斯，尤其是对他的组织能力，是极大的挑战。修建铁路是解决饥荒问题一劳永逸的办法。在担任总督的五年里，通过借钱并向全国征税，约翰·劳伦斯以力所能及的一切手段扩建铁路。正是约翰·劳伦斯创造了在夏季将政府从加尔各答搬迁到西姆拉的惯例。他维护英属印度现有的边界，反对因俄国势力的推进而惊慌失措，反对任何干涉阿富汗的行动。1869年，他的任期结束了。退休后，他回到英国，被升为贵族。1870年，根据威廉·尤尔特·格拉德斯通的《初等教育法》，伦敦学校董事会成立。约翰·劳伦斯当选伦敦学校董事会的第一任主席。直到1879年去世前，这位朴素、勤奋的绅士将大部分时间都用在了伦敦学校董事会和教会传教士协会的事务上。

1868年，在英国首相比斯菲尔德伯爵本杰明·迪斯雷利的建议下，爱尔兰前保守党首席秘书梅奥伯爵理查德·索思韦尔·伯克被任命为英属印度总

约翰·劳伦斯

督。然而,梅奥伯爵理查德·索思韦尔·伯克接受任命前,比斯菲尔德伯爵本杰明·迪斯雷利在大选中被击败。威廉·尤尔特·格拉德斯通领导的自由党上台执政,但自由党没有干涉前政府的提名。于是,梅奥伯爵理查德·索思韦尔·伯克前往英属印度。1869年1月12日,他抵达加尔各答。三年内,梅奥伯爵理查德·索思韦尔·伯克游历了两万英里。无论去哪,他都能与当地人相处愉快。他受到英属印度王公贵族的欢迎。在阿杰米尔,为了王公贵族的儿子,他建了一所非常好的学校——现在称为梅奥学院。1872年2月8日,在视察安达曼群岛的流放地布莱尔港时,梅奥伯爵理查德·索思韦尔·伯克被一个囚犯谋杀了。

下一任总督是由威廉·尤尔特·格拉德斯通提名的诺思布鲁克勋爵托马斯·巴林。他是前任英属印度事务大臣,也是著名的巴林银行家族的成员。在改善收入和支出制度——印度公共行政中最重要的事情——方面,诺思布鲁克勋爵托马斯·巴林工作突出。1875年,威尔士亲王爱德华①出访英属印度。1876年1月,因不赞同负责英属印度事务大臣阿盖尔公爵乔治·坎贝尔对阿富汗的政策,诺思布鲁克勋爵托马斯·巴林辞职了。

继诺思布鲁克勋爵托马斯·巴林之后,比斯菲尔德伯爵本杰明·迪斯雷利给出了一个可谓新颖的总督提名。以前的总督都是军人或政客,但比斯菲尔德伯爵本杰明·迪斯雷利提名外交使团成员罗伯特·利顿勋爵担任总督。自1850年以来,罗伯特·利顿勋爵在华盛顿、佛罗伦萨、巴黎、海牙、哥本哈根、雅典、马德里、里斯本的使团中供职,成绩斐然。1877年1月1日,在德里举行的一次盛大的杜巴集会,即贵族集会上,罗伯特·利顿勋爵宣布维多利亚女王为英属印度女皇。这是功成名就的罗伯特·利顿勋爵出访英属印度后的第一件大事。在此之前,英属印度是殖民地、被保护国或依赖英国王室的属地,而英国国王或女王对英属印度行使主权。1877年1月1日以后,英国君主以皇帝的身份在英属印度行使权力,取代了因叛乱而失去皇室头衔的莫卧儿家族。

---

① 即位后称爱德华七世。——译者注

梅奥伯爵理查德·索思韦尔·伯克

诺思布鲁克勋爵托马斯·巴林

梅奥伯爵理查德·索思韦尔·伯克被杀

1878年，第二次阿富汗战争爆发了①。在阿富汗，多斯特·穆罕默德汗曾是英国的敌人，后来成为英国坚定的盟友。多斯特·穆罕默德汗的儿子谢尔·阿里汗成为埃米尔后，继续实行父亲多斯特·穆罕默德汗与英国的友好政策，并且要求英国保证阿富汗的安全。然而，英国政府拒绝提供这一保证。因此，谢

谢尔·阿里汗

① 第一次阿富汗战争发生在1838年到1842年。——原注

尔·阿里汗接受了俄国的保护。罗伯特·利顿勋爵决定派英国官方使团前往喀布尔，但俄国使团已经在喀布尔了，因此，谢尔·阿里汗拒绝了英国官方使团。这立刻导致了战争的爆发。通过开伯尔、古勒姆和博兰山口，英国的三支远征军挺进阿富汗。谢尔·阿里汗逃到突厥斯坦。他的儿子穆罕默德·雅各布汗与英国签订了《甘达马克条约》，承诺在喀布尔接受英国的常驻使团。英国官员路易斯·卡瓦格纳里爵士是喀布尔的第一位常驻人员。路易斯·卡瓦格纳里爵士是拿破仑·波拿巴手下一位将军的儿子，曾作为孟加拉武装部队的军官参与印度兵变，后来成为英属印度西北边境的官员。他在喀布尔定居后不久，阿富汗军队发动了叛乱。1879年9月3日，阿富汗军队袭击了路易斯·卡瓦格纳里爵士的住所，并且杀害了他。路易斯·卡瓦格纳里爵士战斗到最后一刻，去世时年仅三十八岁。这起谋杀英国官员的事件导致了战事重燃。一支英国远征军进驻阿富汗，占领了喀布尔。罗伯特·利顿勋爵罢免了穆罕默德·雅各布汗，将他驱逐到英属印度，让阿卜杜勒·拉赫曼汗取而代之。阿卜杜勒·拉赫曼汗之前靠领取俄国的养老金生存，他的当选被称为"黑暗中的飞跃"。罗伯特·利顿勋爵行事总是出人意料。事实证明这是成功的。直到1901年，在英属印度的资助下，冷酷、严谨的阿卜杜勒·拉赫曼汗一直统治着喀布尔。

1880年3月，比肯斯菲尔德勋爵本杰明·迪斯雷利领导的保守党政府在大选中失败。罗伯特·利顿勋爵不是一位党派人士，再加上英国有很多人批评他的政策，因此，罗伯特·利顿勋爵建议即将执政的自由党——威廉·尤尔特·格拉德斯通任首相——任命新的总督。1880年4月，罗伯特·利顿勋爵回到英国，在上议院履行自己的职责。他开始书写父亲爱德华·布尔沃-利顿的生平，并且以欧文·梅雷迪思的名义创作优美的诗歌。1887年，作为驻巴黎大使，罗伯特·利顿勋爵回到外交部。直到1891年去世前，他一直从事外交工作。

1866年到1868年，里彭侯爵乔治·鲁宾逊任英属印度事务大臣。他是贵族和"格拉德斯通自由党人"。1880年，他接替罗伯特·利顿勋爵成为英属印度总督，镇压阿富汗动乱。此时，阿富汗的部分地区仍在英军的占领下。在弗雷德

穆罕默德·雅各布汗

路易斯·卡瓦格纳里

《甘达马克条约》签订后,英国人与穆罕默德·雅各布汗的合影

罗伯特·利顿勋爵

阿卜杜勒·拉赫曼汗

爱德华·布尔沃－利顿

里彭侯爵乔治·鲁宾逊

里克·克斯莱·罗伯茨伯爵的指挥下,一支军队从喀布尔向坎大哈出征,并且发动了一场决定性的战斗。骚乱平息后,英军撤离了。然而,阿富汗埃米尔阿卜杜勒·拉赫曼汗获得了英国在政治和财政上的支持。阿卜杜勒·拉赫曼汗承诺,除非通过英属印度政府,否则阿富汗不会建立任何外交关系。从阿富汗的干扰中解脱出来后,里彭勋爵乔治·鲁宾逊致力内政管理,大大增加了印度人参加社会和政治活动的机会。这一政策招致了欧洲人的批评,甚至反对,但印度人十分感激他。1884年,他离开英属印度。从1884年到1909年去世前,他一直住在约克郡宏伟的斯塔德利皇家公园。他是一位热心公益的乡村绅士。

1884年,继里彭勋爵乔治·鲁宾逊之后,著名的外交官达弗林勋爵弗雷德里克·坦普尔·布莱克伍德继任英属印度的总督。他曾担任英属印度事务大臣、加拿大总督和驻君士坦丁堡大使。作为一名外交官,他的执政措施温和。他延

达弗林勋爵弗雷德里克·坦普尔·布莱克伍德

续了里彭勋爵乔治·鲁宾逊对印度人非常有利的政策。不过，他的做法比较谨慎，这让欧洲人非常满意。他与阿卜杜勒·拉赫曼汗建立了良好的关系。1885年3月，达弗林勋爵弗雷德里克·坦普尔·布莱克伍德在拉瓦尔品第设宴款待阿卜杜勒·拉赫曼汗时，一支俄国部队袭击了彭杰德（位于俄国和阿富汗边境）的阿富汗驻军。"彭杰德事件"差点导致英国与俄国之间爆发战争。达弗林勋爵弗雷德里克·坦普尔·布莱克伍德通过外交手段避免了战争，俄国军队选择了撤退。冲突期间，英属印度的王公忠诚地为英国提供帮助，尽管当时这些帮助并不必要。最终，由帝国内的主要国家维持的军事分遣队——帝国军队形成了，它在战争时期由英属印度政府支配。军队曾在第一次世界大战中服役。1885年是一个多事之秋，达弗林勋爵弗雷德里克·坦普尔·布莱克伍德发动了第三次英缅战争。战争的结果是缅甸被英属印度吞并了。1888年，达弗林勋爵弗雷德里克·坦普尔·布莱克伍德的总督任期结束了。1892年，他出任罗马大使。1896年，他出任巴黎大使。达弗林勋爵弗雷德里克·坦普尔·布莱克伍德不

彭杰德事件

仅是一位备受尊敬的总督，也是一位绅士、学者、文人和外交家。1902年，他去世了。

继达弗林勋爵弗雷德里克·坦普尔·布莱克伍德之后，兰斯当勋爵亨利·佩蒂·菲茨莫里斯接任英属印度总督。他曾任英属印度事务大臣和加拿大总督。这位杰出的管理者和富有远见的政治家，以一贯杰出的理智和节制统治着英属印度。1893年，维克托·布鲁斯接任总督。维克托·布鲁斯是埃尔金伯爵詹姆斯·布鲁斯（1862年到1863年任英属印度总督）的儿子。直到1893年年底，维克托·布鲁斯一直担任总督。

兰斯当勋爵亨利·佩蒂·菲茨莫里斯

1888年到1898年，被看作是维多利亚女王统治的最后光辉时期。1897年，为庆祝维多利亚女王登基六十周年，伦敦举行了盛大的皇家庆典。英属印度的王公和军人穿着别致的服装，格外引人注目。1899年到1902年，布尔战争爆发了。在一个激荡和多事的时代中，维多利亚女王的统治结束了。某种程度上，整个大英帝国的人都感到了时代的变动。

柯曾勋爵乔治·纳撒尼尔是学者、旅行家和政治家，曾任英属印度事务大臣。1898年到1905年，他担任英属印度总督。1898年，他只有三十九岁，精力充沛，渴望参与公共服务。除了沃伦·黑斯廷斯和约翰·劳伦斯等老一辈官员，他可能是就职时最了解英属印度的总督。他是一个出色的组织者，大大改进了文职人员的工作方法。他走遍各地，与波斯达成贸易协定。1905年，由于与霍拉肖·赫伯特·基奇纳将军发生争执，他辞职了。柯曾勋爵乔治·纳撒尼尔坚决支持控制平民。在总督会议上，除了总司令，他要求保留一名"军事成员"。霍拉肖·赫伯特·基奇纳将军认为应该压制"军事成员"的地位，这样总司令就成为军事部门和总督之间唯一的官方沟通渠道。由于英国政府未能做出明确的决定，柯曾勋爵乔治·纳撒尼尔递交了辞呈。

柯曾勋爵乔治·纳撒尼尔担任总督末期，英属印度出现了动乱。最初，受过教育的印度人想要在政府中获得更多的职位。当然，从来没有哪个时期，印度人不参与政府管理。在英属印度，英国在职官员的人数从来没有超过一千五百人。公职中的文书职位，除了少数由"欧亚混血儿"担任，其他都由当地印度人担任。在公共服务部门，有几千个印度人。公共服务部门提供的所有高级官员职位，都是在伦敦以考试的方式选拔的，并且向印度人开放。在考试中，印度人成绩优良，随后晋升高级职位，但通常是在司法部门任职，而不是在行政部门。此外，责任重大的职位大都由英国官员担任。他们根据一套最终由英国议会负责的法律体系治理英属印度。同时，总督拥有由英国官员组成的立法委员会。

1885年，印度国民大会党在孟买成立。通过演讲、在新闻媒体上发表文章、举行群众大会等形式，印度国民大会党提出印度人应该在政府中占有更大的比例。随着时间的推移，印度甚至还出现了政治暗杀，并以此引起当局的注意。在公共生活方面，印度国民大会党一直非常强大[①]。

1906年到1915年，执政的英国自由党一直支持印度国民大会党的主张。当柯曾勋爵乔治·纳撒尼尔退休后，英属印度事务大臣约翰·莫利勋爵决定采取措施扩大印度人的参政范围。于是，一位新总督被派到英属印度。这位总督是明托伯爵吉尔伯特·基宁蒙德。他既是一个受欢迎的、思想开明的贵族，也是一个熟悉英属印度的军人和体育运动爱好者。此外，他曾担任加拿大总督。

柯曾勋爵乔治·纳撒尼尔

---

① 瓦朗蒂讷·奇罗尔：《印度》，1920年，第86页到第89页。——原注

查尔斯·哈丁爵士

1909年,他推行了"莫利-明托改革",接纳民选议员进入总督立法委员会及省议会。尽管立法委员会及省议会的权力有限,这仍成为印度人可以参与选举的肇始。

1910年,明托伯爵吉尔伯特·基宁蒙德退休。查尔斯·哈丁爵士成了总督,他之前是英国外交部常务副大臣、圣彼得堡大使,后晋升为勋爵。除了祖父亨利·哈丁曾担任总督,他与英属印度没有任何联系。在英属印度,他非常受欢迎。他对英属印度的问题和困难表现出同情和理解。1911年,英国国王乔治五世和王后特克的玛丽访问英属印度,并且在德里举行了一次盛大的杜巴集会,宣布英属印度的首都将从加尔各答转移到德里。莫利-明托改革扩大委员会运作良好,让英属印度的各阶层都非常满意。当第一次世界大战爆发时,英属印度有望逐步有序地走向自治。像其他国家一样，英属印度在某些方面发展畸形和仓促，另一些方面发展迟缓并产生了一些不好的后果。例如：由于战争，某些城市迅速工业化；生活成本大幅上升；政府管理在战争期间被削弱等。

1916年，查尔斯·哈丁勋爵的总督任期结束了。他的继任者是切姆斯福德勋爵弗雷德里克·塞西杰。一直到第一次世界大战结束，他一直担任英属印度总督。

第 20 章

英属印度和自治领地位

1916年，切姆斯福德勋爵弗雷德里克·塞西杰被任命为总督时，他正在英属印度的一个本土防卫营里担任上尉。同查尔斯·哈丁勋爵一样，他同情印度人对自治的渴望。1917年8月20日，由于他提交的报告及伦敦印度事务部的讨论，英国议会发表了一项声明：

> 国王陛下的政策是在英属印度政府的每一个部门增加印度人，逐步发展自治机构，以期逐步建立责任政府，并且将其作为大英帝国的组成部分。

不久，英属印度事务大臣埃德温·塞缪尔·蒙塔古访问英属印度。1918年4月22日，经过调查，并与总督讨论后，他发表了《蒙塔古-切姆斯福德报告》。在这份报告的基础上，英国议会起草了《印度政府法案》。

第一次世界大战以1918年11月11日的《停战协定》和1919年6月28日的《凡尔赛条约》终结。1918年到1919年，当战争临近结束时，英属印度的政治热情开始高涨。愤怒的民众不了解伦敦和整个大英帝国的政治进程，连几个月都等不了。孟加拉和旁遮普发生了可怕的骚乱。在旁遮普的阿姆利则，当地指挥官

雷金纳德·戴尔将军

雷金纳德·戴尔将军用一小队廓尔喀军人驱散了一群聚集在一起的人。这群人违反了地方治安官禁止政治集会的命令。近四百名群众丧生。所有印度人和许多英国人都认为他为了驱散"暴民"而过度使用武力。英国政府将他从英属印度召回,强迫他退休。下议院谴责他在阿姆利则的行为;上议院则通过决议,认为强迫他退休不公正。在英属印度,枪击事件不断发生。正如康诺特公爵阿瑟亲王后来访问英属印度时所言,"阿姆利则的阴影"笼罩着大地。英国议会不允许这件事妨碍议会为英属印度制定宪法的意图。《印度政府法案》在两院获得通过。1919年12月23日,《印度政府法案》获得王室批准。

根据1919年的《印度政府法案》,英属印度的中央政府由总督和两院组成。两院包括下议院和上议院。下议院,即立法议会由一百四十四名议员组成,其中一百零三名议员由选举产生；上议院，即国务委员会由六十名议员组成，其中三十三名议员由选举产生。因此，由两院选举产生的议员在数量上超过了总督提名的议员。两院组成的立法机构有权通过预算，制定和通过法律，但总督仍有权推翻立法机构的决定。

各省也拥有由部长组成的立法委员会。部长和立法委员会对某些"转移"项目——教育、公共卫生、消费税——负有全责；省长对"保留"项目——公共秩序、司法、警察——依然拥有最高权力。这种双省制被称为"二元制"。根据《印度政府法案》，十年后，即1930年，如果"二元制"和《印度政府法案》有效，英国议会将着手制定英属印度宪法，同时决定英属印度的自治程度。

1920年到1930年这十年，被英国议会指定为蒙塔古-切尔姆斯福德改革的试验期。然而，这段时期充斥着政治动荡、骚乱、"恐怖主义"和谋杀。放权的结果似乎是无法形容的无政府状态和血流成河。政府如果尽到了职责，也就是说，政府如果到处镇压违法行为，行政手段必然严苛。在这片土地上的某些地方，每时每刻都笼罩着暴力、阴谋和谋杀。驻军、警察和公务人员都承受着巨大的压力。许多年轻的英国军官和平民被英属印度"恐怖分子"杀害了。"恐怖分子"采取了一个特别可怕的方法——通过阴谋团体训练女孩和年轻妇女进行暗杀。

"恐怖主义"无法打破英属印度的行政体制。一位英属印度政治家和宗教领袖倡导和组织了"非暴力不合作"运动，这是一种更有效和更受尊重的施压方法。"非暴力不合作"运动的领导人是接受过教育的律师圣雄甘地。在圣雄甘地倡导的"非暴力不合作"运动中，任何印度人都不应购买英国的商品，也不应从事任何可以让英属印度政府受益的官方或私人工作。许多印度人认为这意味着他们应该拒绝交税或交房租。对英国商品的"抵制"，极大地损害了英国的贸易，也造成了英属印度的经济萧条，并且影响了印度人的生活。

总体上，人们认为"二元制"效果不佳。归根结底，责任在于中央行政机关。中央行政部门——总督及其委员会——和省级的立法机关，拥有压倒一切的权力，但对结果不负责任。约翰·西蒙委员会认为这一制度运转不良的原因是，权力与责任分离。用了两年时间，约翰·西蒙委员会的成员在英属印度游历，研究英属印度的问题，并且向英国议会提交了一份详尽的报告。

约翰·西蒙委员会由约翰·西蒙爵士领导，旨在帮助议会在十年后，即1930年"审查"《印度政府法案》。约翰·西蒙爵士是当时著名的律师和政治家之一。1930年5月，作为"蓝皮书"，约翰·西蒙委员会的报告分两卷出版了。这是一部涉及英属印度社会和政治的宏伟巨著。书中建议，英属印度现有的大小不同的省和管区，应重组为更加平等、拥有更大自治权的州，然后各州组成一个"联合国家"。

约翰·西蒙爵士

1931年到1932年，约翰·西蒙委员会发布报告后，圆桌会议举行了。在威斯敏斯特，英属印度的执政王公、印度人代表与英国政府代表——首相和英属印度事务大臣，讨论英属印度的问题，并且提出制定宪法。圣雄甘地是印度教民族主义者的领袖，他声称应该立即给予英属印度"自治领地位"。与两亿多的印度教教徒相比，英属印度的穆斯林较少，只有七千万。英属印度的穆斯林并不完全同意圣雄甘地与印度教的提议。英属印度的执政王公则表示希望成立全印联邦。圆桌会议未能制订一项让各方都接受的计划。会议结束后，英属印度出现了非常大的混乱。在某些地方，又出现了新的"恐怖主义"运动和暗杀官员的事件。这给英属印度政府带来了极大的压力。欧文勋爵爱德华·伍德[①]试图同圣雄甘地商定暂停"非暴力不合作"运动。1932年，爱德华·伍德的总督任期结束后，六十六岁的威灵顿勋爵弗里曼·托马斯接任总督。威灵顿勋爵弗里曼·托马斯曾担任马德拉斯总督、孟买总督、加拿大总督。以极大的冷静和勇气，他承担了英属印度总督的重任，并且根据《印度政府法案》维护了法律和宪法体系。他认为，有必要以"煽动政治叛乱"的罪名监禁圣雄甘地。煽动者对英国当局，特别是对孟加拉邦当局，进行的"恐怖主义运动"阻碍了英属印度实现完全自治的进程。此外，印度教和伊斯兰教的领导人，无法就新宪法中各自代表的比例达成一致，也在一定程度上阻碍了英属印度实现完全自治的进程。1932年8月16日，正如先前宣布的那样，英国首相詹姆斯·拉姆齐·麦克唐纳发布了仅限于省议会中的印度教、伊斯兰教和其他社会团体代表的计划[②]。不过，印度教领袖圣雄甘地拒绝了詹姆斯·拉姆齐·麦克唐纳的计划。

---

① 1944年，欧文勋爵爱德华·伍德受封为第一代哈利法克斯伯爵。——译者注
② 英国首相詹姆斯·拉姆齐·麦克唐纳的计划，仅限于省级立法机构不同团体的代表，具体如下：在省级立法机构的一千五百零三个席位中，"主要团体"，即印度教教徒，有七百零五个席位，"萧条阶层"，即英属印度王公，有六十一个席位，落后地区有二十个席位，锡克人有三十五个席位，穆斯林有四百八十九个席位，基督教教徒有二十一个席位，盎格鲁印度人有十二个席位，欧洲团体有二十五个席位，工商业者有五十四个席位，大地主有三十五个席位，大学团体有八个席位，劳工有三十八个席位。——原注

至此，所有促进宪法确立的行动都失败了。英属印度仍受1919年《印度政府法案》的约束。面对重重阻力，英国当局实施了《印度政府法案》。

1933年3月18日，《全印度联邦宪法草案》颁布了。这为英属印度各省和所有决定加入该联盟的土邦建立了一个联邦。像其他自治领一样，中央联邦当局将拥有"责任政府"权力，并且受到公认宪法的某些保障。

第 21 章

第一次世界大战

有时，人们会思考大英帝国在一场世界大战中会走向何方。实际上，对任何一个自治领或殖民地来说，中立都是不可能的。它们要么必须"站在"大英帝国一边，要么必须脱离它。它们可以自己做出决定，因为大英帝国政府没有想过强迫它们。实际上，强迫也达不到目的。不可思议的是，在战争中，松散的大英帝国坚定地团结在一起，而紧密联系的哈布斯堡王朝支离破碎。战争爆发后，1914年8月4日，澳大利亚联邦总理安德鲁·费希尔率先向英国政府表态。他发电报说，澳大利亚联邦将全力支持英国，"直至剩下最后一个人和最后一先令"。

在南非联邦，路易斯·博塔任总理，扬·史末资任国防大臣。他们本来决定让南非联邦参加第一次世界大战，但遭到了以克里斯蒂安·弗雷德里克·拜尔斯将军和克里斯蒂安·德·韦特将军为首的一些布尔人的反对。路易斯·博塔和扬·史末资只用布尔特遣队就武力镇压了此次"叛乱"。1914年12月8日，在败逃途中，克里斯蒂安·弗雷德里克·拜尔斯在瓦尔河溺亡。克里斯蒂安·德·韦特被捕入狱。六个月后，克里斯蒂安·德·韦特被假释。"叛乱"结束后，路易斯·博塔和扬·史末资才致力于他们的任务，即征服德属西南非洲。1915年仲夏，他们成功地完成了这项任务。随后，扬·史末资前往德属东非。1916年，在德属东非，扬·史末资指挥约五万名南非联邦士兵及英国正规军作

扬·史末资

战。1917年，当扬·史末资前往欧洲时，德属东非的司令部被雅各布·范·德文特接管。在布尔战争中，雅各布·范·德文特曾在扬·史末资手下服役。雅各布·范·德文特率军占领了德属东非，尽管他没能抓住那位非常有进取心、勇敢无畏的德意志帝国将军保罗·冯·莱托-福贝克[①]。

[①] 扬·史末资非常钦佩在德属东非的对手保罗·冯·莱托-福贝克。1919年春，在巴黎和会上，我（罗伯特·巴尔曼·莫厄特）和扬·史末资将军在一起时，副官走过来说："将军，我听说保罗·冯·莱托-福贝克已经回国了。""是这样吗？"扬·史末资回答说，"了不起的家伙！了不起的家伙！我想和他握握手。他将我们带进了地狱"！——原注

在战争最初几个月,当英国海军不得不集中在本国水域以防止德意志帝国的军队入侵时,规模不大的澳大利亚海军证明了自己的价值。1914年11月9日,在印度洋科库斯群岛附近,澳大利亚"悉尼"号击沉了德意志帝国著名的商业驱逐舰"埃姆登"号。此前,澳大利亚军队在新几内亚占领了德意志帝国的殖民地。新西兰军队在萨摩亚群岛的德属岛屿上登陆,并且占领了这些岛屿。毫无疑问,外国军队的到来被看作是当地引人注目的事件之一。自治领或殖民地的年轻人住在离英国几千英里远的地方,他们中的大部分人从未到过英国。他们生活的自治领或殖民地有自己的利益,而当地的政策与战争的起因无关。两百年来,大英帝国和各自治领之间的关系一直朝着更淡、更模糊的方向发展。然而,当欧洲出现危险的迹象时,这些自治领和殖民地的年轻人源源不断地来到征兵处,带着只有十字军能与之媲美的热情,为英国的事业献出了他们的生命。

被击毁后搁浅的"埃姆登"号

从自治领和殖民地征召的人数大致如下：

加拿大：五十九万五千人

澳大利亚：五十万人

新西兰：二十二万零九十九人

南非：十三万六千零七十人

纽芬兰：一万一千九百二十二人

英属印度：一百六十七万九千四百一十六人

英属西印度群岛：一万六千人

事实上，悬挂着英国国旗的每一个地方都派出了军队。在其他地方，如布宜诺斯艾利斯、拉普拉塔河流域，以及美国的商业大厦，年轻的英国人离开自己的岗位，乘船回国参军。一些来自波士顿和费城的年轻的美国公民，向英国军队申请服役。他们从军参战，直至战死。

第一批从海外进入欧洲战场的大军，是来自英属印度的拉合尔和密拉特的部队。这些部队装备精良、训练有素、机动灵活。战争一开始，拉合尔和密拉特的人员便准备就绪了。1914年9月，他们在马赛登陆，立刻就上了前线，尽管他们对战争的起因并不清楚。1914年整个冬天，在完全不适应的环境中，他们守卫着没有英国军队可供投入的广大区域。至于总司令霍拉肖·赫伯特·基奇纳在英国招募的军队，需要几个月的训练时间。

1914年10月，以及之后的几个月内，约有三万人组成的加拿大军队抵达英国，并且在索尔兹伯里平原接受训练。1915年4月22日，当德意志帝国军队在伊普尔发动第一次毒气袭击时，加拿大军队正在法兰西第三共和国的战场上。毒气的使用，让坚守阵地的英国军队大吃一惊。在防守上，英国军队留下了很大的缺口。加拿大军队挽救了这一灾难。加拿大士兵进入毒气区，在密集的德意志炮弹和缓慢扩散的毒气中守住了防线。

1915年的伊普尔战役

战争期间，加拿大军队都在西线服役。加拿大军队参加的战役包括：1916年的圣埃卢瓦战役、圣素伍德战役和索姆河战役，1917年的维米战役和帕森达勒战役，以及1918年的圣康坦战役。1918年10月9日，加拿大军队取得了巨大成就，攻占了康布雷。1918年11月11日停战时，加拿大军队驻扎在蒙斯——英国军队最初战斗的地方。

在第一次世界大战中，加拿大招募了五十九万五千人，损失了约六万两千人——均死于第一次世界大战。加拿大的约翰·麦克雷中校——死于第一次世界大战——写了一首美好、伤感、高尚的战争诗，即《在佛兰德斯的田野上》。去世前，一位现役法裔加拿大人——1837年叛乱中的C.J.帕皮诺的亲戚——给《泰晤士报》写了一封信，表达了他对大英帝国的深厚情感。

索姆河战役中被俘的德意志帝国士兵

战争期间，澳大利亚招募了五十万人，向海外派遣了三十二万九千八百八十三人。这些人员身体素质良好。他们身材高大、行动敏捷，所到之处赢得了人们的钦佩。对于急速的进攻，澳大利亚人出类拔萃。他们迅速地占领了西线和加利波利阵地。这一行动震惊了世界。在这种情况下，即使是在一场具有空前破坏性的战争中，伤亡也是罕见的：三十二万九千八百八十三人中，有三十一万四千零七十八人在海外服役，死亡人数仅为六万人左右。澳大利亚士兵和新西兰士兵的勇气，将永远留在安扎克海滩上。1915年4月25日，在威廉·伯德伍德将军的带领下，澳大利亚军队和新西兰军队从安扎克海滩冲进了加利波利。

威廉·伯德伍德将军

新西兰的一个师在西线作战。从索姆河战役到最后一次在桑布尔河的战斗，新西兰士兵一直在奋战。在埃德蒙·艾伦比的领导下，新西兰人和澳大利亚人也参加了在巴勒斯坦的胜利战役。

除了参与德属西南非洲和德属东非的战役，南非联邦军队还在法兰西第三共和国的西线服役。大约两万五千人到达欧洲战场，并且在战场上表现优异。1916年7月，在索姆河战役中的德尔维尔森林的可怕战斗中，南非联邦军队的表现尤其出色。

最初，英属印度军队被派往法兰西第三共和国。1914年，詹姆斯·威尔科克斯将军手下有两万名士兵坚守着一条没有英国军队的防线。此后，英属印度军队被派往美索不达米亚和巴勒斯坦。在征服土耳其各地的军队中，有非常庞大的英属印度部队。1917年，在埃德蒙·艾伦比指挥的巴勒斯坦战役中，尽管军官几乎都是英国人，但大多数士兵是印度人。[①]英属印度共有一百六十七万九千四百一十六人在战场上作战，约六万一千三百九十八人在战争中丧生。此外，印度的金融和工业完全被英国支配。1917年，英属印度政府为英国的战争债务支付了一亿英镑。1917年8月20日，因英属印度贡献巨大，英国议会发表了历史性的宣言，承诺加快印度自治政府的建设。

在第一次世界大战中，海外各自治领对英国在物质上、精神上的援助均不可估量。当英国人在战争初期战败时，以及在战争后期处于疲惫期时，看到这些来自海外的热情、活泼、无私的年轻人组成的壮观部队，英国人感到振奋。自治领的政治家包括：澳大利亚的比利·休斯、南非联邦的扬·史末资将军、加拿大的罗伯特·博登、新西兰的威廉·马西、英属印度的比卡内尔王公。他们在英国待了很长时间，经常建言献策。他们经常参加英国内阁会议，当他们在场时，英国内阁便成了战时内阁。扬·史末资将军的讲话，在许多方面像伍德罗·威尔逊总统的讲话一样是英国人的精神支柱。由于具有敏锐的头脑和坚定

---

① 参见《战争正史》，1930年；《军事行动：埃及和巴勒斯坦》，第2卷，第418页。——原注

伍德罗·威尔逊总统

的意志,扬·史末资成了英国战时内阁中的杰出人物。因为他从未担任过英国大臣,因此,他出现在英国战时内阁中,成为特殊时期引人注目的宪法准许的事件之一。在战争期间,他没有从英国政府领取薪水,而是一直担任南非联邦国防大臣。

战争结束后,在巴黎和会上,从各自治领抽调的大英帝国代表团,与英国大臣一起参加了谈判。1919年6月28日,《凡尔赛条约》签署了。各自治领和英属印度,以及英国都成了国际联盟的独立成员。

第一次世界大战,既是一次考验,也是一次机会。在早期的战争演讲中,霍拉肖·赫伯特·基奇纳勋爵说:

每个人的生命中，都有一个至高无上的时刻。所有早期的经验都会朝着这个时刻前进，所有未来的结果都能从这个时刻做出预测。对每一个英国人，以及我们的民族，这个庄严的时刻非常重要。让我们注意这一时刻提供的巨大机遇，我们必须立即抓住这个机遇，否则我们将永远失去它。

各自治领都抓住了这一巨大机遇。结果是，它们从此成为强大的国家。1917年，扬·史末资将军说："帝国内有许多强大的自由国家正在崛起。"于是，大英第二帝国变成了英联邦。

第 22 章

第一次世界大战后的自治领

第一次世界大战期间,大英帝国各组成部分之间的关系一直很密切。1917年以来,在帝国战争内阁中,各自治领和殖民地的代表会晤了英国首相、国务大臣及其他大臣。在巴黎和会上,各自治领和英属印度的代表始终与英国大臣一起参与会议事务。然而,《凡尔赛条约》不是大英帝国作为一个整体签署的,而是大英帝国的每个组成部分作为个体单独签署的。各自治领和英属印度成了国际联盟的独立成员。因此,扬·史末资发表了引起极大争论的演说。1919年6月28日,随着《凡尔赛条约》的签订,大英第二帝国结束了。此后,它成了独立国家的联合体。1917年5月15日,在伦敦举行的晚宴上,扬·史末资发表演讲时,首次公开使用"英联邦"一词。[①] 1921年,在《英爱条约》中,"英联邦"正式明确地取代了"大英帝国"。不过,英联邦没有一个永久的帝国战争内阁。1917年,英国政府提出"这项试验应该在未来继续下去……每年应该在伦敦召集帝国战争内阁来处理帝国内的共同问题。如果有必要的话,可以更频繁地会面"。[②] 然而,这个提议没有激起任何水花。或许各自治领的代表和英属印度的政治家每年都很难从自己的国家事务中抽身。此外,战争的结束、共同目标的缺失导致了各自治领民族主义情绪的增长;各自治领越来越趋向于专

---

① H.E.埃杰顿:《20世纪的英国殖民政策》,1922年,第153页到第155页。——原注
② 罗伯特·博登爵士:《加拿大议会议事录》,1917年,第1528页到第1529页。——原注

注自身的事务。随着战争结束,帝国战争内阁结束了;随着帝国战争内阁消失,合作的大好机会失去了。1917年5月15日,在伦敦发表的演讲中,扬·史末资说:"英联邦的制度是历史上唯一能使许多国家团结一致的制度。英联邦是世界上唯一存在的国际联盟。"三年一次的帝国会议意义重大。如果所有成员国的政治家能更频繁地会面,英联邦将变成一个更好的联盟。

第一次世界大战结束后,军人复员问题已不可避免,实际上是迫在眉睫。人们想知道,当一群粗鲁的士兵被遣散到平民中生活时会发生什么。事实上,大英帝国的复员工作开展得非常顺利。大多复员的士兵找到了工作,证明了自己是守法公民。然而,战后的几年,工厂暴乱,罢工频繁。这主要是因为工人要求继续按战时的标准支付工资,并且缩短工作时间。有人试图在北美建立一个大工会联盟,并且坚持要求雇主与之谈判,而不是与自己的行业工会谈判。在加拿大西部,工人要求工资为一小时一美元,每周工作四十四小时。虽然十年后,无论每周工作多长时间,这些人都会高兴地接受比一小时一美元低了一半的工资。1919年5月,加拿大的大罢工从温尼伯开始,向西蔓延到布兰登、萨斯卡通、穆斯乔、卡尔加里、埃德蒙顿和温哥华,向东蔓延到多伦多,尽管多伦多的罢工规模较小。据报道,罢工的组织者赞同且向往共产主义,并且打算如果能按他们的方式去做的话,他们要把加拿大变成和俄国一样的共产主义国家。[1]五个星期以来,工业和交通严重中断,公共安全受到威胁。在温尼伯,一些警察和消防员居然也参加了罢工。尽管如此,市民组织起来管理供水、照明、电话和其他"公共设施"。1919年夏末,罢工失败了。这表明"人民作为一个整体,要比组织完善的小群体更加强大,更有力量"。[2]

在澳大利亚,遣散军队的工作开展得非常顺利。1919年4月,在海员罢工期间,百分之九十六的士兵找到了工作。由于海员为联邦航线[3]和沿海贸易工

---

[1] 《圆桌会议》,温尼伯自由出版社,1919年9月,第785页。——原注
[2] 《圆桌会议》,温尼伯自由出版社,1919年9月,第793页。——原注
[3] 联邦航线是1916年到1928年由澳大利亚联邦政府拥有和经营的一家航运公司。——译者注

作，海员罢工中断了贸易和工业。根据澳大利亚《航海法案》，沿海贸易被澳大利亚航运业垄断。海员要求提高工资，拒绝接受合法的工业仲裁法院的裁决。和加拿大一样，这次罢工受到了想要组建大工会联盟这一目标的影响。在澳大利亚各城市中，罢工造成了大量工人失业。1919年4月26日，罢工失败。"合法的"工会反对"大工会联盟"的计划。这个计划在本质上被认为是一个共产主义计划。

南非联邦是幸运的。因为是农业国，南非联邦也就没有因第一次世界大战而疯狂地扩张工业。因此，第一次世界大战结束后，南非联邦并没有出现大的混乱。所谓"为小国而战"是第一次世界大战爆发的原因，也可以说是第一次世界大战产生的影响。"为小国而战"在南非联邦引起了反响。1919年6月5日，詹姆斯·赫佐格将军率领的国民党代表团参加了巴黎和会。他们请求大

詹姆斯·赫佐格

大卫·劳埃德·乔治

卫·劳埃德·乔治"将他们的国家恢复到之前南非共和国和奥兰治自由邦的地位"。在一个冗长、措辞谨慎、彬彬有礼的答复中,大卫·劳埃德·乔治以英国政府的名义拒绝了这一请求。"我们不能同意任何破坏联盟的行动,这样做可能会破坏南非联邦。"大卫·劳埃德·乔治指出,在巴黎和会上,通过两位"毫无疑问是荷兰人出身"的政治家,南非联邦对世界事务产生了重大的影响。

1919年8月27日,路易斯·博塔去世了。当时,他还是南非联邦的总理,刚从巴黎和会返回不久。这位坚强的勇士是一个高尚的、具有远见卓识的政治家,他与塞西尔·罗兹同为南非联邦的缔造者。他说话慢条斯理,性情温厚、和蔼友善、非常谦逊。在巴黎和会上,他看上去是个非常和蔼的绅士,实际上也是如此。他对土地和绵羊数量了如指掌。他的朋友和继任者扬·史末资有着不同的气质：活泼、行动敏捷、善于言辞、决策迅速而果断。扬·史末资是一位有能力的政治家，在困难时期，能应付危险和紧急的情况。在生活中，扬·史末资开朗机智、善于交际，有许多可靠的朋友，还有一个幸福的家庭。此外，他是一位思考真理和宇宙的形而上的哲学家。①

路易斯·博塔去世后，继任南非联邦总理的扬·史末资面临战后的许多问题。如果选民允许他继续执政，他或许可以成功解决这些问题。战后，扬·史末资回国时，南非联邦共有四个政党：英裔联邦党——主要是南非联邦的英国人、南非党——由扬·史末资领导，主要是荷兰人、国民党——由詹姆斯·赫佐格领导，主要是有广泛群众基础的荷兰人、工党——由采矿工程师克雷斯韦尔上校领导。以广阔的帝国主义视野和大气的政治家风范，扬·史末资很容易就将英裔联邦党吸收到自己的阵营。1920年，英裔联邦党放弃了自己的名字和组织，并入了南非党。1921年，大选主要围绕"脱离"问题展开。在比勒陀利亚发表的演讲中，扬·史末资说：

> 脱离不仅意味着脱离大英帝国，也意味着荷兰裔南非人脱离英裔南非人。它意味着……联盟的解散；它意味着当地人的分离，即他们对英国的忠诚成为历史；它意味着说荷兰语的非洲完全孤立，而在这种孤立中，非洲将被扼杀而衰败……这意味着一个文明的南非成为一个梦想，也意味着非洲大陆的白人没有出路。

选民支持扬·史末资，于是他重新执掌了权力。詹姆斯·赫佐格设法在自己的国民党与工党之间达成了一项协议。1924年6月，根据这一协议，詹姆斯·赫佐格担任总理。不过，他没有努力去恢复布尔人建立的、独立的德兰士

---

① 参见扬·史末资：《整体论与进化论》，1926年。扬·史末资将整体主义定义为"自然中的整体性和整体性的倾向"。这个想法贯穿他整个一生。——原注

瓦共和国和奥兰治自由邦，也没有声称南非联邦有权脱离大英帝国。布尔民族主义仍是南非联邦政治和社会生活中的一个显著特征。

1922年3月，威特沃特斯兰德爆发了一场革命。第一次世界大战后，黄金价格下跌。除非制定重要的经济方案，否则"低品级的"矿山将无法继续经营。在矿业老板提出的经济方案中，有一项是增加当地矿工的比例——每十名当地矿工对应一名白人矿工。白人矿工拒绝了这个提议，并且拒绝工作。从约翰内斯堡的"贸易厅"传出了一次大罢工的消息，但没人响应。1922年3月6日，罢工变成了一场革命。威特沃特斯兰德由一系列以约翰内斯堡为中心的矿山和城镇组成，区域内的山脊长约六十英里。武装罢工者——主要是荷兰人——组成突击队，控制了威特沃特斯兰德。当地人遭到袭击，其中一些人被杀。雅各布·范·德文特将军领导的一支小型政府军占据了位于约翰内斯堡市中心的法院。如若不然，这个城市将被罢工者控制一周。扬·史末资果断采取了行动。他召集了以惊人速度动员起来的市民，组成城市防卫部队，并且派出一万九千人去攻击矿山。扬·史末资亲自指挥这次行动。1922年3月10日，扬·史末资的部队离开开普敦。第二天，即1922年3月11日午夜，部队抵达波切夫斯特鲁姆。在矿山被攻占和守军被囚禁前，扬·史末资的部队经历了一个星期的艰苦战斗。罢工者带着极大的怨恨，坚持奋战。政府军死亡六十一人，受伤一百九十九人；白人罢工者死亡一百三十八人，受伤二百八十七人；有色人种中有三十一人死亡，六十七人受伤。政府军缴获近六万发步枪和左轮手枪子弹，可见罢工者弹药充足。

第一次世界大战结束后，新西兰发生了工业暴动，特别是在煤田。有人说要组建一个大工会联盟，但最终一无所成。1919年，海军上将约翰·杰利科访问了新西兰和其他自治领，并且就大英帝国的海军防御问题做了报告。1920年，他被任命为新西兰总督。在四年任期中，他出色地完成了工作。

第一次世界大战结束时，英国部分政府和行政机构被破坏了。1916年后，强大的英国用军事控制着爱尔兰，使其保持和平。随着第一次世界大战结束，

约翰·杰利科

英国对爱尔兰军事控制的程度，也许不自觉地会有所放松。拥有众多成员和巨额资金的爱尔兰政党——新芬党，发动了不同以往的叛乱：拒绝服从法律和实施杀戮。与普通战争唯一的不同是，这场杀戮战的执行者是个人，而不是军队。个人杀戮的目标是警察、法官、官员。新芬党的军事机构是广泛、强大的"爱尔兰共和军"。"爱尔兰共和军"没有在任何地方集结力量，但成员无处不在，并且他们不穿制服。他们的行动导致士兵、官员、警察或仅仅是"统一派"的平民，在每周甚至每天都可能遭到枪击。

爱尔兰的情况正在变得混乱，时刻威胁人们的生命。在付出巨大的代价，以及肯定会失去外国好感的情况下，英国政府努力使爱尔兰暂时保持和平，但这种和平很容易被更多的谋杀和绑架再次打破。英国政府要求所有政治家设法应对这种情况。其中，曾领导布尔人反对英国的扬·史末资，向英国政府和公众提供了宝贵的建议，即在自由原则的基础上自信地处理这一问题。

1921年，英国首相大卫·劳埃德·乔治与爱尔兰领导人埃蒙·德·瓦莱拉、阿瑟·格里菲思和迈克尔·科林斯开始谈判了。然而，拥有广泛权力的"自治"提议被拒绝了。作为报复，英国士兵面对着无休止的"麻烦"，包括四处的烧杀抢掠。大卫·劳埃德·乔治终于同意爱尔兰自治，但拒绝让爱尔兰完全独立。如果爱尔兰领导人不愿意让步，英国将尽其所能与之抗争。当双方最终清楚这一点后，就不需要进一步谈判了。1921年12月6日，爱尔兰代表团与英国代表团签署了《英爱条约》。其中，爱尔兰代表团成员有阿瑟·格里菲思、迈克尔·科林斯、罗伯特·巴顿、埃蒙·达根和乔治·加万·达菲。英国代表团成员有大卫·劳埃德·乔治、奥斯汀·张伯伦、伯肯黑德勋爵弗雷德里克·史密斯、温斯顿·丘吉尔、沃辛顿·埃文斯、哈马尔·格林伍德和戈登·休厄特。《英爱条约》被提交给英国议会和爱尔兰议会，即爱尔兰南部议会，并且得到这些机构的批准。

《英爱条约》包含在一份内容简短的文件中。如果省略关于北爱尔兰的条款，其基本规定如下：

在大英帝国的国际社会中，爱尔兰享有与加拿大自治领、澳大利亚联邦、新西兰自治领和南非联邦相同的宪法地位；为了和平、秩序和良好的政治环境，爱尔兰的议会有权制定法律；爱尔兰拥有对议会负责的行政人员；爱尔兰应被称为爱尔兰自由邦。

适用于王室或王室代表和帝国议会与加拿大自治领关系的法律、惯例和宪法惯例，也适用于和爱尔兰自由邦的关系。

爱尔兰自由邦议会议员的宣誓如下：

本人郑重宣誓对爱尔兰自由邦宪法的真实信仰和效忠。根据法律规定，本人将忠于国王乔治五世、他的继承人和合法继任者。因爱尔兰自由邦与大不列颠具有共同公民权，本人也将忠于爱尔兰自由邦构成的英联邦。

根据《英爱条约》，贝雷黑文和昆斯敦的港口防御工事仍由英国海军部负责，就像南非联邦的西蒙镇港口防御工事一样。北爱尔兰没有同爱尔兰自由邦合并，仍履行1920年的《爱尔兰政府法案》。北爱尔兰包括阿尔斯特的六个郡：安特里姆、阿马、唐、弗马纳、伦敦德里和蒂龙。根据《爱尔兰政府法案》，北爱尔兰是联合王国不可分割的一部分，北爱尔兰需派代表到伦敦参加议会。北爱尔兰还享有广泛的自治权。它拥有自己的议会（参议院和下议院）与内阁。内阁成员包括总理、财政部部长、内政部部长、教育部部长、劳工部部长、农业部部长和商务部部长。北爱尔兰的外交和国防，由联合王国负责。

《英爱条约》缔结后，就是否承认这份条约，爱尔兰自由邦，主要是伦斯特、芒斯特、康诺特、卡文、多尼戈尔和莫纳亨爆发了内战。虽然革命正在进行，但临时政府依然拥有自己的组织。如果革命成功了，临时政府必须推翻自己在战时做的工作，它必须坚定地代表法律、秩序和权威。

埃蒙·德·瓦莱拉

阿瑟·格里菲思

签订《英爱条约》

乔治·加万·达菲

奥斯汀·张伯伦

伯肯黑德勋爵弗雷德里克·史密斯

温斯顿·丘吉尔

爱尔兰自由邦临时政府的领导人一贯藐视法律，现在不得不与拒绝承认《英爱条约》的共和党人进行协商。不过，战争还是爆发了。几个月内，南爱尔兰和西爱尔兰爆发了可怕的战争。爱尔兰自由邦首席部长之一的迈克尔·柯林斯被伏击身亡。迈克尔·柯林斯原来是伦敦的一名邮局职员，后来在爱尔兰从事反对大不列颠占领军的杀戮运动。他一直是一个精力充沛、不屈不挠的领袖。在建立爱尔兰自由邦的过程中，他表现出了勇气、足智多谋和政治家风度。他理应有一个更好的结局。

在西爱尔兰的西南部，战斗尤其激烈。1922年6月28日，在都柏林，爱尔兰自由邦军队轰炸了被罗里·奥康纳和爱尔兰共和军占领的最高法院大楼。此后，这座历史悠久的建筑被摧毁了。大不列颠建筑师詹姆斯·冈东在18世纪设计的宏伟的海关大楼也未能幸免。十天的战斗使欧洲著名的街道——萨克维尔街——现在称奥康奈尔街——的大部分地区变成一片废墟。然而，坚定的态度占了上风，内战的余烬终于被扑灭了。1922年6月16日，一个立法机构被选举出来，并且获得了通过和平条约的多数票。立法机构还修改了爱尔兰自由邦的宪法。这部宪法虽然有自己的一些特点，但与其他自治领的宪法相似。政府设立一位总督、一个参议院和一个众议院；内阁被称为执行委员会；总理也被称为委员会主席，就像在法兰西第三共和国那样。

当毁灭性的内战结束后，接下来的十年，爱尔兰自由邦迎来了繁荣时期。都柏林的废墟、被炸毁的道路和桥梁，还有许多被共和党人烧毁的乡村房屋，都由政府出资得到了重建。政府的行政管理既节俭又务实。爱尔兰自由邦恢复了和平与秩序。都柏林常被称为肮脏的城市，但通过一家获得了卫生特许权的法兰西公司的努力，它成了干净整洁的城市典范。这座由宽阔的街道和广阔的广场组成的城市，再次呈现出一个欧洲重要城市该有的风貌。詹姆斯·冈东的海关大楼和最高法院大楼重新拔地而起。在促进学习和文化方面，三一学院和爱尔兰皇家学会继续开展活动。这些令人高兴的事情，是由爱尔兰自由邦第一届行政会议中有影响力的人实现的。1922年到1932年，在危险重重的情况下，

海关大楼

行政会议的议员,特别是行政会议主席威廉·托马斯·科斯格雷夫,一直坚持工作。1932年,在大选中,威廉·托马斯·科斯格雷夫被击败了,埃蒙·德·瓦莱拉成为执行委员会主席。

第 23 章

帝国会议

"会议"是外交家用来指主权独立国家的代表进行自由讨论,并且有序地解决重要问题的会谈。因此,在过去的五十年里,通过召开国际会议解决问题的方法——"会议方法"经常在英联邦内部使用,因为它体现了英联邦拥有的自由和秩序。1919年,通过"会议方法"国际联盟成立了。因此,在它成立的两年前,扬·史末资在伦敦发表的演说中提到大英帝国时可以说:"你是世界上唯一存在的国际联盟。"①

"会议"是国家间建立外交联系的一种方式,帝国会议②由"独立国家"的代表组成,即由各自治领和(从1917年起)印度的代表组成;"附属国家"或直辖殖民地从未列在其中。从1887年开始,会议一般每四年举行一次。在第一次世界大战期间,大部分自治领的总理和他们的一些同僚及印度的代表来到伦敦。1917年和1918年,在英国首相大卫·劳埃德·乔治的主持下,这些人与英国战争内阁成员一起,参加了一系列特别会议,共同组成了帝国战争内阁。当必须考虑与战争并无特别关系的一般帝国事务时,非战争内阁成员的英国大臣也会见了各自治领和印度的政治家,并且在殖民地事务大臣的主持下组织了1918年的帝国会议。帝国战争内阁是一个行使行政权力的机构,在帝国首相的

---

① 1917年5月15日,在国会晚宴上。——原注
② 帝国会议,也称殖民地会议。——原注

领导下就政策和行动方面做出明确的决定。当时，和以往一样，帝国会议只是一个起审议作用的机构。除非成员国自己同意，否则任何成员国都不受某项决议的约束。即使这样，该决议也可能被其本国政府忽视。那些认真考虑帝国共同事务的人满怀信心地期待帝国战争内阁能够作为一个永久的帝国机构继续不时地召开会议。1917年4月3日，加拿大自治领总理罗伯特·博登在帝国议会发表演讲时说："那些为海外国家的全面宪政发展付出一切努力和精力的人可以被赦免，因为他们相信从中看到了一个新的更强大的英联邦的诞生。"1917年5月17日，英国首相大卫·劳埃德·乔治在下议院宣布，帝国战争内阁"不应该被废弃"。因此，他代表英国政府提出了一项正式建议。大卫·劳埃德·乔治

罗伯特·博登

在同一次讲话中提道:"这个每年举行帝国战争内阁会晤的提议,得到了海外代表的积极拥护。"然而,当敌对行动结束时,在随之而来的普遍倦怠和思想困惑中,在举行和平会议的这糟糕的一年里对强烈民族主义的憎恨中,人们遗忘或者抛弃了建立帝国战争内阁的想法。帝国会议甚至出现了一种倒退。它又成为"一个旧有的,每四年举行一次的悠闲聚会,这个聚会讨论帝国内各种关系中不太重要的一些方面,但从未涉及帝国政策和政府的真正问题"。[①]

第一次世界大战后的第一次帝国会议于1921年召开。这次会议讨论了帝国内部的移民问题,特别是印度人的权力问题:印度人可能希望移民,如移民到南非联邦等;帝国海军防御问题,约翰·杰利科勋爵在最近的一次帝国之旅后的报告中希望建立中央对海军的集中控制;以及英日联盟问题,澳大利亚联邦希望终止该联盟。就这三个问题,帝国会议都不能达成一致的看法或制定统一的政策。然而,无论是在帝国内部还是国际事务方面,"会议方法"的优点是,通过不同国家的代表之间的个人交往和讨论,营造出一种有利于合理解决问题的氛围。1921年12月,应美国总统沃伦·哈丁的邀请,大英帝国的政治家前往华盛顿参加了一次著名的国际会议。这次会议使大英帝国的政治家能够在充分了解问题和可能达成协议的限制条件下前往华盛顿。华盛顿会议缔结了限制海军军备和维护远东和平的条约。因此,华盛顿会议间接回答了帝国海军防御——在列强限制海军军备的情况下,部分解决了该问题——和英日联盟——鉴于在华盛顿签订的《四国条约》能保证太平洋维持现状,英日联盟将被终止——的问题。1921年的帝国会议,除了使帝国政治家为华盛顿会议做好准备,还就帝国无线通信问题提出了建议,使英联邦各国之间的新闻和邮件服务有了很大改善。新西兰自治领和澳大利亚联邦非常热切地期待着这种改善,因为只有通过每天使用方便、快捷的无线电话和电报服务,英联邦各国才能互相保持联系。1921年的帝国会议取得了一些重要的成就,但在建立更紧密的宪

---

① 比较《圆桌会议》,1917年6月,第449页。——原注

政联系上，未能迈出一步。相反，它通过决议"召开制宪会议不会获得任何好处"来破坏建立帝国战争内阁的可能。

第一次世界大战后，每两年召开一次帝国会议。因此，下一次会议是1923年召开的第八次帝国会议。显然，帝国现在处于一个新时期。会议仍在伦敦举行。会议主席是英国首相，或者在他缺席的情况下是加拿大总理。①"会议是一个平等的会议。其中扬·史末资将军可能是最杰出的国际人物。他们自由、毫无保留地讨论那些英国承认自己无法解决的问题。"②从表面上看，其结果无论如何都是毁灭性的。会议宣布了帝国外交政策中的无政府主义。这是通过决议实现的，其大意是：一是双边条约应只涉及大英帝国某一成员国——与其他国家订立条约的国家——的义务，而不涉及其他成员国；二是在国际会议上谈判的条约应只涉及帝国中那些有代表出席了会议或随后批准了该条约的成员国。因此，英联邦宣布，在签订条约或实行外交政策时，它认为自己并非一个整体。

当然，这是不可避免的，因为各自治领和印度的代表分别代表自己的国家签署了1919年的《凡尔赛条约》。各自治领为了协商自己的条约，可能更愿意在他国首都拥有自己的常驻大使或外交官员，在自己的首都拥有他国外交官员。战后，加拿大自治领开始组建自己的外交机构，并且在华盛顿和东京设立了加拿大大使馆。爱尔兰自由邦在巴黎和华盛顿建立了大使馆。1923年，加拿大政府与美国谈判达成了《比目鱼条约》，并且通过其海洋和渔业大臣埃尔纳·拉普安特签署了该条约。然而，美国国务卿查尔斯·埃文斯·舒尔兹拒绝在国际法中区分大英帝国及其各个部分。他虽然批准了该条约，但其中有一项"谅解条约"，即该条约不仅约束加拿大，而且约束整个帝国。③根据1925年12月签

---

① 1907年以前，殖民地会议的主席是英国殖民地事务大臣。——原注
② 《圆桌会议》，1924年3月，第226页。——原注
③ 关于这一事件的完整讨论见阿诺德·约瑟夫·汤因比：《自和平协议以来大英帝国关系的发展》，1928年，第101页到第104页。——原注

签署《凡尔赛条约》

订的《洛迦诺条约》，英国政府与法兰西第三共和国、德意志帝国、意大利共和国和比利时王国之间的谈判（根据条约第9条）明确宣布只涉及签署和批准该条约的英联邦成员国，即英国。

无论如何，缔结条约并不是外交事务的全部工作，甚至不是其大部分工作。大大小小的突发事件频繁发生，必须迅速得到解决。在他国首都有自治领外交代表，在自治领首都有英国高级专员，在伦敦有自治领高级专员，为讨论这些突发事件提供了便利，以便及时采取行动。有线通信和无线通信也为及时解决问题提供了巨大便利。1922年11月，一支土耳其军队在小亚细亚半岛打败并击溃了一支庞大的希腊军队，取胜之后又进入了恰纳卡莱中立区。恰纳卡莱中立区位于达达尼尔海峡以南，根据《凡尔赛条约》，由英国、法兰西第三共和国和意大利共和国军队占领。然而，法兰西第三共和国和意大利共和国的士兵撤走了。面对已取得胜利并不断推进的土耳其军队，英国小规模的驻军不得不独自维护条约的尊严和西欧的威望。英国政府迅速采取行动，决定防守查纳克，并以最快的速度派遣了大量增援部队。1922年9月15日，英国政府向各自治领发出电报，"邀请各自治领派特遣队参加"。这一举措可能不合时宜。[①]当时最好的选择可能是把主动权交给各自治领。幸运的是，危机因土耳其军队从恰纳卡莱中立区撤退而解除了。这发生在各自治领感到必须要表达自己的观点并做出承诺之前。如果每个成员国的具体职责在任何时候都需要临时确定，那么在英联邦外交事务中明显的无政府状态将变成真正的无政府状态。实际上，英联邦在外交事务中只是在一定程度上相互支持，或者应该说是互助合作，而不是被要求的、被认为的或被假定的团结一致。英联邦各成员坦率地接受了这样一个原则，即每个成员国都有权选择"卷入"或"不卷入"一方的外交政策。这是防止分裂、防止解体最可靠的保证。

1923年的会议令大多数人感到失望。在解决紧迫的帝国问题方面似乎没

---

① 关于各自治领的回答，见阿诺德·约瑟夫·汤因比：《自和平协议以来大英帝国关系的发展》，第48页到第50页。——原注

斯坦利·鲍德温

有进展。最有趣的结果也许是,它关于帝国特惠制和可能在英联邦范围内达成的关税协定的讨论,已使斯坦利·鲍德温决心为英国指定关税政策。他向选民提出了一项保护政策,结果带来了保守党的失败和英国历史上第一次工党执政(1924年1月)。

下一次帝国会议不是在两年后,而是在三年后的1926年召开。自第一次世界大战结束以来,民族主义情绪在加拿大自治领、南非联邦和爱尔兰自由邦日益高涨。一个加拿大人写道(除了加拿大自治领,他的话可以应用到其他各自治领):

开始出现有组织的左翼民族主义运动……这反映了一种对目前飘忽、逃避和否认现实的政策的愤怒情绪。这种情绪可能发展成明确的分离主张，成为唯一可能保证加拿大有权过自己的生活、拥有自己的梦想、追求自己的抱负、确立自己的标准、培养对自己的忠心，并确保加拿大作为一个具有自己文化和特色的独特国家的历史延续的方法。①

这种"民族神秘主义"总是以特定的力量存在于那些认为自己没有充分知情权和自由的人中。这些人认为自己受到了限制，尽管他们并没有受到某种外部力量的压迫。多年来，扬·史末资一直指出，必须重塑英联邦的制度或法律，以消除这种限制感。"我坚持要改变帝国的宪法，我也很惊讶其他人对修改宪法的必然性没有同样的想法。英国人民必须认识到，国王统领下的兄弟邻邦必须享有完全的平等和自由。"②这种对独立国地位的要求会对整个帝国造成严重的后果，尽管《圆桌会议》十分令人震惊地提道："没有理由感到绝望或者需要革命。"③好吧，变化来了，或者说是在1926年的帝国会议上提出了新的定义。然而，南非联邦代表不再是扬·史末资，而是1924年担任总理的詹姆斯·赫佐格。

1926年召开的帝国会议在一个各国疑心重重的时刻召开，因为《洛迦诺条约》被认为是对帝国外交统一原则的一次违背。该条约是由英国单独签署的，没有与各自治领协商。"这是很重要的"，一位权威观察家写道，"在未经其伙伴国同意的情况下，帝国的一部分承担参战义务的做法不应重演。"④宪法问题是微妙的、困难的，也许是无解的，但让事情继续悬而未决并不能解决问

---

① 《圆桌会议》，1926年3月，第230页。——原注
② 来自1921年帝国会议期间扬·史末资在伦敦接受采访时的一段话。——原注
③ 《圆桌会议》，1926年3月，第233页。——原注
④ 《圆桌会议》，1926年9月，第684页。——原注

杰拉尔德·鲍尔弗勋爵

题。然而,仍有像杰拉尔德·鲍尔弗勋爵这样效忠帝国的政治家存在。杰拉尔德·鲍尔弗勋爵是20世纪最优秀、最睿智的政治家之一。在他的领导下,一个会议委员会提出了鲍尔弗报告,即《英联邦大宪章》。

鲍尔弗报告在会议上得到了一致赞同。这份报告首先阐明了"试图为大英帝国制定一部宪法是徒劳的"。因为大英帝国的各个部分彼此相距甚远,历史和发展各不相同。"作为一个整体,它与任何其他政治组织都没有真正的相似之处"。

然而,报告接着说,"帝国有一个最重要的部分"已经得到充分发展,"我们是指由大不列颠和各自治领组成的自治团体"。

它们是大英帝国内的自治区，地位平等，在内政或外交事务的任何方面都不互相从属，尽管它们以共同效忠王室的方式团结在一起，并且作为英联邦成员自由联合起来。

通过这一历史性的宣言，英国迄今为止对各自治领持有的主权正逐步减少。一位美国观察员称，完全承认该组织每个成员的地位是平等的，英国只是这个组织的一部分是"对讲英语的人民之间的这个自由组织又一重大和根本的贡献"。①

在这个自治的大英帝国内部对于平等的著名定义可能会被批评为是消极的。它被认为其"设计目标不是为了让相互合作变得容易，而是为了让相互干涉变得不可能"。鲍尔弗报告对此予以否认。"大英帝国不是建立在否定的基础上的。虽然现在每个自治领都是，而且必须永远是对其合作的性质和程度的唯一决定者，但我们认为任何共同的事业都不会因此受到威胁"。

鲍尔弗委员会支持地位平等不会妨碍合作的观点，指出"平等和相似的原则适用于其地位，而不是普遍适用于其职能"。这意味着，虽然英国和各自治领在权利和义务上都是平等的，但一个或另一个国家可能被认为是最适合承担某些任务。例如：英国不是出于选择，而是迫于环境的压力，履行了帝国警察的大部分职责，即海防和军事防卫。此外，在外交政策方面，委员会——包括所有自治领总理或其副手，"坦率地承认，在这一领域，如同在国防领域一样，现在主要的责任赋予而且必须在一段时间内持续赋予国王陛下的政府"。此时，它很自然地宣布，未经帝国成员国同意，帝国任何成员国不必承担任何政策义务。

正如《泰晤士报》指出的那样，这份提交给1926年大会的历史性报告的结果是打破了曾经将自治帝国一分为二的思维习惯——一方面是英国，另一方面是各自治领——好像它们都是一样的。作为一个君主立宪制国家，国王今后将

---

① N.M.巴特勒：《国际调解》，1927年3月。——原注

澳大利亚总理斯坦利·布鲁斯

接受每个国家或自治领的责任大臣组成的内阁的建议。因此，在帝国中，可能有和国家及民族的数量一样多的政策。这在政治学上是一种全新的、完全不合逻辑的事物。对于英联邦国家来说，它只是意味着，正如澳大利亚联邦总理斯坦利·布鲁斯在1926年会议结束后，在纽约时提道："那个经常被构想出来的大英帝国已不复存在……我们现在是英联邦。"

第十次帝国会议于1930年10月1日到1930年11月14日召开，完成了对新帝国、平等和独立国家联合体的必要定义。1926年，鲍尔弗报告的精神已被帝国不成文的宪法规则采纳。不过，宪法基本上与"杰斐逊起草《独立宣言》时"

安妮女王

的宪法保持一致。[①]尽管王室对立法的否决权随着安妮女王的驾崩一同消失，但它仍存在于各自治领。

王室否决自治领立法的方法是：一是总督拒绝批准；二是在总督批准后两年内，由王室否决自治领法律；三是保留总督拒绝的权力以便国王按照喜好

---

① R.A.麦凯：《国际调解中英联邦法律结构的变化》，1931年9月。——原注

行事。1926年后，实际上第一种由总督拒绝批准的方法已行不通了。帝国会议决定，作为王室代表，自治领的总督对自治领的权力，应该等同于英国国王的权力。"拒绝权"自1873年以来就没有被使用过，现在也不可能使用了。因为王室接受了自治领政府对其提出的关于自治领的建议。出于同样的原因，1930年会议承认，为了等待伦敦王室的最终决定，总督有权保留意见或拒绝同意。这在20世纪30年代是不可能的。1867年的《殖民地法律有效法案》仍有效，这项法案最初是为了赋予殖民地更多的自由而通过的。它宣布，只有在法律中明确宣布适用于殖民地的情况下，英国议会的法律才适用于殖民地；与这些英国法案冲突的殖民地法案被视为无效。1930年的会议建议《殖民地法律有效法案》不再适用于各自治领；英国议会只应在自治领提出请求或同意的情况下为其立法。英国议会经帝国各成员国协商后制定的此类立法被证明可能是其确保共同帝国事务，如国籍、商船条例、引渡罪犯等上保持统一的最合适方法了。

有人可能会批评说，1926年和1930年的会议使英联邦成员间的纽带变得松弛——用埃德蒙·伯克的话说就像"没有一样"。不过，埃德蒙·伯克补充说，道德纽带"像铁制的纽带一样牢固"。他说，这些东西是"人的绳索"。实际上，英联邦成员之间有一些明显的联系。尽管有六个自治领内阁可以给王室提供不同的建议让王室接受，但这六个自治领对王室有着共同的忠心。1926年会议达成的一项协议是：未经事先协商和同意，一个成员国不得通过与另一个成员国的法律冲突的法律，如关于王室头衔的法律。它们有一个共同的帝国，抑或因为在帝国内任何地方出生或根据英国法律而获得的英国国籍。这是除了本国国籍，在每一个自治领中通过自治领选择的某种方式合法获得的。它们还有共同的英国枢密院的司法委员会，即"除英国以外的所有帝国成员国的上诉法院"。这一例外使司法委员会与包括英国在内的所有成员国地位完全平等的原则不相称。随着国家地位的充分确立和独立，每一个自治领的上诉法院足以应对该自治领出现的问题。在帝国上诉方面，枢密院司法委员会必须像帝国对自治领立法拥有的各种否决权一样不再存在。成员国之间的争端不受任何法院管辖。尽管它们都接受海牙常设国际法院对外国的管辖,但对于帝国内部的争端它们并没有这么做。①

美国独立战争是因为美国人声称各殖民地和大不列颠是平等的成员,这包括同一个王室领导下的大英帝国。在每一个殖民地议会中,王室的立法权与英国王室和议会的立法权一样完整。"轮子已转了整整一圈。"②自治帝国现在采用埃德蒙·伯克和托马斯·杰斐逊在1776年提倡的制度,而拒绝采用这种制度则导致了"大英第一帝国"的瓦解。合作现在是帝国赖以生存的原则,而不是曾经的以英国为中心的指导和控制。爱尔兰自由邦外交部部长帕特里克·麦吉利根在1930年的帝国会议上说:"当旧有的帝国控制制度的某些要素得到了哪怕只是形式上的维持,合作的意愿都会被相应地削弱。"任何控制权消失的迹象或者表象,都为充满活力的英联邦成员国迅速有效的合作腾出了空间。

---

① 在接受海牙常设国际法院强制管辖的任择条款时,爱尔兰自由邦是英联邦国家中唯一一个不排除英联邦内部争端的成员国。然而,由于所有其他成员国都承认这一例外,爱尔兰自由邦在未经它们同意的情况下,不能将其中任何一个国家带到国际法院。——原注
② R.A.麦凯:《国际调解》,1931年9月,第527页。——原注

第 24 章

大英帝国与 1930 年到 1932 年的经济危机

"暴风雪"一词并没有出现在伦敦人塞缪尔·约翰的词典中,也没有出现在美国人诺厄·韦伯斯特词典的早期版本中。然而,在美洲殖民地艰苦生活的人们对这件事太了解了。暴风雪是风和雪持续无情的冲击。如果想要战胜它,人们需要付出所有耐力和智慧。早期殖民者的房屋是由粗糙的原木建成的,他们储存的柴火和面粉,几乎不足以使他们全力以赴地抵御这肆虐的暴风雪。即

塞缪尔·约翰

诺厄·韦伯斯特

使是最现代化的设备,如家用炉子和热风井,铁路和电话,以及所有获得生活必需品的手段也常常因暴风雪的持续而无济于事。1930年到1931年,帝国和整个世界都是如此。

在整个现代历史中,或长或短的经济危机不时发生。事实上,在整个有记载的人类历史上,它曾因饥荒和瘟疫而被引发。在现代,危机的形式是价格的急剧和长期下跌。这导致了或源于收入减少和购买力下降。因此,全世界面临着一个令人痛心和困惑的局面:一方面有大量待售商品,另一方面缺乏购买这些商品的资源。就像面对无情的暴风雪时一样,这种"不平衡"的局面只能靠耐力、毅力、节俭和创造力来解决。与暴风雪不同的是,经济危机不仅可以通过运用这些品质,如毅力、节俭、创造力等来化解,还可以被应对、改变、缩短。

导致萧条和危机产生的经济不平衡的原因在不同时期可能是不同的。1930年到1931年的萧条——在世界上的一些地方,它从1921年开始——有着特殊的原因:生产成本过高、生产量过大、黄金供应萎缩、银价下跌、人为的贸易壁垒——主要是关税、战争赔偿和政府间债务、移民限制、节省劳力的机器的超高速发展。[①]这些无疑都是造成大萧条的原因。然而,根本原因是第一次世界大战。不是因为第一次世界大战的破坏性很大,而是因为它搅乱了经济联系,使人和资本从普通的职业转移到非普通的职业或使人根本无法就业。这是战争在当时引起的结果或战争结束时造成的后果。英联邦所有成员国及世界上大多数其他国家都派代表参加了1927年的世界经济会议,会议报告宣布:

> 八年的战后经验证明了一个显而易见的事实,除了在实际的冲突领域,战争造成的"混乱"比实际的破坏严重得多。现在的主要问题既不是物质短缺,也不是人类开发资源的能力不足。这一切都是

---

① 参见《国际劳工局局长的报告》,1931年。——原注

一种或另一种形式的失调，不是生产能力不足，而是一系列妨碍充分利用这种能力的障碍。主要的障碍是反对劳动力、资本和货物自由流动。[1]

值得注意的是，在大英帝国内部，无论是对于"非独立"还是"独立"的英联邦成员国，这种生产和消费、购买和出售的不协调，与世界其他地区一样严重。每个成员国，当然包括英国都有自己特定的贸易政策和财政政策，其目的根本不适合其他地区或整个英联邦的经济。每个自治领和印度联邦都各有一个自己的关税制度。这部分是为了创造收入，部分是为了保护工业。英国和直辖殖民地设立了一个大体上自由，但不完全自由的贸易制度。它不是非常适合各自治领的原材料出口贸易。海外自治领并没有购买所有一般能够购买的英国制成品；英国也没有购买所有以往能够购买的海外产品和原材料。购买的减少使整个帝国各地的人们失去了工作。各自治领的失业问题使其不愿接纳更多的移民。由于第一次世界大战及后来其他经济因素和政策造成的资源枯竭，英国减少了向帝国海外自治领的资本借贷。反过来，海外自治领也不能开发资源和购买更多的进口货物。因此，如1927年世界经济会议报告的那样，在英联邦范围内，如同在世界上其他地方一样，"阻碍经济复苏的主要障碍是阻碍劳动力、资本和货物自由流动"。

然而，考虑到大英帝国资源丰富，发明的便捷的运输设施，以及普遍使用的类似或相同的语言，实施的法律、货币和贸易措施，大英帝国是一个非常适合劳动力、资本、货物广泛、持续和良性循环的国家。帝国的面积为一千四百二十七万两千七百八十二平方英里，大部分土地肥沃宜居，人口约四亿五千万。在人类所需物品方面，也许除了镭，可能没有哪种对人类有用的产品不能在帝国内大量生产[2]；而其四亿五千万居民的需求和消费能力实际上是

---

[1] 1927年世界经济会议，《最后报告》，日内瓦，1927年，第13页。——原注
[2] 见约瑟夫·钱普尼斯·坎宁安：《帝国产品》，1921年。——原注

无限的。完全有理由认为如果管理得当，帝国作为一个整体，或者帝国内任何一个国家有能力雇用所有劳动力。

1903年，约瑟夫·张伯伦发起了著名的"关税改革"运动，当时赢得了极少数经济学家和少数人的赞同。无论如何，这一运动引起了人们对帝国各地区巨大的互补资源和需求的关注。从某种意义上说，这是对18世纪重商主义思想的回归。当然，英帝国没有采取重商主义政策。这项政策的目的是通过英国议会强制将帝国的资源和帝国的需要结合起来。第一次世界大战后，阿尔弗雷德·米尔纳勋爵可能是继埃德蒙·伯克之后在帝国事务方面最有影响力的思想家和最有经验的政治家。他建议英联邦各地人民通过系统的发展，利用其无可比拟的丰富资源。

英联邦的资源是由生活在这片广阔的领土——包括英国、各自治领、印度联邦和直辖殖民地——上勤劳的人民创造的。然而，自治领是独立的国家，而印度联邦在关税政策上被认为是有自治权的。因此，如果没有长期和系统的协商，这些国家之间的政策很难统一。英国国内和海外的政党对应该采取何种政策没有达成一致意见。此外，在英国和直辖殖民地之间，可以毫无困难地实施一项共同政策。要做到这一点，并不是通过关税协议——因为英国和直辖殖民地拥有一个自由贸易体系，而是通过一个合理的方案在殖民地建设公共工程，并且教育英国人民对这些殖民地产生浓厚兴趣。

直辖殖民地主要分布在大西洋（西印度群岛、英属圭亚那）、太平洋（斐济、海峡殖民地）和非洲。大西洋殖民地主要依赖天然糖作物，但欧洲能够生产出糖的替代品。第一次世界大战后，大西洋殖民地几乎不能给英联邦提供任何经济支持；相反，它们需要小心扶植。太平洋殖民地是植物油、橡胶和矿物的高产地区，有着完善的经济体系，不需要新的措施。非洲殖民地尚未开发，正有待开发。

非洲的主要殖民地是尼日利亚、冈比亚、黄金海岸、西非的塞拉利昂、中非的乌干达和尼亚萨兰（马拉维的旧称）、东非的肯尼亚和桑给巴尔。坦噶尼喀，原名德属东非。根据国际联盟的委托，由英国政府对居住者进行托管管理。这些殖民地由两个不同的群体组成：西非和中非殖民地有大量的原住民，可以自主建设家园。在欧洲官员及其资本的协助下，他们可以开发这一地区资源。东非殖民地和托管领土上的原住民——他们也是非常落后的种族——非常稀少。因此，他们不仅需要欧洲官员及其资本的帮助，也需要定居在此的欧洲人的帮助，以发展当地经济，并对这一地区进行文明改造。东非领土由英国根据所谓的"双重授权"——在一般意义上使用的术语，而非从专业意义上指收到国际联盟的授权——进行管理。双重授权意味着这既是一项促进原住民利益的政策，也是一项促进欧洲、印度或阿拉伯定居者的非原住民利益的政策。显然，这样的政策不适用于西非和中非，因为那里没有欧洲定居者。因此，政府只有一个问题要解决，那就是增加原住民的福祉。当然，还有一个问题，那就是开发国家的物质资源，促进贸易、商业的发展，进而造福整个世界。因此，在西非和中非，政府的政治政策是将地方行政主要交给部落酋长和埃米尔管理，并且由欧洲公务员提供一个总的行政框架。在东非，政府的行政权掌握在地方部落首领、欧洲公务人员及欧洲、印度和阿拉伯居民手中。他们通过立法委员会与政府联系。无论是根据"双重"或"单一"授权的原则，对非洲殖民地福祉负有最终责任的当局是殖民地事务大臣。

关心原住民福祉的任务不仅受到非洲殖民地民政官员和公共卫生当局的关注，还得到一支由积极的教育行政人员和教师组成的队伍的关注。那些当局面对的任务可以从对热带地区非洲原住民村庄的真实描述来判断：

> 他们的村庄，和几乎所有非洲村庄一样，在某种程度上是肮脏的。羊粪、牛粪和各种生活垃圾散落在村子里。村外的地上都是人的粪便。这些人本身也不怎么干净。在欢庆日，少年油光满面，脸上粘着羽毛、抹着红泥，神采奕奕，他们可能看起来生活得不错。青年女子也是如此，只是她们身上更脏，涂上色彩的皮肤和身上披着的

毯子也不干净。当油和赤泥消失，结块的泥土仍然存在。对治疗儿童和老年人的医生和护士而言，这往往令人感到不快。肚子鼓鼓的孩子在村里的尘土和灰烬中玩耍着，这些孩子身上长满了因瘙痒或雅司病而结的痂。他们手上脏兮兮的，身上也脏兮兮的，还流着鼻涕。有足够的人活下来，他们可以维持着部落的人口，或者像20世纪30年代一样，增加部落人口数量。女人也好不到哪里去，她们裹着肮脏的衣服，用从不洗的手和从不洗的盆准备食物。到了晚上，一家人和山羊、牛犊、家禽一起，爬进阴暗、没有灯光，满是烟、动物和人的恶臭的棚屋里休息。当然，棚屋里还有无数醒着的老鼠。[①]

非洲原住民的巨大问题——教育以前是留给传教士处理的，但现在这是政府关心的事情。此外，正如过去和将来一样，这是白人的责任。因为当原住民在与欧洲人交往时，他们主要是被雇用的。这些原住民如果被友好地对待，就得到了社会地位上升的最大机会。"最简单、最自然、最明显的教化非洲原住民的方法是给他们提供体面的白人工作。"[②]

帝国的海外部分主要是"初级产品"——原材料，如棉花、橡胶、羊毛、矿物等的生产地。这些原材料是制作某些成品的基础，有些可直接食用，如坚果、谷类等。谷物来自气候温和的自治领，来自加拿大、澳大利亚、新西兰和南非，也来自印度。除了羊毛，其他产品主要来自热带非洲殖民地或亚热带海峡殖民地。西印度群岛、英属圭亚那、中美洲生产糖和水果。在第一次世界大战期间和战争刚结束不久，所有这些产品的价格在全世界范围内飙升，之后缓慢下降。1930年到1931年，它们的价格下降速度比制成品的价格下降快得多，尽管这些制成品的价格也下降了。因此，欧洲国家工厂里的工人失业人数开始逐

[①] 《圆桌会议》，1930年6月，第561页："肯尼亚的非洲教育试验"。——原注
[②] 扬·史末资：《非洲和一些世界问题》，1930年，第48页。——原注

渐增加。海外的自治领和殖民地随后发生了严重的金融危机。销往欧洲原材料的价格决定了海外自治领和殖民地的税收制度，决定了其通过修建公路、铁路、港口和其他公共工程开发资源的能力及偿还相应贷款利息的能力。世界价格水平难以捉摸的变化使中非原住民的产品一度不受欢迎，或使他们收集到的野生橡胶或棕榈仁的价值减半。

1919年到1931年，在这个困难不断增加的时期，帝国的问题比以往任何时候都得到更多的研究，帝国活动也比以往任何时候都获得了更大的支持。接连召开了几次帝国会议；自治领委员会和议会调查都在进行；英国政府开始进行一些重要的调查。1924年，一个由殖民地事务大臣奥姆斯比·戈尔担任主席的英国议会特派团前往东非。在报告中，专员建议五个自治领，包括乌干达、肯尼

奥姆斯比·戈尔

希尔顿·扬

亚、坦噶尼喀、尼亚萨拉和北罗得西亚,通过定期举行总督会议,在行政和经济政策方面进行合作。1926年,在内罗毕举行了一次总督会议。随后,由英国议会派出的希尔顿·扬委员会于1928年小心翼翼地穿越了东非和中非殖民地。1921年到1922年,一个英国殖民局委员会访问了西印度群岛。英国议会设立了殖民地发展基金,通过研究和科学调查促进殖民地经济发展。1926年,帝国会议同意在伦敦设立帝国营销委员会;营销委员会所有工作人员的年薪为一百万英镑,由英国议会和自治领支付。通过广告,特别是非常吸引人的彩色海报,以及期刊上的解释性通告,营销委员会在促进人们对帝国资源共同认知方面工作突出。大型商店和大型火车站的水果摊位,不断地为人们展示布置精美、种类繁多的产自帝国各地区的水果。

　　帝国各地民众对帝国事务日益增加的强烈兴趣并不局限于经济方面。英国和自治领之间教育的交流十分频繁。每年许多学生参加从英国出发的有组织的旅行，尽管家长不得不为此支付高昂的旅行费用。

即将到来的经济危机的第一个迹象是1926年伦敦一家股票经纪公司发布的一则通告。该通告指出澳大利亚联邦和各州的巨额公共债务在公共收入和澳大利亚贸易差额①中占很大比例。该通告在澳大利亚各地遭到质疑。人们认为这只是危言耸听。然而，观察人士禁不住对澳大利亚的高人均债务——每个男人、女人和孩子大约五十二英镑——感到吃惊。显然，除了最繁荣的时期，这些高额的人均债务是一个巨大的经济负担。1929年，自1923年起管理英联邦事务的斯坦利·布鲁斯领导的自由党在大选中被击败。由詹姆斯·斯卡林领导

詹姆斯·斯卡林

---

① 贸易差额是进出口之间的价值差额。只有在出口额超过进口额的情况下，澳大利亚才能支付所欠国外发展贷款的利息。——原注

的工党上台。该政府的任务是维持澳大利亚的工资和工时标准。随着澳大利亚商品在世界市场上价格的下跌，这项艰巨任务几乎难以完成。联邦关税——已经很高了——立即通过立法行为提高了。因此，进口可能受到限制，国内产业也会增加。詹姆斯·斯卡林宣称，政府的政策是澳大利亚能够生产的一切东西都应该在本国生产。然而，结果表明经济形势更加恶化。进口的减少并没有，实际上不可能，带来澳大利亚出口的羊毛、谷物、普通金属等数量和价格的增加，甚至不能维持原来的进出口差额。稳定澳大利亚国内制造业高昂价格的高额保护关税，只会减少销售额和造成工人的失业。1930年年底，明显的是，如果不改变经济政策，同时采取严厉的紧缩措施，澳大利亚联邦将无法维持其在国外的支出。

由于无法通过出口货物来平衡国外的支出，澳大利亚联邦正在出售澳大利亚镑[①]。其价值下降，并且被兑换成大约十六个英国先令。因此，一个必须在英国或法兰西第三共和国支付一百英镑账单的澳大利亚人，必须汇出大约一百三十澳大利亚镑。他如果以一百三十澳大利亚镑的价格向英国或法兰西第三共和国出售货物，只能收到一百英镑。如果这一过程持续很长时间，销售的压力会迫使澳大利亚镑继续贬值，直到它不再流通，澳大利亚联邦和世界其他国家之间的贸易将停止。这就是所谓的"交易崩溃"。

面对这一困境，澳大利亚联邦犹豫过后，怀抱着勇气和决心采取了行动。它急剧地减少了"社会服务"的支出——失业、养老金、医疗保险，甚至军人养老金。它降低了部长和公务人员工资支付标准，并且放宽了严格的官方工资制度，使雇主能够降低工人的工资。它缓解了进口关税的压力，以期降低澳大利亚制成品的价格。尽管新南威尔士州拖欠了海外债务，但英联邦政府承担了这一责任，澳大利亚联邦在欧洲和美洲的债务利息已全部结清。几乎所有国内公共债务都通过一种自愿的方法，在巨大的官方压力下，转换成较低的利率——

---

① 澳大利亚镑是1910年到1966年流通的澳大利亚法定货币。——译者注

百分之四，而不是百分之五。这项严厉的经济计划是在许多政府支持者的强烈反对下实施的。它挽救了经济形势，并且使澳大利亚联邦走上了复苏的道路，维持了英联邦准时和全面履行所有金融债务的声誉。

加拿大自治领的统治危机与澳大利亚联邦的危机一样严重，不仅是由于世界原材料，如小麦、木材、镍、石油等价格下跌，而且由于美国的经济萧条造成的。这是因为加拿大与美国有许多经济联系。自1922年以来，美国一直在蓬勃发展。工资飙升，机械师有汽车和宽敞的独栋房屋。每个人都乐观向上、精力充沛、开明进步、慷慨大方。新工厂、新建筑、不断增加的产量已成为商业常态。每个人都在购买股票和债券，而且总是能够以更高的价格售出。虽然股票分红并不高，但股价无疑被高估了。1929年10月，突然崩溃来临。人们不知何故失去了信心，开始亏本抛售股票。纽约证券交易所发生了恐慌。随着股票变现的损失，人们变得更穷，购买的商品更少，对生意失去了信心。贸易和企业界出现了某种瘫痪。一年之内，每个城市都出现了失业现象。在十八个月内，排队领取救济品的人们站在慈善站等待救济。

在遭受小麦和其他原材料价格下跌的同时，加拿大自治领受到美国企业倒闭的影响。加拿自治领大小麦商徒劳地建立了一个大的小麦"池"，拒绝以低价格出售小麦。小麦价格不断走低，而小麦储存费用和保险费越来越高。加拿大横贯大陆的铁路系统是为一个人口不断增长、农业和贸易不断扩大的国家而设计的，其成本远远高于世界危机时政府能支付的费用。政府系统，如加拿大国家铁路，成为一个贫穷国家财政的沉重负担。更糟糕的是，1931年夏，加拿大西部的部分地区，主要是萨斯喀彻温省遭受了严重的干旱。当地小麦歉收，大片土地变得荒芜。农业目前主要依靠政府来维持。

像澳大利亚和其他地方的大萧条一样，加拿大的经济大萧条实际上是全球大萧条的一部分。美国获得了世界上大量的黄金储备来偿还战争债务。因为美国的高关税，这些债务无法用货物偿还。由于国外经济形势的不确定性，美国银行家没有把这些黄金再借给欧洲，而是把它们放在金库里。正如人们说的那样,金库被"冻结"了,也就是说它没有用作信贷,只是从人们的视线和使用中消失了。因此,在美国和其他地方流通的货币数量都减少了,而由于丰收和制造方法的改进,商品数量增加了。更少的钱和更多的商品自然导致了价格的不断下跌和经济萧条的加剧。它需要一个勇敢的领导来扭转或改变美国迄今奉行的国际金融政策。1931年6月2日,在国会代表会议上,赫伯特·胡佛总统以沙哑的声音宣布,政府提出了为期十二个月的国际"债务假日":即暂停支付所有战争债务和赔款。

赫伯特·胡佛总统

赫伯特·胡佛总统的提议被所有感兴趣的国家接受,并且使经济形势立即得到了缓解。尽管这种缓解只是部分的。德意志帝国不必试图进行目前不可能开展的巨额资本转移,以支付赔偿。英国不必把半年一次的八千万美元——按票面价值计算,每年约三千二百万英镑——转给美国以支付战争贷款。英国政府认为,如果不允许自治领和印度获得类似的减免,就不能接受美国的债务减免,因为各自治领和印度有义务偿还英国政府在第一次世界大战期间预付的款项。因此,英联邦之间的"战争债务"被暂停。所有这些债务都是英国政府的,因此,造成英国国库每年损失一千六百万英镑。这是允许英国免除的美国债务。自治领和印度从它们没有支付的一千一百万英镑中受益。南非联邦拒绝利用英国提出的暂停政府债务的提议,慷慨地继续支付每年约八十万英镑的债务。

新西兰和印度也在1930年到1931年的经济大萧条中遭受了严重打击,尽管它们通过了最严厉的经济措施来平衡预算。西印度群岛在很大程度上依赖于糖类作物的销售。糖价长期灾难性下跌,给西印度群岛造成了难以想象的损失。这在一定程度上源于欧洲受补贴的替代品与之竞争,甚至连英国也参与了同这些"糖岛"之间的竞争。英国政府对计划经济常识有着令人难以理解的盲目性。1917年到1931年,英国政府花费了两万六千英镑,为英国制造不需要的甜菜糖工厂提供补贴。远离非洲的"糖岛"毛里求斯和西印度群岛遭受着同样的痛苦。南美洲的英属圭亚那也是如此。1931年,中美洲殖民地英属洪都拉斯的首府伯利兹几乎被一场飓风摧毁。在全球经济浪潮衰退的过程中,没有一个地方能幸免于难。苏丹的棉花产量非常高,不料这一商品只能滞销或者以不够偿还种植成本的价格出售。热带非洲殖民地森林里的原住民莫名其妙地发现,他们的棕榈仁和生橡胶只能卖往常价格的一半。这些殖民地的政府无法从贫穷的人中征收全额税款,也无法从英国招收和往常一样数量的年轻公务人员,甚至不得不解雇一些已经来到殖民地的人。

大英帝国一向被认为是稳定建立在健全的财政基础之上的。大英帝国和整个世界金融的中心是英国和英格兰银行。在第一次世界大战期间，英国政府曾禁止出售或出口黄金。尽管如此，在外汇交易中出售的英镑从未跌到很低的水平。它能兑换大约三美元三十美分，但在第一次世界大战后，它恢复到大约三美元八十美分的水平。1925年，大英帝国回到了"金本位制"，即通过一项法律规范了黄金的自由市场，该法律将英格兰银行的黄金买入价固定为每盎司三英镑十七先令九便士，其售价每盎司为三英镑十七先令十又二分之一便士。结果，英镑回到了战前四点八六美元的"平价"。只要外国人能把他们拥有的或欠他们的英镑兑换成黄金，这个汇率就可以维持下去。

1931年5月，奥地利最大的银行——安斯塔尔特信贷银行陷入了严重的财务困难，无力偿还欠下的债务。安斯塔尔特信贷银行的资金主要用于投资奥地利、捷克斯洛伐克和邻国的工业公司。当法兰西第三共和国和美国的放款人开始从奥地利共和国、德意志帝国和英国取款时，一场严重的"信任危机"发生了。英国资源的流失非常严重。1931年9月21日，英格兰银行只剩下大约一亿三千万英镑的黄金。如果允许从国外提取，英格兰银行就没有黄金储备来"支持"三亿五千万英镑的纸币。这些纸币是国家的通用货币，所有贸易、商业和日常生活的交易都依赖于这些纸币。因此，英国政府于1931年9月21日禁止英格兰银行出售和出口黄金。可以说英国取消或被取消了金本位制。英镑现在只能在世界市场上根据英国政府、英国银行和商人的信用及英国进出口的"一般余额"兑换成被认为是有价值的货币。英镑汇率从四点八六美元跌至三点七美元左右，随后升至三点九五美元左右，最终在1932年以三点三美元左右的汇率稳定下来。

如果英镑没有黄金作担保，英国、整个大英帝国和全世界的财政状况堪忧。如果英国的进口增加了而出口减少了，那么贸易平衡就必须通过在国外出售越来越多的英镑来实现。每一次新的出售都会迫使英镑贬值，直到英镑可能跌至零，也就是说直到英国破产。避免这种国家、帝国和世界灾难的一种方法是"汇集"，或者说将帝国的资源联系在一起。不过，这些资源如此大量、如此多样、如此丰富，不是说"汇集"就能"汇集"的。自从旧有的自给自足的大英第一帝国失败以来，经济上的混乱一直在英属国家间的贸易中加剧。英国的政策主要是自由贸易，以及自第一次世界大战以来确立的一些保护性关税。各自治领和印度根据其对财政、商业、社会和政治需求的不同看法制定了各自的经济政策。在英国和各自治领之间有一些"优惠"，以确保英国或自治领货物的税率略低于对外国征收的税率。不过，这些优惠很少且不协调，没有形成一个全面、合作的"国际联合体贸易体系"。1931年4月，被英国财政大臣菲利普·斯诺登在英国下议院称为"经济暴风雪"的金融和经济危机使整个英联邦，特别

菲利普·斯诺登

是最后一个被改造的国家——英国倾向于考虑经济联盟这样的制度。1931年9月,恰巧在英国参加不列颠协会百年纪念大会的扬·史末资在约克发表演讲,宣布建立经济联盟的时机已经到来。

1931年8月,当从英国提取黄金的行为即将在几个小时内导致国家破产时[①],詹姆斯·拉姆齐·麦克唐纳领导的工党政府因平衡国家预算必须削减开支(特别是失业救济金)而引起的内部分歧而解散了。大部分内阁大臣在阿瑟·亨德森的领导下加入反对方。剩下的三位大臣,即首相詹姆斯·拉姆齐·麦克唐纳、财政大臣菲利普·斯诺登和殖民地事务大臣詹姆斯·托马斯——据说,他按照国王乔治五世的建议行事——仍然在任,并且邀请斯坦利·鲍德温和赫伯特·塞缪尔爵士及保守党和自由党的其他主要政治家一起合作。新成立的政府,通过补充预算和财政法案,以及大规模财政紧缩措施,平衡了国家账户。1931年10月27日,国民政府以在下议院的压倒性多数重新当选。

---

① "几个小时"——根据首相詹姆斯·拉姆齐·麦克唐纳的观点。——原注

第 25 章

渥太华会议

在第一次世界大战结束后的十五年内,英联邦在政治方面的发展明显地趋向于自由放任。在1926年和1930年的帝国会议上,各自治领与其他国家在彼此之间及同英国的关系中被认为享有完全平等和相互依赖的地位。每一个自治领同英国一样,都效忠同一位国王,但国王也接受每个国家的内阁向他提出建议。各自治领可以在外国有自己的外交代表。其中加拿大自治领和爱尔兰自由邦的确在外国有自己的外交代表,尽管它们也利用英国的外交代表。各自治领和英国各自独立,但并非不相干的国家。普遍认为,根据国际法,各自治领和英国构成了一个共享和平与战争的单位。也就是说,帝国的一部分不可能在其余部分处于和平状态时与外国交战。幸运的是,这个尴尬的问题在实践中从未发生过。由于所有自治领和英国都签署了1928年的《非战公约》,除了自卫,它们中没有一个可以参战。因此,如果没有国家攻击它们中的任何一个国家,它们就永远不会参战。也没有一个国家可能攻击它们中的任何一个国家,因为根据国际法,这将涉及与它们全部开战。

为了在法律上充分确立自治领与英国关系中的平等和独立,一项被称为《威斯敏斯特法令》的法案被提交至英国议会,并且于1932年[①]12月获得通过。

[①] 经查证,应为1931年12月。——译者注

《威斯敏斯特法令》废除了1867年的《殖民地法律有效法案》。此后,英国将拥有自己的法律。不管英国的法规或英国政府的意见如何,每一个自治领都有权颁布自己选择的任何法律。显然,这可能导致法律体系的混乱,如在商标、专利权、航运法方面。因此,英国和自治领政府在任何与帝国其他地方的现行法律抵触的法律生效前会相互协商。

1932年,国王治下的爱尔兰自由邦政府和英国政府之间发生了令人震惊的争论。这表明有必要继续举行会议,或许还需要成立一些帝国内的联合法庭。来自爱尔兰统一党的威廉·托马斯·科斯格雷夫自1922年起担任爱尔兰自由邦委员会总统,并且根据1921年条约的各项条款以最高的水平、精力和忠诚从事

威廉·托马斯·科斯格雷夫

公共事务，但在一次大选中他落败了。共和党领袖埃蒙·德·瓦莱拉组建政府，并且立即向爱尔兰自由邦议会提出了一项法案，否认了所有爱尔兰自由邦议会的每一位成员迄今为止根据条约做出的效忠王室的誓言。他还拒绝支付根据1906年《土地法案》和其他法案因爱尔兰自由邦的佃农购买土地而需支付的年金。英国政府与威廉·托马斯·科斯格雷夫的政府达成的协议是爱尔兰自由邦应从农民处收取此年金，并且将其支付给英国财政部。英国财政部则对最初提供借款的人负责。1932年7月1日，埃蒙·德·瓦莱拉扣留了此款项。"保证支付土地年金的英国政府"必须补偿那些除英国财政部之外的提供借款的人。也就是说，英国纳税人必须偿还爱尔兰的债务。为了挽回损失，英国政府对进入英国的爱尔兰产品征收重税。作为回应，埃蒙·德·瓦莱拉则对进入爱尔兰自由邦的英国产品征收禁止性关税。因此，双方展开了纯粹的经济战争。这产生的唯一直接影响是导致英国和爱尔兰自由邦之间的贸易在实际上停止了。这一切正发生在英联邦各国都聚集在渥太华为更密切的经济合作做准备之时。

1932年4月，英国废除了自1846年7月以来与外界交往秉承的自由贸易制度。对所有来自外国的货物征收百分之十的基本关税，少数基本物品除外，主要是小麦和肉类。除了百分之十的关税，英国还采取措施对部分进口物品征收更高的关税，以保护英国工业不受外部竞争的影响。因此，1932年英国的关税既是为了增加税收，也是为了保护英国工业。然而，殖民地和自治领除外。多年来，所有自治领都对外国货物和英国货物征收高关税，尽管它们对英国货物征收的税率通常比外国货物低一些。1932年4月的《英国财政法案》规定了英国的关税，保证了殖民地和自治领1932年11月15日前的货物自由。此时，帝国经济会议将在渥太华召开，以解决帝国内的经济关系问题。因为现有的制度是各自治领几乎垄断了英国某些货物的进口，而英国的货物由于高保护性关税无法进入各自治领。

1932年7月21日，渥太华会议开幕。出席会议的有来自英国和各自治领的强大代表团。理事会主席斯坦利·鲍德温是英国代表团团长。澳大利亚联邦前总理、现任约瑟夫·莱昂斯内阁成员斯坦利·布鲁斯是澳大利亚联邦代表团团长。南非联邦财政部部长尼古拉·哈文加、新西兰自治领总理戈登·科茨、爱尔兰自由邦执行委员会副主席肖恩·托马斯·奥凯利、纽芬兰自治领总理弗雷德里克·奥德迪斯、罗德西亚总理霍华德·莫法特等出席会议。印度的代表是阿图尔·查特吉爵士和其他人，他们组成了一个非常强大的代表团。会议主席是加拿大自治领总理理查德·本内特。在精彩的开幕式之后，加拿大总督维尔·庞森比和所有主要代表发表了讲话。会议要求大家在一个月里安下心来面对一份艰苦的工作。要考虑的商业和法律问题非常复杂。八月的渥太华很热，有时甚至让人感到窒息。幸运的是，会议成员拥有自治领议会众多宽敞的会议室，偶尔也可以前往周围树林和湖泊附近放松。

当然，很难想象渥太华会议能够同意在帝国内部建立自由贸易。有两个原因阻止了这一点。一是多年来每个自治领都是在关税收入的基础上做出财政计划。二是虽然每一个自治领的关税在某些部门是为了获得收入而设计的，但在其他部门它绝对是强有力的保护。每一个自治领在保护性关税的背后，都鼓励其公民建立产业——一些合适的和一些不合适的产业。随着关税的降低甚至取消，这些产业将衰落甚至消亡。正如尼古拉·哈文加在会议上第一次发言时坦率地指出的那样，其他自治领的发言人也明确申明了同样的观点：

> 联合政府认为，第二产业的发展是经济增长的必然伴生物。任何一个自治领创建自身的权利都是不容置疑的，不完全依赖第一产业的政策才是一项健全的政策。该联合政府在金矿开采业中曾经是幸运的，但它的活动期限已被限制；农业，另一个重要的第一产业，依赖于农民无法控制的两个因素：天气和其他国家的购买力。
>
> 一项为第二产业投资五千六百万英镑、为二十万人提供就业机会的产业政策是不能放弃的。南非的工业家尽管并不反对关税减让，但担心降低确定的关税税率可能会造成的影响。

这意味着，通过高额的保护性关税和高昂的补贴建立了"第二产业"——制造业的这些自治领，现在不能牺牲这些产业。它们不想从国外进口货物。自然地，它们希望出口大量过剩的"初级"货物、食物和原材料。然而，它们不能指望这一目标完全实现，因为英国在制成品方面也存在出口顺差。如果没有人购买它的出口品，就不能继续大量进口粮食和原材料。澳大利亚联邦的斯坦利·布鲁斯在《泰晤士报》上宣称，"最重要的，也是我们所有行为的指导原则是，必须确保以尽可能低的价格向英国提供足够的食品和原材料"。此外，"在工业上，非常需要在帝国内部为英国制成品提供更广阔的市场。英国是我们帝国经济结构的基石，没有一个拥有高购买力的繁荣英国，我们的一切努力肯定会失败"。[①]

所有这些仅仅证明了渥太华会议应该安排一场"交易"，或者说给予和接受的协议。这是下个月的工作，即紧张、密切、严肃的工作和谈判。最后，这些困难——当然不是所有的，但许多困难——都得到了解决。1932年8月21日到1932年8月22日午夜，与会代表签署了《渥太华协定》。

除了爱尔兰自由邦，英国和每个自治领都签订了协议。其他协议则在各自治领之间签订。整个过程是帝国内部互惠贸易优惠与合作体系的开端——不可能更多了。最重要的安排是将自治领的小麦和肉类进口到英国，并将英国的制成品进口到各自治领。英国政府同意在三年内继续免税进口各自治领产品。之前，英国政府对几乎所有外国产品都征收关税。不征税的主要外国产品是小麦、黄油、奶酪和肉类。作为对自治领的让步，现在英国政府同意对外国征收百分之二十五的小麦税、百分之十五的黄油税、百分之十五的奶酪税。在烟草和茶叶的税收征收方面，英国对自治领有利的现行优惠都得到延续。英国政府对进口到英国的肉类没有制定征税，但承诺实行"配额制"，即调节供应，只允许一定数量的肉类从国外进口。

---

① 见《泰晤士报》，1932年7月25日。——原注

约瑟夫·莱昂斯

尼古拉·哈文加

戈登·科茨

弗雷德里克·奥德迪斯

作为对这些明显巨大让步的回报，各自治领通过单独的协议，承诺"在考虑经济和高效生产的相对成本等因素后"，给予"英国制造商关税让步，从而使他们与自治领内的小企业主公平竞争"。这意味着，无论如何，对英国制成品征收的自治领关税将不是"禁止性的"。各自治领还承诺不会通过关税保护不适宜的行业，而只保护那些"有合理的保证、有巨大成功机会的行业"。[1]

自詹姆斯·拉姆齐·麦克唐纳领导的联合政府成立以来，英国政府一直宣称其最终目标是通过在全世界普遍降低关税来加强国际贸易。缔结《渥太华协定》是第一步，随后是英国与外国之间的互惠贸易优惠协定。各方都认识到，大英帝国不可能独自生存。因为快速通信手段的发展及全球银行业和航运业的相互作用，实际上已使世界成为一个统一的整体。大英帝国的每一个成员国都是国际联盟的成员国，因此，大英帝国对世界范围内的合作负有普遍责任。渥太华会议和由此产生的帝国内部协定是1933年也就是经济大萧条的第三年举行的世界经济会议的序曲。

---

[1] 会议及其协议见1932年渥太华帝国经济会议，1932年，第4174号和第4875号文件。——原注

译名对照表

A History of New York	《纽约外史》
Abdur Rahman Khan	阿卜杜勒·拉赫曼汗
Abraham Josias Sluysken	亚伯拉罕·乔赛亚斯·斯吕斯肯斯
Abyssinia	阿比西尼亚
Acadia	阿卡迪亚
Act of 1909	《1909年法案》
Act of Parliament	《议会法案》
Act of Uniformity	《联合法案》
Acts of Trade	《贸易法案》
Adam Smith	亚当·斯密
Adelaide	阿德莱德
Adelaide of Saxe-Meiningen	萨克森-迈宁根的阿德莱德
Admiralty Courts	海事法院
Afghanistan	阿富汗
Afrikaans	南非荷兰语
Afrikander Bond	阿非利卡人大会
Agra	阿格拉
Ajmir	阿杰米尔
Akbar	阿克巴
Albany	奥尔巴尼
Albemarle Sound	阿尔伯马尔湾

Albert Gallatin	艾伯特·加勒廷
Alberta	艾伯塔省
Aldwincle	阿尔文克尔
Alexander Baring	亚历山大·巴林
Alexander Burnes	亚历山大·伯恩斯
Alexander Galt	亚历山大·高尔特
Alexander the Great	亚历山大大帝
Alexandre Exquemeling	亚历山大·埃克梅林
Alfred Beit	阿尔弗雷德·拜特
Alfred Milner	阿尔弗雷德·米尔纳
Algoa Bay	阿尔哥亚湾
Aliwal	阿利瓦尔
Allahabad	阿拉哈巴德
Allegheny Mountains	阿勒格尼山脉
All-Indian Federation	全印联邦
American Revolution	美国独立战争
Amerigo Vespucci	阿梅里戈·韦斯普奇
Amir	埃米尔
Amritsar	阿姆利则
Amsterdam	阿姆斯特丹
Andaman	安达曼
Andrew Fisher	安德鲁·费希尔
Andrew Jackson	安德鲁·杰克逊
Andries Hendrik Potgieter	安德里斯·亨德里克·波特希特
Andries Pretorius	安德里斯·比勒陀利乌斯
Andries Waterboer	安德里斯·沃特布尔
Anglicanism	圣公宗
Anglo-Boer War	英布战争
Anglo-Burgundian Treaty	《盎格鲁－勃艮第条约》
Anglo-Egyptian Sudan	英埃苏丹
Anglo-Irish Treaty	《英爱条约》

Angola	安哥拉
Angra Pequena	安格拉佩克纳
Anne-Robert-Jacques Turgot	安内－罗贝尔－雅克·杜尔哥
Anstruther	安斯特拉瑟
Anthony Ashley Cooper	安东尼·阿什利·库珀
Anthony Jenkinson	安东尼·詹金森
Anticosti Island	安蒂科斯蒂岛
Antrim	安特里姆
Anzac	安扎克
Arab	阿拉伯
Arabia	阿拉伯半岛
Arabian Nights	《天方夜谭》
Arabs	阿拉伯人
Arakan	若开邦
Archangel	大天使
Arcot	阿尔果德
Argyll	阿盖尔
Armagh	阿马
Armistice	《停战协定》
Arthur Barlow	阿瑟·巴洛
Arthur Griffith	阿瑟·格里菲思
Arthur Henderson	阿瑟·亨德森
Arthur Phillip	阿瑟·菲利普
Arthur Wellesley	阿瑟·韦尔斯利
Articles of Capitulation	《投降条款》
Asia Minor	小亚细亚半岛
Assaye	阿萨耶
Athens	雅典
Atlantic	大西洋
Atul Chatterjee	阿图尔·查特吉
Auckland	奥克兰

Augustus Charles Gregory	奥古斯塔斯·查尔斯·格雷戈里
Aurangzeb	奥朗则布
Austen Chamberlain	奥斯汀·张伯伦
Austerfield	奥斯特菲尔德
Australian Alps	澳大利亚的阿尔卑斯山脉
Austria	奥地利
Austrian Netherlands	奥属尼德兰
Avon	埃文河
Awadh	阿瓦德
Babur	巴布尔
Babworth	巴布沃思
Bago	勃固省
Balfour Report	鲍尔弗报告
Ballarat	巴拉腊特
Banjit Singh	巴尔吉特·辛格
Bank of England	英格兰银行
Bantu	班图
Baptist	浸礼宗
Baptists	浸礼宗信徒
Barbados	巴巴多斯
Barolong	巴罗隆
Baron Baltimore	巴尔的摩男爵
Baron Glenelg	格莱内尔格男爵
Baron Sydenham	锡德纳姆男爵
Bartholomew Columbus	巴塞洛缪·哥伦布
Bartolomé de las Casas	巴托洛梅·德·拉斯·卡萨斯
Bathurst	巴瑟斯特
Battle of Wandiwash	旺迪瓦什战役
Bechuanaland	贝专纳兰
Behar	比哈尔
Belgian	比利时

Belize	伯利兹
Benares	贝拿勒斯
Bendigo	本迪戈
Bengal	孟加拉
Benguela	本格拉
Benjamin Disraeli	本杰明·迪斯雷利
Benjamin D'Urban	本杰明·德班
Benjamin Franklin	本杰明·富兰克林
Berbice	贝尔维塞
Berehaven	贝雷黑文
Berkshire	伯克郡
Berlin Act	《柏林法案》
Berlin University	柏林大学
Bermuda	百慕大群岛
Berwick	贝里克
Bible	《圣经》
Bibliotheque National of Paris	巴黎国家博物馆
Bikaner	比卡内尔
Billy Hughes	比利·休斯
Birkenhead	伯肯黑德
Bishop's Stortford	毕晓普斯托福德
Black Week	黑色星期
Bladensburg	布莱登斯堡
Blair	布莱尔
Blantyre	布兰太尔
Bloemfontein	布隆方丹
Blood River	血河
Blue Mountains	蓝山山脉
Blueberg	蓝堡
Board of Control	控制委员会
Board of Trade and Plantations	贸易和殖民地委员会

Boers	布尔人
Bokhara	布哈拉
Bolan	博兰
Bombay	孟买
Book of Psalms	《圣咏集》
Boomplats	布姆普拉茨
Boston	波士顿
Botany Bay	植物学湾
Boussa	布萨
Brandon	布兰登
Brazil	巴西
Brisbane	布里斯班
Bristol	布里斯托尔
British Cabinet	英国内阁
British Columbia	英属哥伦比亚
British East Africa	英属东非
British Empire	大英帝国
British Finance Act	《英国财政法案》
British Guiana	英属圭亚那
British Guinea	英属几内亚
British Isles	不列颠群岛
British New Guinea	英属新几内亚岛
British North America Act	《英属北美法案》
British Privy Council	英国枢密院
British South Africa Company	不列颠南非公司
Bronkhorst Spruit	布龙克霍斯茨普雷
Brownists	勃朗派
Buenos Aires	布宜诺斯艾利斯
Buffalo	布法罗
Burlington County	伯灵顿县
Burma	缅甸

Burnu	伯努
Bushmen	布须曼人
Bytown	拜敦
Cairo	开罗
Calcutta	加尔各答
Calgary	卡尔加里
Calicut	卡利卡特
California	加利福尼亚
Callao	卡亚俄
Calvinist	加尔文主义
Cambrai	康布雷
Cambridge	剑桥
Cameroon	喀麦隆
Canada Act	《加拿大法案》
Canadian Northern	加拿大北方铁路
Canadian Pacific Railway Limited	加拿大太平洋铁路公司
Çanakkale	恰纳卡莱
Cape Breton Island	布雷顿角岛
Cape Cod	科德角
Cape Colony	开普殖民地
Cape Finisterre	菲尼斯特雷角
Cape of Good Hope	好望角
Cape Town	开普敦
Cape Town Public Library	开普敦公共图书馆
Cape Town-Bulawayo	开普敦－布拉瓦约
Cape Verde Islands	佛得角群岛
Caribbean Sea	加勒比海
Carignan	卡里尼昂
Carl Volkner	卡尔·福尔克纳
Carnatic	卡纳提克
Carolina	卡罗来纳

Carolina Rice Act	《卡罗来纳大米法案》
Carthage	迦太基
Cavan	卡文
Cawnpore	坎普尔
Cayugas	卡尤加族
Cecil Rhodes	塞西尔·罗兹
Celebes	西里伯斯岛
Cetshwayo kaMpande	塞奇瓦约·卡姆潘德
Ceylon	锡兰
Champlain	尚普兰湖
Chanda Sahib	昌达·萨希卜
Chandernagore	金德讷格尔
Channel Islands	海峡群岛
Charles Buller	查尔斯·布勒
Charles Canning	查尔斯·坎宁
Charles Cornwallis	查尔斯·康沃利斯
Charles Eden	查尔斯·伊登
Charles George Gordon	查尔斯·乔治·戈登
Charles Grant	查尔斯·格兰特
Charles Grey	查尔斯·格雷
Charles Hardinge	查尔斯·哈丁
Charles I	查理一世
Charles II	查理二世
Charles Kingsley	查尔斯·金斯利
Charles Kirkhoven	查尔斯·柯克霍芬
Charles Mason	查尔斯·梅森
Charles Mostyn Owen	查尔斯·莫斯廷·欧文
Charles Napier	查尔斯·内皮尔
Charles Poulett Thomson	查尔斯·波利特·汤姆森
Charles Somerset	查尔斯·萨默塞特
Charles Sturt	查尔斯·斯特尔特

Charles Townshend	查尔斯·汤曾德
Charles Tupper	查尔斯·塔珀
Charles V	查理五世
Charleston	查尔斯顿
Chartered Company	特许公司
Chateaugay	沙托盖
Chelmsford	切姆斯福德
Chesapeake Bay	切萨皮克湾
Chester	切斯特
Chieveley	奇夫利
Chile	智利
Chillianwala	奇利安瓦拉
China	中国
Chippawa	奇帕瓦
Christchurch	克赖斯特彻奇
Christiaan de Wet	克里斯蒂安·德·韦特
Christiaan Frederik Beyers	克里斯蒂安·弗雷德里克·拜尔斯
Christopher Columbus	克里斯托弗·哥伦布
Chrystler's Farm	克里斯特勒农场
Civil War	内战
Clarendon	克拉伦登
Clifton	克利夫顿
Closer settlement	更近定居
Cocos	科库斯
Colenso	科伦索
College of William & Mary	威廉玛丽学院
Colonial Laws Validity Act	《殖民地法律有效法案》
Colonial Manufactures Prohibition Act	《殖民地工业品禁止法案》
Commissioners of the Trade in England	大不列颠贸易专员
Commodore	海军准将
Common Law Courts	普通法法院

Commonwealth of Australia Act	《澳大利亚联邦法案》
Commonwealth of England	英吉利共和国
Commonwealth of Nations	英联邦
comte de Lally	拉利伯爵
Comte de Mirabeau	米拉波伯爵
Concord	康科德
Conference of Berlin	柏林会议
Congo Free State	刚果自由邦
Congo River	刚果河
Congregational	公理会
Connaught	康诺特
Connecticut	康涅狄格
Constantinople	君士坦丁堡
Convention of Bloemfontein	《布隆方丹协定》
Cookhouse	库克豪斯
Coolgardie	库尔加迪
Copenhagen	哥本哈根
Cornishman	康沃尔郡
Court of Appeal	上诉法院
Court of King's Bench	王座法庭
Credit Anstalt	安斯塔尔特信贷银行
Cresswell	克雷斯韦尔
Crimean War	克里米亚战争
Croatoan	克洛坦
Croatoan Indian	克洛坦族印第安人
Crown Colonies	直辖殖民地
Crown Point	克朗波因特
Crowndale	克伦代尔
Cuba	古巴
Curzon	柯曾
Custom House	海关大楼

Customs Union	关税同盟
Cuyler	凯勒
Czechoslovakia	捷克斯洛伐克
Dail Eireann	爱尔兰议会
Dalhousie University	达尔豪西大学
Daniel Defoe	丹尼尔·笛福
Daniel Webster	丹尼尔·韦伯斯特
Dante Alighieri	但丁·阿利吉耶里
Dardanelles	达达尼尔海峡
Darling River	达令河
David Baird	大卫·贝尔德
David Livingstone	大卫·利文斯通
David Lloyd George	大卫·劳埃德·乔治
De Beer	戴比尔斯
Deccan	德干高原
Delagoa Bay	德拉瓜湾
Delaware	特拉华
Delville	德尔维尔
Demerara	德马拉
Denbigh	登比
Deptford	德特福德
Devon	德文郡
Dharamshala	达兰萨拉
Dingaan Zulu	丁冈·祖鲁
Diwani	迪瓦尼
Doctrine of Lapse	权力失效原则
Dominions	自治领
Donald Smith	唐纳德·史密斯
Donegal	多尼戈尔
Doornkop	道恩寇普
Dost Mohammed Khan	多斯特·穆罕默德汗

Down	唐
Downing Street	唐宁街
Drakensberg	德拉肯斯山脉
Du Toit	杜托伊特
Dublin	都柏林
Dufferin	达弗林
Duke of Newcastle	纽卡斯尔公爵
Duke of Wellington	威灵顿公爵
Duke of York	约克公爵
Duleep Singh	杜勒普·辛格
Duntroon	邓特伦
Durban	德班
Dutch - Huguenot	荷兰－胡格诺人
Dutch East India Company	荷兰东印度公司
Dutch Reformed Church	荷兰归正教会
Dutch Republic	荷兰共和国
Eamon de Valera	埃蒙·德·瓦莱拉
Eamon Duggan	埃蒙·达根
Earl Elgin	埃尔金伯爵
Earl Grey	格雷伯爵
Earl of Aberdeen	阿伯丁伯爵
Earl of Beaconsfield	比肯斯菲尔德伯爵
Earl of Bellomont	贝洛蒙特伯爵
Earl of Carnarvon	卡那封伯爵
Earl of Chatham	查塔姆伯爵
Earl of Durham	达勒姆伯爵
Earl of Elgin	埃尔金伯爵
Earl of Ellenborough	埃伦伯勒伯爵
Earl of Mayo	梅奥伯爵
Earl of Minto	明托伯爵
Earl of Selborne	塞尔伯恩伯爵

East Anglia	东盎格利亚
East India Company of London	伦敦东印度公司
East Windsor	东温莎
Eastern Cape	东开普省
Edict of Nantes	《南特敕令》
Edmonton	埃德蒙顿
Edmund Allenby	埃德蒙·艾伦比
Edmund Andros	埃德蒙·安德罗斯
Edmund Burke	埃德蒙·伯克
Edmund Drake	埃德蒙·德雷克
Eduard Schnitzer	爱德华·施尼策尔
Edward Braddock	爱德华·布拉多克
Edward Bulwer-Lytton	爱德华·布尔沃-利顿
Edward Gibbon Wakefield	爱德华·吉本·韦克菲尔德
Edward Hammond Hargraves	爱德华·哈蒙德·哈格雷夫斯
Edward Hyde	爱德华·海德
Edward John Eyre	爱德华·约翰·艾尔
Edward Law	爱德华·劳
Edward Teach	爱德华·蒂奇
Edward Thatch	爱德华·萨奇
Edward VI	爱德华六世
Edward VII	爱德华七世
Edward Wood	爱德华·伍德
Edwin Samuel Montagu	埃德温·塞缪尔·蒙塔古
Egypt	埃及
Elandslaagte	埃兰兹拉赫特
Elizabeth I	伊丽莎白一世
Emden	"埃姆登"号
Emin Pasha	埃明帕夏
Empire Parliamentary Association	帝国议会协会
English Privy Council	大不列颠枢密院

Equatorial Africa	英属赤道非洲
Erie Canal	伊利运河
Ernes Lapointe	埃尔纳·拉普安特
Erytraea	厄立特里亚
Essay on Projects	《论开发》
Essequibo	埃塞奎博
Ethiopians	埃塞俄比亚人
Etienne Tache	艾蒂安·塔谢
Eton	伊顿
Eureka Stockade	尤里卡栅栏
Evangeline	《伊凡吉林》
Evans	埃文斯
Exercise Bill	《行权议案》
Eyre Coote	艾尔·库特
Falmouth	法尔茅斯
Ferdinand II	斐迪南二世
Ferdinand Magellan	斐迪南·麦哲伦
Ferdinando Georges	费迪南多·乔治斯
Fermanagh	弗马纳
Ferozeshah	费罗泽沙
Fezzan	费赞
First French Empire	法兰西第一帝国
First Maori War	第一次毛利战争
Flanders	佛兰德斯
Florence	佛罗伦萨
Florence Baker	弗洛伦斯·贝克
Foreign Enlistment Act 1870	《1870年外国征兵法案》
Fort Dequesne	德凯纳堡
Fort Jellalabad	杰拉拉巴德堡
Fort St.David	圣大卫堡
Foy	福伊
Francis Bacon	弗朗西斯·培根

Francis Drake	弗朗西斯·德雷克
Francis Rawdon-Hastings	弗朗西斯·罗顿-黑斯廷斯
Francisco Pizarro	弗朗西斯科·皮萨罗
Frederic Thesiger	弗雷德里克·塞西杰
Frederick Alderdice	弗雷德里克·奥德迪斯
Frederick Courteney Selous	弗雷德里克·考特尼·塞卢斯
Frederick Hugh Roberts	弗雷德里克·休·罗伯茨
Frederick Linde	弗雷德里克·林德
Frederick North	弗雷德里克·诺思
Frederick Sleigh Roberts	弗雷德里克·斯莱·罗伯茨
Frederick Smith	弗雷德里克·史密斯
Frederick Temple Blackwood	弗雷德里克·坦普尔·布莱克伍德
Freeman Thomas	弗里曼·托马斯
French Congo	法属刚果
Gallipoli	加利波利
Gambia	冈比亚
Gardiner Island	加德纳岛
Gaspe Peninsula	加斯佩半岛
Geelong	吉朗
George Brown	乔治·布朗
George Brydges Rodney	乔治·布里奇斯·罗德尼
George Calvert	乔治·卡尔弗特
George Campbell	乔治·坎贝尔
George Canning	乔治·坎宁
George Cartier	乔治·卡蒂埃
George Cathcart	乔治·卡思卡特
George Clerk	乔治·克拉克
George Eden	乔治·伊登
George Gavan Duffy	乔治·加万·达菲
George Gipps	乔治·吉普斯
George Grenville	乔治·格伦维尔
George Grey	乔治·格雷

George Hamilton Gordon	乔治·汉密尔顿·戈登
George III	乔治三世
George Jackson	乔治·杰克逊
George Leveson-Gower	乔治·莱韦森－高尔
George Nathaniel	乔治·纳撒尼尔
George Pomeroy Colley	乔治·波默罗伊·科利
George Pritchard	乔治·普里查德
George Robinson	乔治·鲁宾逊
George Selwyn	乔治·塞尔温
George Somers	乔治·萨默斯
George Washington	乔治·华盛顿
George White	乔治·怀特
George Whitefield	乔治·怀特菲尔德
Georgia	佐治亚
Gerald Balfour	杰拉尔德·鲍尔弗
Gerhard Rohlfs	格哈德·罗尔夫斯
German East Africa	德属东非
German New Guinea	德属新几内亚
German Samoa	德属萨摩亚
German South-West Africa	德属西南非洲
Germantown	日耳曼敦
Gerrit Maritz	赫里特·马里茨
Ghazipur	加齐普尔
Gilbert du Motier	吉尔伯特·杜·莫捷
Gilbert Elliot	吉尔伯特·埃利奥特
Gilbert Kynynmound	吉尔伯特·基宁蒙德
Glamorgan	格拉摩根
Glasgow	格拉斯哥
Glorious Revolution	光荣革命
Gloucester	格洛斯特
Gold Coast	黄金海岸
Gold Commissioners	黄金委员会

Golden Hind	"金鹿"号
Gondokoro	冈多科罗
Gordon Bennett	戈登·本内特
Gordon Coates	戈登·科茨
Gordon Hewart	戈登·休厄特
Gospel	传播福音
Government of Great Britain	大不列颠政府
Government of India Bill	《印度政府法案》
Government of Ireland Act	《爱尔兰政府法案》
Grahamstown	格雷厄姆斯敦
Grand Trunk	大干线铁路
Gravesend	格雷夫森德
Great Australian Bight	大澳大利亚湾
Great Economic Depression	经济大萧条
Great Fish River	大鱼河
Great Karroo	大卡鲁
Great Lakes	五大湖
Great Trek	大迁徙
Greenwich	格林尼治
Gregory Blaxland	格雷戈里·布拉克斯兰
Gregory the Great	勇敢的格雷戈里
Griqua	格里夸
Griqualand West	西格里夸兰
Groote Schuur	格罗特·舒尔
Guadalupe	瓜达卢佩
Guatulco	瓜图尔科
Guernsey	根西岛
Guinea	几内亚
Gujarat	古吉拉特
Gulf of Carpentaria	卡奔塔利亚湾
Gulf of Mexico	墨西哥湾
Gulf of St.Lawrence	圣劳伦斯湾

Gurkha State	廓尔喀王朝
Gustav Nachtigal	古斯塔夫·纳赫蒂加尔
Guy Carleton	盖伊·卡尔顿
Gwalior	瓜廖尔
Hague	海牙
Halibut Treaty	《比目鱼条约》
Halifax University	哈利法克斯大学
Hamar Greenwood	哈马尔·格林伍德
Hamburg	汉堡
Hamilton Hume	汉密尔顿·休姆
Harry Smith	哈里·史密斯
Harvard	哈佛
Heinrich Barth	海因里希·巴尔特
Henrietta Maria	亨丽埃塔·玛丽亚
Henry Bartle Frere	亨利·巴特尔·弗里尔
Henry Bathurst	亨利·巴瑟斯特
Henry de Villiers	亨利·德·维利尔斯
Henry Dundas	亨利·邓达斯
Henry Fynn	亨利·弗恩
Henry George	亨利·乔治
Henry Harding	亨利·哈丁
Henry Havelock	亨利·哈夫洛克
Henry Herbert	亨利·赫伯特
Henry IV	亨利四世
Henry John Palmerston	亨利·约翰·帕默斯顿
Henry Kingsley	亨利·金斯利
Henry Lawrence	亨利·劳伦斯
Henry Loch	亨利·洛赫
Henry Morgan	亨利·摩根
Henry Morton Stanley	亨利·莫顿·斯坦利
Henry Newbolt	亨利·纽博尔特
Henry Parkes	亨利·帕克斯

Henry Pay	亨利·帕伊
Henry Pelham Clinton	亨利·佩勒姆·克林顿
Henry Petty Fitzmaurice	亨利·佩蒂·菲茨莫里斯
Henry V	亨利五世
Henry VII	亨利八世
Henry Wadsworth Longfellow	亨利·沃兹沃思·朗费罗
Herbert Hoover	赫伯特·胡佛
Herbert Rhodes	赫伯特·罗兹
Herbert Samuel	赫伯特·塞缪尔
Hercules Robinson	赫尔克里士·鲁宾逊
Hereros	赫雷罗人
Herman Melville	赫尔曼·梅尔维尔
Hernán Cortez	埃尔南·科尔特斯
Herodotus	希罗多德
High Church	高教会派
High Commission	高级专员公署
High Seas	公海
Hilton Young	希尔顿·扬
Himalayan	喜马拉雅山脉
Hinduism	印度教
Hindustani	印度斯坦语
Historical Collections	《历史集》
History	《历史》
History of New England	《新英格兰史》
HMS Bounty	"邦蒂"号
Holkar of Indore	印多尔的霍尔卡
Home Popham	霍姆·波帕姆
Honduras	英属洪都拉斯
Honoré Gabriel Riqueti	奥诺雷·加布里埃尔·里克蒂
Horatio Herbert Kitchener	霍拉肖·赫伯特·基奇纳
Hottentots	霍屯督人
House of Bourbon	波旁家族

House of Plantagenet	金雀花王朝
House of Stuart	斯图亚特王朝
House of Tudor	都铎王朝
Howard Moffatt	霍华德·莫法特
Hudson	哈得孙
Hudson Bay Company	哈得孙湾公司
Hudson River	哈得孙河
Hudson Valley	哈得孙山谷
Hugh Gough	休·高夫
Hugh Rose	休·罗斯
Hugh Willoughby	休·威洛比
Huguenots	胡格诺派
Humphrey Gilbert	汉弗莱·吉尔伯特
Hyder Ali	海德尔·阿里
Ilala	伊拉拉
Illinois	伊利诺伊州
Immanuel Kant	伊曼纽尔·康德
Indepents	独立派
India	印度
Indian National Congress Party	印度国民大会党
Indies	印度群岛
Indus	印度河
Inferno	《地狱》
Ingogo Rivers	因戈戈河
Irish Free State	爱尔兰自由邦
Iroquois	易洛魁人
Iroquois Confederacy	易洛魁联盟
Isaac Watts	艾萨克·沃茨
Isabella I	伊莎贝拉一世
Isandlwana	伊散德尔瓦纳
Isthmus of Darien	达连地峡
Isthmus of Panama	巴拿马地峡

Ivan the Terrible	恐怖伊凡
Jacob Leisle	雅各布·莱斯勒
Jacob Van Deventer	雅各布·范·德文特
Jacobus de la Rey	雅各布斯·德拉·雷伊
Jacques Cartier	雅克·卡蒂埃
Jamaica	牙买加
James Anthony Froude	詹姆斯·安东尼·弗劳德
James Broun-Ramsay	詹姆斯·布龙－拉姆齐
James Bruce	詹姆斯·布鲁斯
James Buchanan	詹姆斯·布坎南
James Cook	詹姆斯·库克
James Edward Oglethorpe	詹姆斯·爱德华·奥格尔索普
James Franklin	詹姆斯·富兰克林
James Gandon	詹姆斯·冈东
James Grant	詹姆斯·格兰特
James Henry Scullin	詹姆斯·亨利·斯卡林
James Hertzog	詹姆斯·赫佐格
James I	詹姆斯一世
James Madison	詹姆斯·麦迪逊
James Mitchell	詹姆斯·米切尔
James Neil	詹姆斯·尼尔
James Ramsay MacDonald	詹姆斯·拉姆齐·麦克唐纳
James River	詹姆斯河
James Scullin	詹姆斯·斯卡林
James Thomas	詹姆斯·托马斯
James Willcocks	詹姆斯·威尔科克斯
James Wilson	詹姆斯·威尔逊
James Wolfe	詹姆斯·沃尔夫
Jamestown	詹姆斯敦
Jan Hofmeyr	扬·霍夫迈尔
Jan van Riebeeck	扬·范·里贝克
Jan Willem Janssens	扬·威廉·詹森斯

Java	爪哇岛
Jean Talon	让·塔隆
Jean-Baptiste Colbert	让－巴蒂斯特·科尔贝
Jeffery Amherst	杰弗里·阿默斯特
Jeremiah Dixon	杰里迈亚·狄克逊
Jersey	泽西岛
Jerusalem	耶路撒冷
Jesuit Relations	《耶稣会报道》
Jhansi	占西
Johann Wolfgang von Goethe	约翰·沃尔夫冈·冯·歌德
Johannes Bezuidenhout	约翰内斯·伯泽伊登霍特
Johannesburg	约翰内斯堡
John Adams	约翰·亚当斯
John Alexander Macdonald	约翰·亚历山大·麦克唐纳
John Bunyan	约翰·班扬
John Cabot	约翰·卡伯特
John Child	约翰·蔡尔德
John Coleridge Patteson	约翰·科尔里奇·帕特森
John Davenport	约翰·达文波特
John Forbes	约翰·福布斯
John Forrest	约翰·福里斯特
John Graham	约翰·格雷厄姆
John Hawkins	约翰·霍金斯
John Haynes	约翰·海恩斯
John Jellicoe	约翰·杰利科
John Lambton	约翰·兰布顿
John Lawrence	约翰·劳伦斯
John Locke	约翰·洛克
John MacCrae	约翰·麦克雷
John Macdonald	约翰·麦克唐纳
John McArthur	约翰·麦克阿瑟
John McDouall Stuart	约翰·麦克道尔·斯图尔特

John Morley	约翰·莫利
John Nicholson	约翰·尼科尔森
John Oxenham	约翰·奥克斯纳姆
John Pym	约翰·皮姆
John Rolfe	约翰·罗尔夫
John Rowland	约翰·罗兰兹
John Russell	约翰·罗素
John Simon	约翰·西蒙
John Smith	约翰·史密斯
John Speke	约翰·斯皮克
John Strachan	约翰·斯特罗恩
John Wesley	约翰·韦斯利
John Winthrop	约翰·温思罗普
John Wodehouse	约翰·沃德豪斯
John Woolman	约翰·伍尔曼
John Xavier Merriman	约翰·泽维尔·梅里曼
Jonathan Edwards	乔纳森·爱德华兹
Joseph Addison	约瑟夫·艾迪生
Joseph Banks	约瑟夫·班克斯
Joseph Chamberlain	约瑟夫·张伯伦
Joseph Conrad	约瑟夫·康拉德
Joseph Dudley	约瑟夫·达德利
Joseph Frangois Dupleix	约瑟夫·弗兰戈伊斯·迪普莱
Joseph Howe	约瑟夫·豪
Joseph Lyons	约瑟夫·莱昂斯
Joseph Rudyard Kipling	约瑟夫·拉迪亚德·基普林
Josiah Franklin	乔赛亚·富兰克林
Josiah Tucker	乔赛亚·塔克
Journeys and Researches in South Africa	《南非的旅行和研究》
Judith	"朱迪思"号
Julius Vogel	朱利叶斯·沃格尔
Kaffir	卡菲尔人

Kaffir War	卡菲尔战争
Kandahar	坎大哈
Kei River	凯河
Keiskama River	凯斯卡马河
Kent	肯特郡
Kenya	肯尼亚
Khartoum	喀土穆
Khyber	开伯尔
Kimberley	金伯利
Kingdom of Mysore	迈索尔王国
Kurram	古勒姆
Kuruman	库鲁曼
Labour Party	工党
Labrador	拉布拉多
Lachine	拉欣
Lachlan Macquarie	拉克伦·麦夸里
Ladysmith	莱迪史密斯
Lahore	拉合尔
Laing's Nek	朗峡
Lake Albert	艾伯特湖
Lake Albert Nyanza	艾伯特尼安扎湖
Lake Bangweulu	班韦乌卢湖
Lake Erie	伊利湖
Lake Eyre	艾尔湖
Lake Huron	休伦湖
Lake Michigan	密歇根湖
Lake Nyasa	尼亚萨湖
Lake Ontario	安大略湖
Lake Superior	苏必利尔湖
Lake Tanganyika	坦噶尼喀湖
Lake Victoria	维多利亚湖
Lanarkshire	拉纳克郡

Land Act	《土地法案》
Lansdowne	兰斯当
Lapland	拉普兰
League of Nations	国际联盟
Leander Starr Jameson	利安德·斯塔尔·詹姆森
Legend of Sleepy Hollow	《沉睡谷传奇》
Leif Ericson	莱夫·埃里克松
Leinster	伦斯特
Leopold II	利奥波德二世
Lexington	列克星敦
Leyden	莱顿
Lifaqane	部落战争
La Warr	拉沃尔
Lima	利马
Limpopo River	林波波河
Lincoln College	林肯学院
Linnean Society	林奈学会
Lionel Curtis	莱昂内尔·柯蒂斯
Lisbon	里斯本
Liverpool	利物浦
Lives	《传记集》
Lobengula Khumalo	洛本古拉·库马洛
Lombard's kop	伦巴第角
Lombardy	伦巴第
London Missionary Society	伦敦传道会
Londonderry	伦敦德里
Long Island Sound	长岛湾
Lord Ashburton	阿什伯顿勋爵
Lord Birkenhead	伯肯黑德勋爵
Lord Castlereagh	卡斯尔雷勋爵
Lord Dorchester	多切斯特勋爵
Lord Granville	格兰维尔勋爵

Lord Irwin	欧文勋爵
Lord Kimberley	金伯利勋爵
Lord Northbrook	诺思布鲁克勋爵
Lord Shelburne	谢尔本勋爵
Lord Strathcona	斯特拉思科纳勋爵
Lord Sydney	悉尼勋爵
Louis Botha	路易斯·博塔
Louis Cavagnai	路易斯·卡瓦格纳里
Louis Frontenac	路易斯·弗龙特纳克
Louis Joseph Papineau	路易斯·约瑟夫·帕皮诺
Louis XV	路易十五
Louisbourg	路易斯堡
Louisiana	路易斯安那
Lower Hudson	下哈得孙
Lower Sudan	下苏丹
Luanda	罗安达
Luapula	卢阿普拉河
Lucknow	勒克瑙
Ludwig Leichhardt	路德维希·莱卡特
Lundy's Lane	伦迪小道
Lutherans	路德宗
Lydenburg	莱登堡
Mackenzie River	马更些河
Madagascar	马达加斯加
Madras	马德拉斯
Madrid	马德里
Mafeking	马弗京
Magdala	马格达拉
Magersfontein	马格斯方丹
Maine	缅因
Majuba Hill	马尤巴山
Malta	马耳他

Mandingo	曼丁戈语
Manhattan Island	曼哈顿岛
Manitoba	马尼托巴省
Maori	毛利人
Maputo	马普托
Maratha Confederacy	马拉塔联盟
Marco Polo	马可·波罗
Margaret Maskelyne	玛格丽特·马斯基林
Marigold	"金盏花"号
Marquesas Islands	马克萨斯群岛
Marquess of Dalhousie	达尔豪西侯爵
Marquess of Ripon	里彭侯爵
Marquis de la Galissoniere	加利索尼埃侯爵
Marquis Lafayette	拉斐特侯爵
Marseilles	马赛
Martin Frobisher	马丁·弗罗比舍
Martinus Theunis Steyn	马蒂纳斯·特尼斯·斯泰恩
Mary I	玛丽一世
Mary Moffat	玛丽·莫法特
Mary of Teck	特克的玛丽
Maryland	马里兰
Mashonaland	马绍纳兰
Mason–Dixon line	梅森－狄克逊线
Massachusetts	马萨诸塞
Master of Ballantrae	《巴伦特雷的少爷》
Master Thomas Doughty	马斯特·托马斯·道蒂
Matabele	马塔贝莱人
Matabele War	马塔贝莱战役
Mauretania	毛里塔尼亚
Mauritius	毛里求斯
Mayflower	"五月花"号
Mayflower Compact	《"五月花"号公约》

McGill University	麦吉尔大学
Meerut	密拉特
Melanesia	美拉尼西亚
Melbourne	墨尔本
Mennonite	门诺会教徒
Mesopotamia	美索不达米亚
Miani	米亚尼
Michael Colins	迈克尔·科林斯
Michigan	密歇根州
Middle Temple	中殿律师学院
Mississippi	密西西比河
Modder	莫德河
Mogador	摩加多尔
Mohammed Yakub Khan	穆罕默德·雅各布汗
Mohammedan	穆罕默德
Mohammedanism	伊斯兰教
Mohawk	莫霍克族
Molasses Act	《糖蜜法案》
Moluccas	马鲁古群岛
Monaghan	莫纳亨
Monongahela River	莫农格希拉河
Mons	蒙斯
Montagu-Chelmsford Report	《蒙塔古－切姆斯福德报告》
Montreal	蒙特利尔
Moodkee	穆德基
Moose Jaw	穆斯乔
Moravian	摩拉维亚
Moreton Bay	莫顿湾
Morocco	摩洛哥
Moscow	莫斯科
Moslem	穆斯林
Mozambique	莫桑比克

Muhammad Ahmad Mahdi	穆罕默德·艾哈迈德·迈赫迪
Muizenberg	梅曾贝赫
Mungo Park	蒙戈·帕克
Munster	芒斯特
Murchison River	默奇森河
Murray River	墨累河
Murrumbidgee River	马兰比吉河
Nagpore	那格浦尔
Nairobi	内罗毕
Nana Sahib	纳纳·萨希卜
Nantucket island	楠塔基特岛
Naples	那不勒斯
Napoleon Bonaparte	拿破仑·波拿巴
Napoleonic War	拿破仑战争
Narragansett Bay	纳拉甘西特湾
Natal	纳塔尔
National Party	国民党
National South African Convention	南非国民大会
Nauru	瑙鲁
Navigation Act	《航海法案》
Nawab	纳瓦布
Nelson	纳尔逊
New Atlantis	《新大西岛》
New Brunswick	新不伦瑞克省
New England	新英格兰
New Guinea	新几内亚岛
New Hampshire	新罕布什尔
New Haven	纽黑文
New Hebrides	新赫布里底群岛
New Jersey	新泽西
New Netherlands	新尼德兰
New Orleans	新奥尔良

New South Wales	新南威尔士
New World	新大陆
New York Stock Exchange	纽约证券交易所
New Zealand	新西兰岛
New Zealand Company	新西兰公司
Newfoundland	纽芬兰
Niagara	尼亚加拉
Niagara River	尼亚加拉河
Nicholson's Nek	尼科尔森峡谷
Nicolaas Havenga	尼古拉·哈文加
Niger River	尼日尔河
Nigeria	尼日利亚
Nile	尼罗河
Nizam of Hyderabad	海得拉巴的尼扎姆
Noah Webster	诺厄·韦伯斯特
Norfolk Island	诺福克岛
Norman	诺曼
Norsemen	诺曼人
North African Empire	北非帝国
North African province	北非省
North Island	北岛
Northamptonshire	北安普敦郡
Northeast Passage	东北航线
Norwich	诺维奇
Novaya Zemlya	新地岛
Nyasaland	尼亚萨兰
Oceana	奥希阿纳
O'Connell	奥康奈尔
Odisha	奥里萨
Ohio river	俄亥俄河
Ohio Scheme	俄亥俄计划
Old Bailey	老贝利

Old Dominion	老自治领州
Old England	旧英格兰
Old Testament	《旧约圣经》
Old World	旧大陆
Oliver Cromwell	奥利弗·克伦威尔
Omoo	《欧穆》
On the Freedom of the Will	《自由意志论》
Oneidas	奥奈达族
Onondagas	奥农达加族
Orange Free State	奥兰治自由邦
Orange River	奥兰治河
Ordinance Number 50	《第五十号法令》
Oregon	俄勒冈
Oriel College Oxford	牛津大学奥里尔学院
Original Sin	《原罪论》
Orissa	奥里萨
Ormsby Gore	奥姆斯比·戈尔
Oswego	奥斯威戈
Otago	奥塔哥
Otho Gilbert	奥索·吉尔伯特
Ottawa	渥太华
Ottawa Agreements	《渥太华协定》
Otto von Bismarck	奥托·冯·俾斯麦
Owen Meredith	欧文·梅雷迪思
Oxford	牛津
Oxley	奥克斯利
Paardeberg	帕德贝格
Pacific	太平洋
Pacific Slope	太平洋斜坡
Palestine	巴勒斯坦
Palmerston	帕默斯顿
Panipat	帕尼帕特

Papua	巴布亚
Parade ground	阅兵场
Paramatta	帕拉马塔
Passchendaele	帕森达勒
Patagonia	巴塔哥尼亚
Patna	巴特那
Patrick Duncan	帕特里克·邓肯
Patrick McGilligan	帕特里克·麦吉利根
Paul Kruger	保罗·克鲁格
Paul Maisonneuve	保罗·迈松纳夫
Paul Sanford Methuen	保罗·桑福德·梅休因
Paul von Lettow-Vorbeck	保罗·冯·莱托–福贝克
Peace of Amiens	《亚眠和约》
Peace of Utrecht	《乌得勒支和约》
Peace of Westminster	《威斯敏斯特和约》
Pedro Álvares Cabral	佩德罗·阿尔瓦雷斯·卡布拉尔
Peebles	皮布尔斯
Pehr Kalm	佩尔·卡尔姆
Pelican	"鹈鹕"号
Pembroke College	彭布罗克学院
Peninsular War	半岛战争
Penjdeh	彭杰德
Pennsylvania	宾夕法尼亚
Persia	波斯
Persian	波斯语
Perth	珀斯
Peshwa of Poona	普纳的佩什瓦
Peter Mundy	彼得·芒迪
Peter Stuyvesant	彼得·施托伊弗桑特
Philadelphia Philosophical Society	费城哲学协会
Philadelphia Subscription Library	费城订阅图书馆
Philip Amadas	菲利普·阿马达斯

Philip Gidley King	菲利普·吉德利·金
Philip Snowden	菲利普·斯诺登
Philippe	菲利普
Phillip Brock	菲利普·布罗克
Phillp II	腓力二世
Phoenicians	腓尼基人
Pierre Dugua	皮埃尔·迪加
Piet Cronje	皮特·克龙涅
Piet Joubert	皮特·朱伯特
Pieter Retief	彼得·雷蒂夫
Pietermaritzburg	彼得马里茨堡
Pitcairn Island	皮特凯恩岛
Plassey	普拉西
Plat	普拉特河
Plutarch	普鲁塔克
Plymouth	普利茅斯
Pocahontas	波卡洪塔斯
Pondicherry	本地治里
Poole	普尔
Port Augusta	奥古斯塔港
Port Elizabeth	伊丽莎白港
Port Essington	埃辛顿港
Port Jackson	杰克逊港
Port Royal	皇家港
Porto Belo	贝卢港
Portugal	葡萄牙
Portuguese Angola	葡属安哥拉
Potchefstroom	波切夫斯特鲁姆
Potomac River	波托马克河
Powhattan	波瓦坦
Presbyterians	长老宗
President of Royal Society	皇家学会会长

Pretoria	比勒陀利亚
Prince Arthur	阿瑟亲王
Prince Edward Island	爱德华王子岛省
Prince Rupert	鲁珀特亲王
Princeton College	普林斯顿大学
Prospero	普罗斯佩罗
Protestant	新教教徒
Providence	普罗维登斯
Provincetown	普罗温斯敦
Puerto Principe	普林西比港
Punjab	旁遮普
Put-in-bay	普廷贝
Quaker	贵格会教徒
Quebec	魁北克
Quebec Act	《魁北克法案》
Queen of Sheba	示巴女王
Queensland	昆士兰
Queenston Heights	昆士顿高地
Queenstown	昆斯敦
Quelimane	克利马内
Quo Warranto	《权利开示令状》
Qxford	牛津
Radley College	拉德利公学
Ralph Darling	拉尔夫·达林
Ralph Waldo Emerson	拉尔夫·沃尔多·爱默生
Ranjit Singh	兰吉特·辛格
Rawalpindi	拉瓦尔品第
Reciprocity Treaty	《互惠条约》
Red Indians	红种印第安人
Redvers Henry Buller	雷德弗斯·亨利·布勒
Reform Act	《改革法案》
Reginald Dyer	雷金纳德·戴尔

Regulation Act	《监管法案》
Religious Society of Friends	教友派
René-Robert Cavelier	勒内-罗伯特·卡弗利耶
Representative Parliament	代表制议会
Republic of Natalia	纳塔利亚共和国
Republican Party	共和党
Restoration	王政复辟
Rhode Island	罗得岛
Rhodesia	罗得西亚
Richard Bennett	理查德·本内特
Richard Bourke	理查德·伯克
Richard Burton	理查德·伯顿
Richard Chancellor	理查德·钱塞勒
Richard Cobden	理查德·科布登
Richard Colley Wellesley	理查德·科利·韦尔斯利
Richard Grenville	理查德·格伦维尔
Richard Hakluyt	理查德·哈克卢特
Richard II	理查二世
Richard Lander	理查德·兰德
Richard Pakenham	理查德·帕克南
Richard Seddon	理查德·塞登
Richard Sheridan	理查德·谢里登
Richard Southwell Bourke	理查德·索思韦尔·伯克
Richard Steel	理查德·斯蒂尔
Rideau Canal	里多运河
Rip Van Winkle	《瑞普·凡·温克尔》
River Plate	拉普拉塔河
Roanoke	罗阿诺克
Robert Baden-Powell	罗伯特·巴登-鲍威尔
Robert Barton	罗伯特·巴顿
Robert Borden	罗伯特·博登
Robert Browne	罗伯特·布朗

Robert Clive	罗伯特·克莱夫
Robert Gascoyne-Cecil	罗伯特·加斯科因－塞西尔
Robert Grey	罗伯特·格雷
Robert Jenkins	罗伯特·詹金斯
Robert Louis Stevenson	罗伯特·路易斯·史蒂文森
Robert Lytton	罗伯特·利顿
Robert Moffat	罗伯特·莫法特
Robert Napier	罗伯特·内皮尔
Robert Nicolls	罗伯特·尼科尔斯
Robert O'Hara Burke	罗伯特·奥哈拉·伯克
Robert Peel	罗伯特·皮尔
Robert Ross	罗伯特·罗斯
Robert Stewart	罗伯特·斯图尔特
Robert Thorne	罗伯特·索恩
Robert Walpole	罗伯特·沃波尔
Rocky Mountains	落基山脉
Roger Williams	罗杰·威廉斯
Roland-Michel Barrin	罗兰－米歇尔·巴兰
Rome	罗马
Rondebosch	朗德博什
Rory O'Connor	罗里·奥康纳
Round Table Conference	圆桌会议
Royal Academy of Turku	图尔库皇家学院
Royal Geographical Society of London	伦敦皇家地理学会
Royal Irish Society	爱尔兰皇家学会
Royal Navy	皇家海军
Royal Proclamations	皇家宣言
Royal Society of London	伦敦皇家学会
Ruanda-Urundi	卢旺达－乌隆迪
Rush-Bagot	拉什－巴戈特
Sackville	萨克维尔
Sahara	撒哈拉

Sahib's War	《萨希卜战争》
Salem	达塞勒姆
Salisbury	索尔兹伯里
Salisbury Plain	索尔兹伯里平原
Sambre River	桑布尔河
Samoan islands	萨摩亚群岛
Samuel Baker	塞缪尔·贝克
Samuel de Champlain	萨米埃尔·德·尚普兰
Samuel Johnson	塞缪尔·约翰逊
Samuel Keimer	塞缪尔·凯默
San Juan de Ulua	圣万得拉
Sanctuary Wood	圣素伍德
Sand River Convention	《沙河协定》
Santa Cruz Islands	圣克鲁斯群岛
Saskatchewan	萨斯喀彻温省
Saskatoon	萨斯卡通
Satara	萨塔拉
Sati	娑提制
Savai	萨瓦伊
Savannah	萨凡纳
Savannah Rive	萨凡纳河
Schuylkill	斯古吉尔河
Scrooby	克鲁比
Sean Thomas O'Kelly	肖恩·托马斯·奥凯利
Sebastian Cabot	塞巴斯蒂安·卡伯特
Second Anglo-Dutch War	第二次英荷战争
Second Boer War	第二次布尔战争
Second Maori War	第二次毛利战争
Secretary of State for the Colonies	殖民地事务大臣
Senecas	塞尼卡族
Seringapatam	塞林伽巴丹
Serville	塞尔维尔

Seven Years' War	七年战争
Shaftesbury	沙夫茨伯里
Shah Soojah	沙阿·索亚
Shaka Zulu	恰卡·祖鲁
Sher Ali Khan	谢尔·阿里汗
Shivaji	希瓦吉
Shropshire	什罗普郡
Sicily	西西里岛
Sierra Leone	塞拉利昂
Sikh War	锡克战争
Simla	西姆拉
Simon	西蒙
Simon van der Stel	西蒙·范德施特尔
Sind	信德
Sinn Fein	新芬党
Siraj ud-Daulah	拉杰·乌德-达乌拉
Slagter	斯莱格特
Sobraon	索布拉恩
Solomon	所罗门
Solomon Islands	所罗门群岛
Somaliland	索马里兰
Somme River	索姆河
Sotho	巴苏陀人
South African College	南非学院
South Australia	南澳大利亚
South Carolina	南卡罗来纳
South Sea Company	南海公司
South Sea islands	南太平洋群岛
Southampton	南安普敦
Southgate Houseguo	南门大厦
Spanish Armada	西班牙无敌舰队
Spanish Coast Guard	西班牙海岸警卫队

Spectator	《旁观者》
Speedwell	"斯碧薇尔"号
Spice Islands	香料群岛
Squatter party	擅自占地人党
Squirrel	"松鼠"号
St. Eloi	圣埃卢瓦
St. George's Cathedral	圣乔治大教堂
St. Quentin	圣康坦
St.Julian	圣朱利安
St.Lawrence	圣劳伦斯河
St.Louis	圣路易斯
St.Malo	圣马洛
St.Mark of Venice	威尼斯圣马可
Stamp Act	《印花法令》
Stanley Baldwin	斯坦利·鲍德温
Stanley Bruce	理斯坦利·布鲁斯
Statute of Westminster	《威斯敏斯特法令》
Stellenbosch	斯泰伦博斯
Stone Age	石器时代
Stoneleigh	斯通利
Stormberg	斯托姆贝赫
Straits of Magellan	麦哲伦海峡
Straits Settlements	海峡殖民地
Studley Royal	斯塔德利皇家公园
Sudan	苏丹
Suffolk	萨福克郡
Sumatra	答腊岛
Supreme Court of Appeal	最高上诉法院
Sutlej River	萨特莱杰河
Swan River	斯旺河
Sydney	悉尼市
Sydney Convention	悉尼会议

Sylvania	西尔韦尼亚
Table Bay	桌湾
Tahiti	塔希提岛
Talana Hill	塔拉纳山
Tarapaca	塔拉帕卡
Tasmania	塔斯马尼亚
Tavistock	塔维斯托克
Teheran	德黑兰
Tenasserim	特纳萨姆省
Thames	泰晤士河
The Act of 1833	《1833年法案》
The Argus	《阿格斯报》
The Australian	《澳大利亚人报》
The Canada Act of 1791	《1791年的加拿大法案》
The Canadian Pacific Railway	加拿大太平洋铁路
The Captive	《俘虏》
The Economist	《经济学人》
The Hillyars and the Burtons	《希尔家和伯顿家》
The Nationalist	国民党
The New York Herald	《纽约先驱报》
The Ottawa Conference	渥太华会议
The Sydney Times	《悉尼时报》
The Tempest	《暴风雨》
The Times	《泰晤士报》
The True Nature Of Christian Virtue	《基督教美德的本质》
The Union of Act	《联合法案》
The Unionist	英裔联邦党
Theophilus Eaton	西奥菲勒斯·伊顿
Theophilus Shepstone	西奥菲勒斯·谢普斯通
Thirty Years' War	三十年战争
Thomas Arthur	托马斯·阿蒂尔
Thomas Babington Macaulay	托马斯·巴宾顿·麦考利

Thomas Baring	托马斯·巴林
Thomas Carlyle	托马斯·卡莱尔
Thomas Cavendish	托马斯·卡文迪什
Thomas Gage	托马斯·盖奇
Thomas Gore Browne	托马斯·戈尔·布朗
Thomas Haweis	托马斯·霍伊斯
Thomas Hooker	托马斯·胡克
Thomas Jefferson	托马斯·杰斐逊
Thomas Livingstone Mitchell	托马斯·利文斯通·米切尔
Thomas Modyford	托马斯·莫迪福德
Thomas More	托马斯·莫尔
Thomas Pelham-Holles	托马斯·佩勒姆－霍利斯
Thomas Townshend	托马斯·汤曾德
Ticonderoga	泰孔德罗加
Timbuctoo	廷巴克图
Timor	帝汶岛
Tipu	提普
Togo	多哥
Toronto	多伦多
Trades Hall	贸易厅
Trafalgar	特拉法尔加
Transit of Venus	金星凌日
Transvaal	德兰士瓦
Travancore	特拉凡科
Treasury bills	国库券
Treaty of Aix-la-Chapelle	《亚琛条约》
Treaty of Amiens	《亚眠条约》
Treaty of Bassein	《巴塞因条约》
Treaty of Breda	《布雷达条约》
Treaty of Gandamak	《甘达马克条约》
Treaty of Locarno	《洛迦诺条约》
Treaty of Paris 1763	《1763年巴黎条约》

Treaty of Penn with the Indians	《佩恩与印第安人条约》
Treaty of Vereeniging	《弗里尼欣条约》
Treaty of Versailles	《凡尔赛条约》
Treaty of Waitangi	《怀唐伊条约》
Treaty of Washington	《华盛顿条约》
Trinity College	三一学院
Tripoli	的黎波里
Tswana	茨瓦纳人
Tugela River	图盖拉河
Turkestan	突厥斯坦
Turkish	土耳其
Twelve Years Truce	《十二年停战协定》
Typee	《泰皮》
Tyrone	蒂龙
Uganda	乌干达
Uitenhage	埃滕哈赫
Uitlanders	侨民
Ujiji	乌吉吉
Ulster	阿尔斯特
Ulundi	乌伦迪
Union of South Africa Act	《南非联邦法案》
University of Bristol	布里斯托尔大学
University of Cape Town	开普敦大学
University of Pennsylvania	宾夕法尼亚大学
Unyanyembe	乌尼亚尼扬贝
Upolu	乌波卢岛
Upper Canada	上加拿大
Utopia	《乌托邦》
Vaal River	瓦尔河
Vailima	维利马
Vailima Letters	《维利马书信》
Vancouver	温哥华

Vandals	汪达尔人
Vasco da Gama	瓦斯科·达·伽马
Vasco Nunez de Balboa	瓦斯科·努涅斯·德·巴尔沃亚
Vellore	韦洛尔
Vereeniging	弗里尼欣
Verney Lovett Cameron	弗尼·洛维特·卡梅伦
Victor Bruce	维克托·布鲁斯
Victoria Falls	维多利亚瀑布
Viking	维京人
Vimy	维米
Virgil	维吉尔
Virginia	弗吉尼亚
Viscount Castlereagh	卡斯尔雷子爵
Viscount Melbourne	墨尔本子爵
Viscount Melville	梅尔维尔子爵
Volga	伏尔加河
Voltaire	伏尔泰
Voyages and Discoveries	《航海和发现》
Wales	威尔士
Walter Lawrence	沃尔特·劳伦斯
Walter Raleigh	沃尔特·雷利
Walter Scott	沃尔特·斯科特
Walvis Bay	鲸湾港
Wandiwash	旺迪瓦什
War of Austrian Succession	奥地利王位继承战争
War of Devolution	遗产继承战争
War of Jenkins' Ear	詹金斯的耳朵战争
War of Spanish Succession	西班牙王位继承战争
War of the Axe	斧头战争
Warren Harding	沃伦·哈丁
Warren Hastings	沃伦·黑斯廷斯
Warwickshire	沃里克郡

Washington	华盛顿
Washington Irving	华盛顿·欧文
Waterboer	沃特布尔
Wealth of Nations	《国富论》
Weenen	维嫩
Welland Canal	韦兰运河
Wellington's Peninsular	惠灵顿半岛
West Indies	西印度群岛
West Virginia	西弗吉尼亚
Westbury	韦斯特伯里
Western Australia	西澳大利亚
Westminster School	威斯敏斯特公学
Westward Ho	《向西方》
Weymouth	韦茅斯
White Australian	白人澳大利亚
White Sea	白海
Whitehall	白厅
Wilfrid Laurier	威尔弗里德·洛里耶
Wilhelm II	威廉二世
William Amherst	威廉·阿默斯特
William Bentinc	威廉·本廷克
William Birdwood	威廉·伯德伍德
William Blathwayt	威廉·布拉斯威特
William Bligh	威廉·布莱
William Brydon	威廉·布赖登
William Carey	威廉·凯里
William Charles Wentworth	威廉·查尔斯·温特沃思
William Elphinstone	威廉·埃尔芬斯通
William Ewart Gladstone	威廉·尤尔特·格拉德斯通
William Forbes Gatacre	威廉·福布斯·加塔克
William Hendrick	威廉·亨德里克
William James	威廉·詹姆斯

William John Wills	威廉·约翰·威尔斯
William Keith	威廉·基思
William Kidd	威廉·基德
William Lamb	威廉·兰姆
William Laud	威廉·劳德
William Lawson	威廉·劳森
William Lyon Mackenzie	威廉·莱昂·麦肯齐
William Lyon Mackenzie King	威廉·莱昂·麦肯齐·金
William Macnaghton	威廉·麦克纳顿
William Massey	威廉·马西
William Palmer	威廉·帕尔默
William Penn	威廉·佩恩
William Petty	威廉·佩蒂
William Pitt	威廉·皮特
William Pitt the Younger	小威廉·皮特
William Samuel Hogge	威廉·塞缪尔·奥热
William Shakespeare	威廉·莎士比亚
William Thomas Cosgrave	威廉·托马斯·科斯格雷夫
Williamsburg	威廉斯堡
Winburg	温堡
Wineland	文兰
Winnipeg	温尼伯
Winston Churchill	温斯顿·丘吉尔
Wisconsin	威斯康星州
Witwatersrand	威特沃特斯兰德
Woodrow Wilson	伍德罗·威尔逊
World Economic Conference	世界经济会议
World War I	第一次世界大战
Worthington Evans	沃辛顿·埃文斯
Wynberg	韦恩堡
Xenophon	色诺芬
Yale College	耶鲁大学

Yorktown	约克敦
Ypres	伊普尔
Zambezi River	赞比西河
Zanzibar	桑给巴尔
Zemindars	泽明达尔
Zululand	祖鲁兰
Zulus	祖鲁人
Zuurveld	祖尔维尔德